Christian Hennecke

Lust auf morgen!

Christian Hennecke

LUST AUF MORGEN!

Christsein und Kirche
in die Zukunft denken

© 2020 der deutschen Ausgabe: Aschendorff Verlag GmbH & Co. KG, Münster

www.aschendorff-buchverlag.de

Printed in Germany 2020
Gedruckt auf säurefreiem, alterungsbeständigem Papier ∞
ISBN 978-3-402-24653-5

Und es entsprang ein Quell
Und ein Rinnsal lief
Auf den jungen Mann zu
Der übrigens Ezechiel hieß und später
Prophet genannt wurde
Weil er sich so aufgeregt hatte
Über den toten Tempelkram
Und das Rinnsal lief auf ihn zu
Und wurde ein Bach
Und dann kam ein Tempelmann
Und hatte eine goldene Messlatte
In der Hand
Und maß 1000 Ellen
Das Bächlein entlang
Und sagte zu Ezechiel
Geh hier mal durch das Bächlein
Und Ezechiel ging hindurch
Und das Wasser ging ihm
Bis zu den Knöcheln
Und der Bach wurde breiter
Und lief weiter ins Land hinein
Und Ezechiel war sprachlos
Und der Tempelmann
Maß weiter mit seiner Meßlatte
1000 Ellen und sagte zu Ezechiel
geh hier hindurch
und Ezechiel ging hindurch
und das Wasser reichte ihm
bis zu den Knien
und dann nochmal 1000 Ellen
wurden abgemessen
und Ezechiel ging wieder hindurch
und das Wasser reichte ihm
bis zu dem Hüften und
da kam der Tempelmann
und maß weiter 1000 Ellen den Fluss entlang

und Ezechiel versuchte nochmal
durch das Wasser des flüssig gewordenen
Tempels zu gehen aber
Er konnte nicht mehr hindurchgehen
Er fand keinen Grund und Boden mehr
Er musste schwimmen
Und das Wasser des Tempels
War glasklar
So schönes Wasser
Hatte er lange nicht mehr gesehen
Das Wasser trug ihn
Und Ezechiel freute sich
Und Ezechiel schaute zum alten Tempel
Und da war kaum noch was
Davon übriggeblieben
Er war fast ganz flüssig geworden
Und er sah
Wie dieser flüssig gewordene Tempel
Eine Freude wurde für das ganze Land
Wie er die Menschen wieder berührte
Wie die Menschen wie Bäume Wurzeln schlugen an den Ufern
Dieser neuen Strömung
Im Land
Es war jetzt der Tempel
Zum Strom geworden
Zu einem glasklaren
Durchsichtigen schönen
Alles Land erfrischenden Strom
Der die Menschen endlich wieder
Zu erfreuen anfing

(Ezechiel 47, 1–12 nach Lothar Zenetti)

INHALT

LUST AUF MORGEN!

Ich habe keine Lust mehr auf den resignierten und immer ängstlichen Blick. Ich habe keine Lust mehr auf die finanztheologisch korrekten Ansagen des Untergangs und der nicht abgedeckten Risiken. Ich habe keine Lust mehr auf Bestandswahrung bis zum Ende. Ich habe keine Lust mehr auf halbherzige Strategien der Zukunftssicherung – und auch keine Lust mehr auf kirchliche Institutionen, die wie Banken funktionieren. Klar, in dieser Perspektive kann man denken. Aber ich habe Lust auf morgen.

Ich habe Lust auf morgen, weil ich das Morgen seit Jahren schon sehe. Allerdings: ich sehe es in rätselhaften Umrissen. Es ist nämlich keine Fortschreibung des Vergangenen. Und hier liegt das Problem. Nehmen wir einmal an, Brandschutz und Datenschutz, Sicherung der Renten, Anzahl der Hauptberuflichen, Menge an Eucharistiefeiern, Einfluss in der Gesellschaft, Menge an kirchlichen Gruppen, Fülle an Immobilien, institutionelle Präsenz und anderes seien nicht die Indikatoren der Zukunft unserer Kirche(n), sondern Indikator der Zukunft wäre einfach und allein die Leidenschaft des Geistes Gottes, der Menschen zum Glauben erweckt, und dies mit Leidenschaft. Der zu neuen Risiken und Wagnissen ruft und Glauben findet in Menschen und der sie in Gemeinschaft zusammenführt – dann würde ich sagen, dass es um die Zukunft sehr gut bestellt ist. Es ist eine Zukunft, die Lust macht.

Allerdings: es geht uns so wie Kindern, die ein kleines Samenkorn in die Erde gelegt haben und nun staunend davorstehen, vor dem Wunder des Halms. Denn der hat nun wirklich gar keine Ähnlichkeit mehr mit dem kleinen Korn. Schon Paulus hat das so gesehen und das Bild benutzt, um deutlich zu machen, dass die Auferstehungswirklichkeit nicht einfach eine Zukunftsverlängerung unserer Vorstellungen vom Leben ist. Nein, die Kirche steht nicht wieder auf wie Lazarus, es geht um die Gemeinschaft des Auferstandenen.

Und es geht uns so wie Eltern, die in guter Hoffnung auf die Geburt ihres Kindes warten. Warten müssen. Und zugleich schon die ersten Bewegungen des neuen Lebens spüren – und erahnen, dass dies ihr Leben verändern wird. Wir erspüren die Revolution, die dieses neue Leben bringen wird, sind ungeduldig und ahnungsvoll zugleich und wollen alles für einen gutes Willkommen, den neuen Anfang tun.

Osteraugen

Zu dieser Lust auf Morgen gehören Osteraugen: sie entdecken inmitten des Sterbens mancher wohlvertrauter Formen schon den Aufbruch, sie erahnen in den Bewegungen des Geistes schon die Neugeburt der Kirche des 21. Jahrhunderts, inmitten der ambivalenten Weltläufe, die ihrerseits auf eine neue Form der Zivilisation zielen. Osteraugen haben Lust auf die Zukunft, vertrauen auf das Entgegenkommen des Geistes. Sie üben ein neues Sehen ein, das – wie Papst Franziskus programmatisch formuliert – die Ähren inmitten des Unkrauts bestaunt, und den Wein schon im Wasser schmeckt. Und Gott entdeckt. Mitten in dieser Welt.

Zu dieser Lust gehören für mich aber nicht zuerst Appelle und Thesenmanifeste. Zu sehr geht es dann immer noch darum, dass die Kirche endlich verstehen soll (wer auch immer damit gemeint ist), wie missionarisch, modern, liberal, katholikal oder postmodern sie sein müsste. Und ja, darin steckt auch Wahrheit, Leidenschaft und Lust auf Aufbruch. Aber das reicht nicht. Es wirkt verzweifelt, so, als könnten oder sollten wir selbst es tun und wüssten dann auch, wie die Kirche dann auszusehen habe. Das ist aber nicht der Fall. Wir würden Gottes Geist unterschätzen, wir würden unterschätzen, an wie vielen Orten er unerwartet wirkt und das Neue hervorbringt. Und häufig bemerkt man gar nicht, was da neu konfiguriert wird, welches neue Betriebssystem gerade geladen wird.

Und deswegen hatte und habe ich Lust, dieses Buch zu schreiben. Zum einen ermutigen mich die vielen Begegnungen in Pfarreien und Einrichtungen, mit Menschen innerhalb und außerhalb kirchlicher Settings: mein Eindruck ist, dass das Neue schon da ist – wie ein ungehobener Schatz. Viele können es fast nicht glauben – und manchmal scheint es so, dass der Glaubenssinn des Gottesvolkes merkwürdig gebremst ist: Darf man so denken, ist das noch katholisch? Lust auf morgen macht es, wenn wir anfangen, frei zu denken, loszulegen, unseren Intuitionen zu glauben. Dort, wo das geschieht, ist ein tiefgreifender Verwandlungsprozess im Gange und es wird spannend: wie wird die Kirche sich wohl zeigen? In welchem Gewand? In welcher Gestalt?

Aber vor allem: Wer sich dem großen Wehen des Geistes aussetzt, der das Antlitz der Erde erneuert, der erkennt in vielen Feldern eine ungeheure Kreativität, Geschichten des Umbruchs auch hier, Scheitern und Lust auf morgen, und das inmitten der apokalyptischen Weltkrisen, Abbrüche und Ambivalenzen jeder Epoche. Die wollen wir uns zuerst anschauen – denn sie geben uns zu lernen, in demütiger Lernbereitschaft und im Lesen der Zeichen der Zeit im Licht des Evangeliums. Etwas von unserer Zukunft wird hier antizipiert, gibt zu denken ... Aus dem großen Wehen des Geistes werden die großen Wehen einer Neugeburt erfahrbar. Und sie sind schmerzlich. Die Geburt dauert, und kostet alle Kraft. Und das gelingt nur denjenigen, die Lust auf Morgen haben. „Die ganze Schöpfung liegt in Geburtswehen", so hat schon Paulus steil formuliert.

Gesichter der Zukunft

Aber das Neue, das Kleine, das Neugeborene ... Die Lust auf morgen kommt mir, wenn ich es betrachten darf. Und dann wird mir – wie vielen – deutlich, dass das Neue auch Züge des Alten trägt und doch ganz anders ist. Ich habe Lust, mir dieses Gesicht der Zukunft anzuschauen, Verbindungen herzustellen, Neues und Altes wahrzunehmen. Dabei entdecke ich die eigene Tradition neu, meine katholische, unsere große christliche Tradition. Sie wird freigelegt in diesen Gesichtszügen und so kann Neues gedacht, gesagt und gewagt werden. Ich stelle fest, dass sich in dem neuen Gesicht etwas von der Freiheit der Gotteskinder und damit der Kirche zeigt, auf deren Offenbarung ja die ganze Schöpfung wartet. Wir auch, denn erst schrittweise wird uns selbst offenbar, was uns da geschenkt ist.

Wie formulierte Bonhoeffer an sein Taufkind, nachdem er seiner Kirche vorgeworfen hatte, selbstbezogen um sich selbst zu kreisen und sich retten zu wollen?

„Alles Denken, Reden und Organisieren in den Dingen des Christentums muss neugeboren werden aus diesem Beten und diesem Tun. Bis du groß bist, wird sich die Gestalt der Kirche sehr verändert haben. Die Umschmelzung ist noch nicht zu Ende, und jeder Versuch, ihr vorzeitig zu neuer organisatorischer Machtentfaltung zu verhelfen, wird nur eine Verzögerung ihrer Umkehr und Läuterung sein. Es ist nicht unsere Sache, den Tag vorauszusagen – aber der Tag wird kommen – an dem wieder Menschen berufen werden, das Wort Gottes so auszusprechen, dass sich die Welt darunter verändert und erneuert. Es wird eine neue Sprache sein, vielleicht ganz unreligiös, aber befreiend und erlösend, wie die Sprache Jesu ... die Sprache einer neuen Gerechtigkeit und Wahrheit, die Sprache, die den Frieden Gottes mit den Menschen und das Nahen seines Reiches verkündet." (WE, DB 8, 436)

Ja, genau so ist es. Darauf habe ich Lust. Ich möchte – wenn auch manchmal stotternd – durchbuchstabieren, was ich von dieser Neugeburt schon sehe, die Gesichtszüge, die großen Kontinuitäten inmitten des undenkbar Neuen, immer wieder neu Geschenkten: der Kirche, wie sie ins Leben kommt: der einen, heiligen, katholischen und apostolischen Kirche. Nicht langweilig, sondern spannend, nicht traditionsverhaftet, sondern innovationsbewusst und gerade so Auslegerin des Ursprungs und Überbringerin der frohen Botschaft in das Heute.

Pains and gains: eine Gewinn- und Verlustrechnung

Lust auf morgen habe ich – aber ich bin nicht naiv. Es gibt eine Schlussrechnung, auch wenn sie wie immer nur eine Zwischenrechnung zwischen den Zeiten ist. Natürlich gibt es tiefen Schmerz, es gibt Verluste zu beklagen, Wertvolles stirbt und wird zum Humus des Neuen. Und die Trauergemeinde ist nicht klein. Und die Versuche der Auferweckung und des Zurück in gewohnte Häfen, die gibt es auch. Darüber tröstet auch das Wissen nicht, dass alles so kommen muss, immer wieder kommen muss, weil wir in ständiger

Erneuerung sind, als Menschen, als Christen und als Kirchen – und weil diese Erneuerung Maß nimmt am Kreuz, am Sterben und Tod des Auferstandenen. Hier gilt es, Trauernde zu trösten, Widerstand zu ertragen, Verweigerung zu begleiten. So ist das, wenn etwas stirbt.

Aber gleichzeitig gewinnen wir das Heute, das Christsein in der Welt von heute, das Kirchesein in fluiden und unsicheren Zeiten.

In all dem wird deutlich, dass diese Erneuerung, diese Zukunft der Kirche, nicht unser Projekt ist und deswegen auch nicht von uns gesteuert, nicht von uns „gemacht" werden kann. Was für ein Glück. Denn das Neue, das können wir nicht, das kann nur sein Geist. Uns bleibt es überlassen, uns auf diesen Geist einzulassen.

Insofern möchte dieses Buch auch ein Beitrag zur anstehenden Unterscheidung der Geister, zu einer gesamtkirchlichen oder ortskirchlichen synodalen Vergewisserung über das sein, was der Geist seiner Gemeinde heute sagt. Darauf habe ich Lust. Das ist meine große Lust auf morgen, die ich gerne mit vielen teile, mit denen ich auf dem Weg sein darf und von denen ich so viel lerne.

Danken möchte ich allen, die am Werden dieses Buches mitgewirkt haben, im Lesen von Vorversionen und beim Korrigieren. Besonders danke ich Gabriele Viecens, die mit Geduld und Kompetenz diesen Text kritisch und sympathisch gegengelesen hat.

Hildesheim, im September 2019

Christian Hennecke

I. SIGNALE DES GEISTES

1. Radikale Partizipation – mehr als eine gemeinsame Trinkerfahrung

Es geht um mehr als eine Cola. Das wird sofort klar. Ich begegne Uwe Lübbermann bei einem der großartigen Strategiekongresse in Bensberg, die von „futur2" regelmäßig veranstaltet werden. Es geht um mehr als ein Getränk, es geht um Zukunft, die gesellschaftlich wie kirchlich ausbuchstabiert werden muss – aber im „gewohnten Gefüge" gesellschaftlichen wie kirchlichen Lebens nicht verankert ist.

Es geht also um Prophetie, ein „Hervorsagen" (Maria Herrmann) einer Wirklichkeit, die schon da ist, die aber einen Menschen, eine Gruppe braucht, in der diese Wirklichkeit wirklich werden kann. Im Entdecken prophetischer Unternehmungen steckt eine Verheißung: es wird hier nämlich ein neues Gesamtgefüge, eine neue Gesamtarchitektur sichtbar, die sich als gesellschaftlicher Trend andeutet – von der wir aber nicht wissen, wann und ob sie sich durchsetzen wird. Die Zukunft wird hier anwesend, in der Gegenwart und in Verhältnissen, die ihr eigentlich entgegenstehen. Es ereignen sich Innovationen, Aufbrüche, die ein Licht werfen auf eine mögliche Zukunft unserer Gesellschaft, aber eben auch der Kirche.

Denn hier liegt ja die eigentliche Leidenschaftlichkeit meines Interesses. Nicht diese Geschichte allein ist spannend, die hier erzählt wird, sondern sie verweist auf den innersten Kern des Christseins, meines Christseins – sie erschließt mehr und mehr eine unendlich tief reichende Grunderfahrung, die letztlich in Gott gründet – und die der Ur-Sprung meines christlichen Weges ist[1].

Mir scheint dies nicht zufällig, sondern programmatisch und wesentlich: es geht um ein neues Paradigma des Lebens, des Menschseins und des Christseins, das sich immer mehr durchsetzen will. Diese „Architektur" der Wirklichkeit, die sich in konkreten Erfahrungen erschließt, durchzieht wie ein Wasserzeichen die Erfahrungen des Aufbruchs, aber sie hat auch Konsequenzen für die notwendenden Entwicklungen der Kirche – für ein Neudenken des Glaubens, um das es ja in diesem Buch zentral gehen soll. Und deshalb muss erzählt werden, geht es um Geschichten, die um den Glutkern, ja um die mystische Mitte dieses neuen Aufbruchs kreisen.

Eine simple Unternehmensgeschichte?

Und deswegen Premium Cola. Zunächst und vor allem ist es eine Unternehmergeschichte. Es ist die Geschichte eines jungen Mannes, der in der Badewanne sitzt und seine Lieblingscola trinkt. Und überrascht feststellt, dass das Rezept seiner Cola verändert wurde. Und das ärgert ihn. Nachdem er erfolglos bei der Unternehmensleitung interveniert hat, macht sich Uwe Lübbermann selbst auf den Weg:

„Ich mutierte vom Cola-Konsumenten zum Cola-Produzenten. Eines Tages stellte ich fest, dass meine Lieblingscola anders schmeckte und ich nicht mehr wach wurde davon. Ich fand heraus, dass die neuen Besitzer der Marke Afri Cola heimlich das Rezept geändert und den Koffeingehalt deutlich reduziert hatten. Die Kunden sollten das einfach so hinnehmen – und im Hinnehmen war ich noch nie besonders gut. Ich suchte den Dialog mit den Herstellern, lancierte eine Internetseite, damit enttäuschte Kunden gemeinsam Druck auf die Firma machen konnten. Nach zwei Jahren war mir klar, dass die Manager nicht von ihrem hohen Ross herunterkommen würden, da sie die Kunden offensichtlich nicht als gleichberechtigte Partner betrachteten."[2]

Und dann kaufte Lübbermann das Rezept und begann selbst, erst einmal 1000 Flaschen nach diesem Rezept herzustellen. Aber bald wurde mehr daraus. Lübbermann erzählt – und das kann man bei YouTube vielfach anschauen – von einer spannenden Gründungsgeschichte. Und die hat mich in den Bann gezogen. Denn ganz ernsthaft hat er von einem anderen Grundverständnis seines Unternehmens gesprochen, von dem ich noch nie gehört hatte.

Von der geteilten Gleichwürdigkeit

Ein Unternehmen zu verstehen als ein Netzwerk aller Beteiligten – das erscheint auf den ersten Blick normal, und doch: Lübbermanns Idee reicht weiter. Alle, Kundschaft, Lieferant*innen, Fahrer*innen und Transportunternehmen, nicht nur die direkte Produktionsstätte – gehören gleichermaßen dazu. Und das bedeutet:

„Das Unternehmen beinhaltet für mich nicht nur jene Leute, die direkt angestellt sind, sondern alle 1680 involvierten Partner, also auch die Rohstoffproduzenten, die Zulieferer, die Zwischenhändler, die Spediteure und Gastronomiepartner, die Etikettendrucker, Buchhalter, Informatiker. Ich habe in 14 Jahren keinen einzigen Vertrag ausgestellt, um die Zusammenarbeit zu regeln, und dennoch oder gerade deshalb hatten wir keinen einzigen Rechtsstreit. Das hängt damit zusammen, dass wir nicht hierarchisch, sondern nach dem Prinzip der Konsentdemokratie funktionieren. Alle Partner und interessierten Kunden werden über Veränderungen informiert und können sich einbringen."[3]

Ich staune, wir staunen. Das soll funktionieren? Wie kann das funktionieren?

„Zu Beginn ist es aufwendig, aber dann zahlt es sich rasch aus. Entscheidungen haben bei uns klassischerweise eine Vorlaufzeit von ein bis drei Wochen. Ich kenne viele hierarchisch organisierte Unternehmen, in denen es Monate bis Jahre dauert, bis ein Entscheid gefällt wird. Und oft kommt dann ein neuer Manager und krempelt alles wieder um. Wir geben die Themen in eine breite Diskussion, an der sich jeder beteiligen kann, der schon einmal eine Flasche Premium-Cola getrunken hat, und sich mit seinem Namen im Online-Board registriert. Nach ein bis zwei Wochen macht jemand einen Beschluss-Vorschlag – oft bin das ich in meiner Rolle als zentraler Moderator. Da haben nochmals alle ein Veto-Recht, wobei Schweigen als Zustimmung gedeutet wird. Von den 1680 Partnern bringen sich gut 150 regelmäßig ein, pro Thema sind es 10 bis 15. Alle anderen wissen, dass sie diese Möglichkeit haben und nicht einfach über ihre Köpfe hinweg etwas entschieden wird."[4]

Und das war am Anfang auch so. Lübbermann erzählt, wie lange es am Anfang gedauert hat; er erläutert das Konsentprinzip, das

17

nicht auf einer Einstimmigkeit, aber darauf basiert, dass die Grundidee im Fokus bleibt und nur durch ein Veto eine Weiterentwicklung verhindert werden kann. Das aber, so Lübbermann, kommt eher selten vor. Viele Fragen werden auf diese Weise diskutiert – mit allen, die sich daran beteiligen können, weil es sie (auch als Konsumierende) betrifft.

Das alles ist mehr als erstaunlich. Und es rückt vieles ins Licht. Zuerst und vor allem wurde schon zu Beginn klar, dass es um mehr als Cola geht – es geht um einen Systemwandel. Und genau diese Perspektive macht den Unterschied von Anfang an:

„Bald stand nicht mehr das Produkt im Vordergrund, sondern die Idee einer anderen Form von Zusammenarbeit. Und damit die Frage: Welches Menschenbild leitet uns eigentlich bei unseren Entscheidungen? Für mich ist die Gleichwertigkeit von Menschen der zentrale Treiber.“[5]

Das zeigt sich in allem: vom gleichen Lohn für alle Mitarbeitenden bis zur Mitentscheidung aller Beteiligten, aber gleichzeitig steckt noch mehr dahinter.

Mehr als ein Menschenbild

Lübbermann nimmt für sich in Anspruch, die hierarchische Struktur überwunden zu haben. Aber in allen Interviews und TEDs wird deutlich, dass er selbst schon eine besondere Rolle hat. In der Tat nicht nur er: es gibt ein Zwölferteam (!), das mit ihm zusammen die zentrale Moderatorenrolle übernimmt. Er – und die Zwölf – sind also vor allem für zwei Dinge verantwortlich: zum einen geht es darum, der Ursprungsidee treu zu bleiben, die ja eben nicht nur in der Produktion eines Getränkes besteht, sondern in der Eröffnung eines Paradigmas, das wir gleich noch etwas tiefer analysieren wollen. Und zum anderen geht es um die diesem Paradigma angemessenen Prozesse, die ja ein anderes Grundverständnis des Menschseins beschreiben.

Denn es geht in der Tat um mehr als Gleichwertigkeit und Gleichwürdigkeit. Lübbermann antwortet in einem Interview auf die Frage nach seinen fünf Grundideen beeindruckend deutlich: es geht ihm um Gleichwürdigkeit, die einen Raum für alle Menschen eröffnet, in dem Unternehmen die eigene Rolle zu finden. Es ist ein Raum der Solidarität, der Rückhalt gewährt, und Menschen aufgrund dieser Wertschätzung ermöglicht, aus dieser Wertschätzung heraus sich entsprechend zu verhalten: denn die Menschen sind grundsätzlich gut, wie Lübbermann unterstreicht.[6]

Daran wird deutlich, dass diese Gleichwürdigkeit nicht auf dem Hintergrund einer Individualisierungsthese gründet: sie wurzelt sich vielmehr ein in einer „Community", einer Verbundenheit, die vorgängig den Raum für die Gleichwürdigkeit eröffnet und für die Dynamik einer gemeinsamen Ausrichtung. Nicht nur das Ziel der Getränkeproduktion, sondern auch die Art und Weise der Beziehungsverhältnisse gehören konstitutiv dazu.

„Systemwechsel kannst du trinken …"

So lässt sich das auf einem Werbeplakat lesen. Und als Zutaten werden genannt: *„Betriebssystem: im Konsens seit 2001, erhöhter Kollektivgehalt … pro 1000 ml: Überzeugung 100% – Vertrauen 200%, davon Aufrichtigkeit 300% – enthält Systemkritik."*[7]

Dieser Systemwechsel ist spannend, denn er gründet nicht nur auf einem Menschenbild, sondern auch auf eine Einsicht in die Beziehungsverhältnisse der Menschen in einer Organisation. Es geht um mehr als Organisation, sondern um einen nach außen offenen Organismus lebendiger Beziehungen, die hier in Grundhaltungen beschrieben werden. Und eigentlich geht es hier nicht um eine nachträgliche Zusammenführung eines Teams, sondern darum, eine vorgängige Wirklichkeit zu entdecken und ins Leben zu bringen …

Eine radikale „Theologie" …

Mich hat Uwe Lübbermann sehr beeindruckt und vor allem hat mich sein Tun, Handeln und Denken theologisch inspiriert. Oder besser: sein Handeln und die darin liegenden Voraussetzungen vergegenwärtigen theologische Grundoptionen, werfen ein Licht auf die christliche Grunderfahrung und machen sie – quasi von außen – in einer neuen Weise erfahrbar.

Jenseits gewohnter Denkwege, jenseits formelhafter und traditionsüberformter Sprache wird hier die Wurzel und der Kern des Christseins gehoben und ins Leben gebracht.

Wenn die Mitte der christlichen Botschaft die Erfahrung einer Liebe ist, die Menschen verbindet in einem Raum der Freiheit und Verbundenheit, wenn der Kern der Botschaft jene Liebe ist, die jeden Menschen in einer freigebenden Zusammengehörigkeit zum Stehen kommen lässt, die ihn freisetzt und seine Potentiale realisiert, dann gehört die Rede von einem neuen „Betriebssystem" zum Geheimnis der Wirklichkeit, die wir im Glauben bekennen: es geht letztlich um die Grundvision der „Wohnung Gottes unter den Menschen", die ja die eschatologische Grundperspektive, das letztgültige Woraufhin christlicher Existenz ist. Aber dies zu sagen, heißt eben nicht, es in die nicht erreichbare Zukunft zu verlegen, sondern achtsam zu werden für die Grundwirklichkeit des Seins. Im Ursprung liegt hier eine geschenkte und zugrundegelegte Beziehungswirklichkeit, die nicht nachträglich hinzukommt, sondern entdeckt wird. Die paulinische Rede vom Leib Christi wird hier sprechend und praktisch, die Rede von einer beziehungsreichen Einheit, die vorgängig ist, und die in den konkreten Vollzügen aktualisiert wird.

So ist Uwe Lübbermann eine charismatische und prophetische Gründergestalt, die aus der Kraft des Geistes heraus die Wirklichkeit hervorsagt, die die geistvoll geprägte Welt angemessen gestaltet. Genau so beschreibt er ja auch den Ur-Sprung seines Handelns, der ja aus einer Unzufriedenheit wächst. Wie jede Gründungsgestalt wollte er nicht gründen, sondern es war eine Herausforderung, die ihn zum Handeln führte, ein Unternehmer werden ließ, der letztlich eine Community bildete, die ihre „mission" – eine neue Cola – mit einem neuen „Betriebssystem" gestaltete, das exzellent funktioniert, weil es der Wirklichkeit erlöster Beziehungen entspricht.

... mit radikaler Partizipation

Ausgangspunkt meines Staunens war die Radikalität, mit der Lübbermann Partizipation gestaltet. Ich konnte es kaum glauben, dass jemand einen so weiten Raum eröffnet, in dem wirklich alle

Betroffenen – von Kundschaft bis zu Lieferant*in – im Gestaltungsprozess eines Unternehmens radikal gleichwürdig beteiligt sind. Ich staunte, dass es möglich ist, dass es funktioniert und wirksam ist.

Ich erinnerte mich an das altkirchliche Diktum im Kontext der Synodalität: „Was alle betrifft, muss von allen mitentschieden werden" („Quod omnes tangit, ab omnibus approbari debet") und war verwundert, dass dies so entschieden verwirklicht werden kann.

Hier gilt es zu lernen. Als Kirche, als Gemeinschaft der Christgläubigen. Ein Spiegel wird vorgehalten, der mehr zeigt als nur ein Procedere zur gemeinsamen Abstimmung! Radikale Partizipation verweist – wie ja auch die konziliare Rede von der „participatio actuosa" im Kontext der Liturgie als einem Spiegelbild kirchlicher Vollzüge – auf eine Gründung im Ursprung der Wirklichkeit, in dem Gleichwürdigkeit, Freiheit und Verbundenheit einen Glauben in die radikale Güte der Schöpfung begründen und entfalten.

Warum, so habe ich mich gefragt, gelingt das „kirchlich" so wenig wirksam? Was müßte geschehen, damit wir innerkirchlich und darüber hinaus Abstimmungsprozesse in dieser Radikalität gestalten? Welches gemeinsame Bewußtsein von Sendung und „mission" braucht es? Genau hier liegen die Herausforderungen.

2. Mechthild Reinhards Tetraeder – Auf dem Weg zu einer Mystik des 21. Jahrhunderts?

So einfach zu erklären war dies nicht. Mechthild Reinhard hielt an Stelle des erkrankten Hauptreferenten beim Strategiekongress von Futur2 in Bensberg 2017 einen Vortrag über ihre Grundgedanken, der sehr viele in den Bann zog. Warum genau, war sicher unterschiedlich – ich war hingerissen, weil jemand im Blick auf ihr Unternehmen, seine Gründung, eine Grundperspektive eröffnete, die ich meinte zu kennen. Aber genauer.

Mechthild Reinhard ist eine systemisch geschulte Therapeutin. Sie hat – zusammen mit anderen – in den vergangenen Jahren die SysTelios Klinik aufgebaut.[8] Darüber erzählte sie. Vor allem darüber, wie sie diese Klinik gestaltet und prägt und was dem zu Grunde liegt. Dafür ist sie, aus Ostdeutschland stammend, einen längeren Weg gegangen. Die klassischen Wege der Medizin, und die klassischen Wege der Organisation der Medizin und Therapie, hatten sie nicht überzeugt. Und so begann sie einen neuen Weg.

Denn, so Reinhard, wir müssen Wege verlassen, die scheinbar alternativlos sind und Kliniken einfach nur als Organisation verstehen. Nein, denn sie sind Organismen, aus lebendigen Menschen gebaut, die nicht hierarchisch um einen „Chef" kreisen, sondern eine gemeinsame Mitte haben in dem „Wofür" ihres Tuns, das sich natürlich immer wieder spezifiziert in die vielen Sachbereiche. Menschen, die – so Mechthild Reinhard – sich um solche „Feuer" versammeln, werden ihr Bestes geben, um ihre Sendung zu erfüllen. Sie sind sich selbst organisierende Communities im Kontext einer gemeinsamen Aufgabe. Selbständig und kompetent, selbstorganisiert und kreativ. Ein atmendes Gefüge, eine leidenschaftliche Wirklichkeit – und in allem steht ein ermöglichendes Vertrauen in alle, die teilnehmen an diesem Weg. Und er funktioniert. Und es ist beeindruckend.

Eine Ursprungserfahrung gibt zu denken …

Immer dann, wenn Mechthild Reinhard von ihrem Ansatz erzählt, kommt sie auf eine therapeutische Grunderfahrung zu sprechen, die sie nachhaltig geprägt hat. Sie erzählt dann von einer Begegnung mit einem neunjährigen Jungen, bei dem schon alle Therapieversuche gescheitert waren. In ihren Begegnungen wurde Schritt für Schritt deutlicher, dass nur das radikale Sich-Einlassen auf ihn, auf seine Welt und das gleichwürdige Forschen nach einem Weg die Möglichkeit für die nächsten Schritte eröffnete. Reinhard erzählt immer wieder, wie sie selbst – mit all ihrem systemischen Wissen – erlebte, dass sie im radikalen Sich-Einlassen auf ihn neue Wege entdecken konnten. Im gemeinsamen und offenen Fragen, im wechselseitigen Vertrauen entstand nun ein neuer Weg, der Heilung ermöglichte. Er bestand aus Fragen, die Reinhard stellte, und es kam zu „Kopplungen", zu großem Vertrauen – und es entstand ein Raum wechselseitiger Präsenz, wechselseitigen Verstehens, der den Klienten dazu führte, an sich selbst zu glauben, selbst kreativ zu werden, und Kräfte in sich wahrzunehmen, die er vorher nicht bewusst wusste und die die Therapeutin auch nicht wusste. So entstand ein Weg, ein Raum, in dem für die ganze Familie – das ganze Familiensystem – ein Heilungsweg möglich wurde.

Der Heilungsweg gründete sich darin, dass auf einmal der Patient es wollte, nicht musste! Das „Wofür" gründete sich nicht außen, sondern selbstbestimmt und innen – im Blick auf die Liebe, die er zu seiner Mutter hatte.

Nachdenken über die Grunderfahrung

Hier öffnete sich ein Horizont, den Reinhard dann im Folgenden nicht mehr loslassen sollte. Sie selbst sagt: ohne diese Erfahrung würde es die SysTelios-Klinik nicht geben.[9]

Sie erahnte darin eine Grundarchitektur, eine Grundgestalt, die nicht nur für Therapien galt, sondern eben für jeden Menschen, für jede Organisation, für jeden Entwicklungsweg.

Wie jede tiefe Grunderfahrung gibt sie zu denken, und verlangt den Dialog mit Denkenden. Es sind dabei besonders zwei Denker, die dann für Reinhard bedeutsam geworden sind[10]: Auf der einen Seite steht hier Martin Buber, dessen dialogisches Denken hier wesentlich wird – und zum anderen der Architekt Richard Buckminster Fuller, dessen räumliches Denken für Reinhard leitend wurde.

Es ist spannend, diesen nachdenklichen Weg Reinhards mitzugehen. Denn so wird eine therapeutische Perspektive ansichtig, die den Intuitionen verblüffend gleicht, die wir bei Uwe Lübbermann und seinem Cola-Projekt entdecken konnten. Reinhard interpretiert Buber im Blick auf das dialogische Prinzip zwischen Ich und Du. Sie schreibt:

„Verstehen ist hier kein technischer, verdinglichter Vorgang – kein Akt, der aus der Haltung der naturhaften Abgehobenheit (Ich-Es) erwächst und der monologisch in dem einen oder anderen Akteur stattfindet, sondern im Zwischen, im Dialograum selbst."[11]

Und genau um diesen Dialograum geht es. Reinhard traut sich auf diesem Hintergrund, Buber einen „Beziehungs-Denker", „Dia-

log-Sprachen-Künstler", „Zwischenraum-Benenner", „Glaubens-Erfor-
scher" zu nennen. Denn Buber umschreibt genau jenen Erfahrungs-
raum, der sich eben nicht nur in Ich-Du-Beziehungsmustern fassen
lässt, der nicht nur die Kontexte miteinbezieht, sondern eben auch
ihre jeweilige wechselseitige Dynamik erfasst. Genau das macht
dann das Leben „räumlich".

Und hier bezieht sie sich auf Richard Buckminster-Fuller, der den
kleinsten Raum als Tetraeder beschrieben hat. In kreativer Aufnahme dieses Gedankens formuliert sie diesen wechselseitigen Beziehungsraum so:

*„Der vierte Eckpunkt würde sich – in meinen Worten formuliert –
dadurch bilden, wenn wir die Metaperspektive der Wechselwirkung
zwischen dem Beobachter, dem zu Beobachtenden sowie des Kontextes
ständig mit einbezögen. Erst dann würde das System räumlich. Und –
ich füge hinzu – kann es sich in Bezug auf das gewünschte Ziel (selbst)
organisieren. Diese sich selbst organisierende Kernkraft werde ich als
Mensch nur dann spüren und aus ihr leben, wenn ich mich diesem
Wirkprozess im wahrsten Sinnen des Wortes hingebe."*[12]

Eine Mystik des 21. Jahrhunderts

In dieser Perspektive denkt Mechthild Reinhard weiter: aus ihrer
Grunderfahrung (s.o.) entsteht zum einen die Erkenntnis, dass es in
jedem Menschen – wie immer er/sie auch verletzt und versehrt ist –
etwas Unteilbares und Heiles gibt, eine Quelle, aus der die Person
schöpfen kann, wenn es gelingt, in den Raum wechselseitiger Beziehung einzutreten und gemeinsam Ausschau zu halten nach einem
Ziel. Dann entsteht eine Verbindung, eine „Kopplung". Insofern echte Beziehungen darin gründen, den je Anderen eine innere Quelle
der Fülle und eine Würde zuzuschreiben, damit Vertrauen für einen
Weg für die Zukunft möglich wird.

Und so stößt – nicht ganz verwunderlich – Mechthild Reinhard
auch auf die christliche Spiritualität, insofern dort Gott eben nicht
ein gewöhnlicher Erfahrungsgegenstand ist, sondern ein Du, ein
Raum, in dem wir uns geborgen und reich beschenkt fühlen.[13]

Beziehung, die gelingt, die Würde und Mitgefühl mit dem Anderen lebt, spielt sich also in einem solchen Raum ab:

„Deuten wir die Welt und uns in ihr aus der expliziten Metapher der Fülle, werden das Denken in komplexen Zusammenhängen, Koevolution, Sicherheit aus/in Kooperation, Vertrauen, Freude und Lust am stets neuen ‚Aufbruch ins Ungeahnte' – am Leben eben – handlungsleitend sein können."[14]

Eine inkarnatorische Mystik …

Diese Gedanken, die man bei Reinhard nachhören und nachlesen kann, sind ihre Versuche, jener unglaublich dichten Grunderfahrung nachzugehen. Sie gilt – so habe ich schon angedeutet – aber eben nicht nur für die therapeutische Begleitung von Menschen, sondern wird das Muster zur Gestaltung der Prozesse ihrer Klinik, ja und auch ihrer Vorträge.

Zum einen waren wir Zuhörende beim Strategiekongress fasziniert von der Beschreibung der Prozesse in der SysTelios Klinik. Immer geht es ihr – und den weiteren Verantwortlichen – darum, eine Struktur zu entwickeln, in der jede und jeder zum einen sein eigenes Universum ist und bleibt, in der ganzen Fülle seiner Möglichkeiten, zugleich aber jeder und jede, von den Ärzt*innen bis zu den Köch*innen, in einer gemeinsamen und konsensuellen Wirklichkeit zu stehen kommt und sich so gemeinsam fragen lässt, mit welchem „Wofür" man unterwegs ist. „Für welche Welt willst du eigentlich einen Beitrag leisten? Wie wäre sie – so, dass du gut atmen kannst, Lust zum Aufstehen verspürst und Vertrauen ins Leben erlebst? Wie würde in ihr gehandelt? Welches zwischenmenschliche Erstehen des Verstehens würde da gelebt?" – so etwa die Leitfragen eines jeden Bereichs bei SysTelios. Es geht darum, sich um eine Idee je neu und jeden Tag zu gründen und ihr zu dienen – einer Idee, die anzieht und die alle Kräfte freisetzt.

Es geht ihr um eine „bewusste vertrauensvolle Hingabe an die sich selbst organisierenden Prozesskräfte …, um als raumliche Wesen eine menschenwürdige Kernkraftnutzung praktizieren zu können. Deren

Energie würde nicht aus der Spaltung freigesetzt, sondern aus der Erkenntnis und Praxis einer thermodynamisch wirksamen »Vertrauenswende« der Hingabe an den Prozess des Geschehens selbst ...“[15]

Dieses Feuer, diese Energie, hat Reinhard immer wieder betont. Das Spannende war nun, dass sich dieses Feuer auch in ihrem Vortrag ereignete, und jene „Kopplung", von der sie in ihrer Ursprungserfahrung berichtete, im Vortrag selbst stattfand. Wir alle befanden uns also in jenem Raum der energiereichen Sinnhaftigkeit, von dem sie uns erzählte.

Konsequenzen

Genau aus diesen Gründen weist das Unternehmertun von Mechthild Reinhard in die Zukunft eines Paradigmenwechsels ein. Dieser Wandel ist bemerkenswert: immer geht es um „Räume", in denen sich ein Miteinander, eine Wechselseitigkeit der Beziehungen ereignet. Diese Beziehungen aber sind ihrerseits gegründet in einer unhintergehbaren Einzelheit jeder Person, die in sich eine Quelle der Selbstwirksamkeit behält. Der geschenkte „mystische" Raum ermöglicht das Wirklichwerden einer Dynamik des Miteinanders, die eben gerade nicht die Freiheit des Einzelnen reduziert, sondern eher orientiert auf das „Wofür" des Lebens.

Natürlich erhellt diese Perspektive zutiefst einen christlichen Grundansatz, der vielleicht nur so sichtbar und auf Dauer wirksam werden kann. Er hat vielfache Konsequenzen, die in diesem Buch skizzenhaft angeleuchtet werden sollen.

3. Evolutionäre Organisationen: ein Beispiel aus Holland

Eine der spannendsten Einblicke in Veränderungsprozesse von Organisationen hat in den letzten Jahren Frederic Laloux[16] gegeben. Er beschreibt Prozesse auf dem Weg hin zu evolutionären Organisationen. Was mich dabei sehr stark beeindruckt hat, sind die Perspektiven für ein anderes Weltbild, die sich hier eröffnen – und dies vor allem durch die faszinierenden Berichte über Unternehmungen, die sich so ganz anders organisieren als bisher bekannt. Grundlegend dabei sind einige Einsichten und Verstehenshorizonte, die dabei zeigen: Organisationen – so Laloux – verstehen sich hier mehr als sich entwickelnde Organismen mit einem evolutionären selbstorganisierenden Drang zur Weiterentwicklung.

Was bedeutet das? Laloux beschreibt drei wichtige Durchbrüche:

– *„Selbstführung: Evolutionäre Organisationen funktionieren vollständig ohne Hierarchien (und auch ohne Konsens)…"*;
– *„Ganzheit: Evolutionäre Organisationen haben eine Reihe von Praktiken entwickelt, die dabei unterstützen, unsere innere Ganzheit wiederzuerlangen und unser vollständiges Selbst in die Arbeit einzubringen."*
– *Evolutionärer Sinn: Evolutionäre Organisationen können wir so verstehen, dass sie aus sich selbst heraus lebendig sind und eine Richtung entwickeln."*[17]

Buurtzorg

Die Herausforderungen niederländischer Krankenpflege gleichen denen in anderen Ländern. Herabwürdigende Arbeitsbedingungen, hoher Verwaltungsaufwand, die große Zahl von unterschiedlichsten Patient*innen und der Verlust menschlicher Verbindungen führen dazu, dass die ursprüngliche „Berufung" zum Dienst am Bedürftigen ausgehöhlt wird. „Das System hatte die Patienten als Menschen vernachlässigt."[18]

Ende 2006 gründete deswegen Jos de Blok sein eigenes Unternehmen. Er war schon Krankenpfleger gewesen und hatte im Karriereaufstieg leitende Managementfunktionen übernommen. Er gründete ein eigenes Unternehmen, Buurtzorg – „Nachbarschaftspflege" –, das in sieben Jahren von 10 auf 7000 Pflegekräfte wuchs.

Was unterschied nun diese „Nachbarschaftspflege" von anderen Organisationen? Hier arbeiten Pflegekräfte in Teams von 10–12 Mitarbeiter*innen und betreuen je ca. 50 Patient*innen in einer umschriebenen Nachbarschaft. Das Team als Ganzes trägt die Verantwortung für alle Aufgaben, die anfallen. Dafür werden nicht mehr unterschiedliche Teams beauftragt.

Die Teams sind selbstorganisiert und gestalten auch die Kontakte zu Ärzten und Apotheken selbst, entscheiden über Gebäude – und auch über Einstellungen: wenn die Zahl der Patient*innen zu groß wird, werden entweder neue Mitarbeiter*innen eingestellt – oder ein neues autonomes Team wird gebildet. Alle wichtigen Entscheidungen werden kollektiv getroffen.

Damit verändert sich die Pflege der Patient*innen grundsätzlich. Die Beziehung zu den Patient*innen rückt wieder in den Vordergrund, auch die menschlichen Fragen rücken wieder ins Licht. Dabei geht es immer darum, dass die Patient*innen im Rahmen ihrer Möglichkeiten selbständig bleiben oder wieder werden. Dabei berücksichtigen die Pflegekräfte auch das soziale Umfeld. Resultat: „In effektiver Weise versucht Buurtzorg, sich so weit wie möglich überflüssig zu machen. Die Berufung der Pflegekräfte ist im wahrsten Sinne wiederhergestellt: Das Wohlbefinden des Patienten steht über den Eigeninteressen der Organisation."[19]

Beeindruckend sind die Ergebnisse dieses Unternehmens. Man braucht nicht nur weniger Arbeitsstunden pro Patient*in, die Zufriedenheit ist auch größer – und insgesamt wächst der menschliche Umgang. Denn das ist das Spannende: nicht nur ökonomisch ist diese Art der Pflege „günstiger" und ressourcenschonender, vor allem erfahren Patient*innen emotionale Unterstützung und tragfähige Beziehungen, die man ja gar nicht in Geld ausdrücken kann. Aber auch die Pflegekräfte erfahren sich als selbstwirksamer, entsprechen ganzheitlicher ihrer Berufung. In Zahlen: „Bei Buurtzorg ist die Abwesenheit wegen Krankheit 60% niedriger und die Fluktuation von Mitarbeitern 33% niedriger als in herkömmlichen Krankenpflegeunternehmen."[20]

Die Teams bei Buurtzorg arbeiten ohne Vorgesetzten, selbst führend und selbst organisierend. Wie kann das gelingen? Es ist Programm! Und deswegen unterstützt Buurtzorg – in seiner kleinen Zentrale – die Teams durch Fortbildungen intensiv darin: „Die Frage ist nicht, wie man bessere Regeln formuliert, sondern wie man Teams unterstützen kann, damit sie die beste Lösung finden. Wie kann man die Möglichkeiten der Teammitglieder stärken, so dass sie möglichst wenig richtungsgebende Anweisungen von oben brauchen."[21]

Dabei werden Fähigkeiten wie Moderation und Entscheidungsfindung im Konsentverfahren eingeübt, das nicht nach endgültigen einstimmigen Lösungen sucht, aber versucht, jeden und jede zu Wort kommen zu lassen, die kollektive Intelligenz ins Licht und behindert zugleich, dass Einzelne Lösungen blockieren könnten.

Es gibt keine Hierarchien in diesem Unternehmen, wohl aber sehr profilierte und begabte Mitarbeitende, die sich nach ihren Fähigkeiten einbringen. Es gibt keine Hierarchien, und deswegen auch keine mittlere Hierarchieebene, sondern Berater*innen, die von dem Team zu Rate gezogen werden können. Dabei haben sie die Aufgabe, die Selbstverantwortung der Teams zu unterstützen – und dies so kurz wie möglich, damit keine Abhängigkeiten entstehen. Die Förderung und Weiterentwicklung der Eigenständigkeit steht im Vordergrund – und die Firmenzentrale umfasst nur 30 Personen. Insgesamt unterstützen sie sich gegenseitig – auch in Fachfragen – durch ein Intranet, das die Fachkenntnisse aller abrufen kann.

FAVI

Laloux fragte sich mit Recht, ob solche Organisationsmechanismen nur in sozialen oder gemeinnützigen Firmen existieren. Dem ist aber nicht so. Ausführlich beschreibt er eine ähnliche Organisation einer Gießerei in Frankreich. Auch diese Geschichte beeindruckt sehr: Nach der Übernahme durch einen neuen Leiter wurde FAVI innerhalb von zwei Jahren umgestaltet. 500 Mitarbeitende sind heute in 21 Teams aufgeteilt, die sehr autonom als „Kleinfabriken" arbeiten. Unterstützende Abteilungen wurden aufgelöst – und alle Teams organisieren ihren Bereich selbständig. Laloux beschreibt sehr eindrücklich das Funktionieren dieser Unternehmen. Das Geheimnis dieser Unternehmen ist das Investment in das Vertrauen. „Zobrist (der „Chef" und Ideengeber von FAVI; CH) hat ein Buch geschrieben, in dem er die Praktiken von FAVI beschreibt, es trägt folgenden Untertitel:

„L'entreprise qui croit que l'homme est bon" (Die Organisation, die an das Gute im Menschen glaubt). *„Im Zentrum dieser Haltung steht die Annahme, dass die Arbeiter*innen und Angestellten wohlwollende Menschen sind, denen man das Vertrauen entgegenbringen kann, dass*

sie das Richtige tun. Unter dieser Voraussetzung braucht man kaum Regeln und Kontrollmechanismen."[22]

Herausfordernder Wandel

Laloux kann über diese Beispiele hinaus viele andere benennen: Energieunternehmen sind ebenso darunter wie die freie evangelische Schule in Berlin. Letztlich zeigen sich aber hier immer gemeinsame Wasserzeichen, die für eine neue Kultur stehen. Immer geht es darum, dass Menschen eine positive Grundhaltung und ein lebendig kreatives Interesse an ihrem Tun unterstellt wird. Immer geht es darum, in kleinen Einheiten zu kooperieren und die Verantwortung selbst zu übernehmen. Immer ist aber auch ansichtig, dass die Talente und Fähigkeiten der Menschen ins Spiel gebracht werden sollen, die einen positiven Beitrag leisten können. Und schließlich: es braucht Persönlichkeiten, die dieses Menschenbild und dieses Bild des Zusammenwirkens „auf den Platz" bringen:

„Im Grunde zeigt sich hier die fundamentale Wahrheit, dass wir ernten, was wir säen: Angst sät Angst, Vertrauen sät Vertrauen ... FAVI und andere haben herausgefunden, dass die Menschen ihre Überzeugungen ändern können, wenn man regelmäßig über diese beiden Annahmen spricht"[23], so zieht Laloux Bilanz.

So entsteht eine gemeinsame Verantwortung aller für diese gemeinsame Ausrichtung. Mit spannenden Techniken wie "Holacracy" und „Gewaltfreie Kommunikation" können wichtige Akzente richtig gesetzt werden. Das ist beeindruckend beschrieben. Spannend wird es aber, wenn man sich fragt, welche Grundwirklichkeit darunterliegt, denn Laloux formuliert:

„Die Weisheitstraditionen in der ganzen Welt sprechen über diese tiefere Ebene: In unserem tiefsten Wesen sind wir alle vollkommen miteinander verbunden und Teile eines Ganzen, aber das ist eine Wahrheit, die wir vergessen haben. Wir werden in die Trennung hineingeboren und lernen, uns von unserem tieferen Wesen, von anderen Menschen und dem Leben um uns herum getrennt zu fühlen. Diese Traditionen sagen uns, dass unsere tiefste Bestimmung im Le-

ben darin besteht, unsere Ganzheit wiederzufinden, in uns und in unserer Verbundenheit mit der äußeren Welt. Diese spirituelle Einsicht inspiriert den zweiten Durchbruch evolutionärer Organisationen: einen Ort zu schaffen, der uns bei unserer Suche nach Ganzheit unterstützt."[24]

Ein zweiter Akzent kommt hinzu: es geht eben nicht nur darum, sich selbst in einem Gefüge wiederzufinden, sondern zugleich auch darum, den Sinn, das „Wofür" gemeinsam zu entdecken:

„Buurtzorg ist ein interessantes Beispiel ... Das Unternehmen wurde nicht nur aus der Frustration darüber gegründet, wie die Pflegeunternehmen in den Niederlanden einen sinnvollen Beruf in viele sinnlose Tätigkeiten fragmentiert hatten. Es erwuchs aus einer neuen viel umfassenderen Perspektive ... Der Sinn der Pflege ist nicht, ein Medikament zu verabreichen oder einen Verband zu wechseln, sondern den Menschen zu helfen, so weit wie möglich ein erfülltes, sinnvolles und unabhängiges Leben zu führen. Innerhalb dieser weit gefassten Definition entwickelt sich Buurtzorg ständig weiter und bewegt sich dorthin, wohin es sich gerufen fühlt."[25]

Wer auf dem Horizont der großen Veränderungen, in denen wir als Kirche in dieser neuen Gesellschaftsformation herausgefordert sind, diese erstaunlichen Erfahrungen, Geschichten und Reflexionen wahrnimmt, erkennt sehr schnell, dass aus diesen reichen Erfahrungen auch der Kern der Identität des Evangeliums neu aufstrahlt und klare Orientierungen gibt.

Es gilt, neu zu lernen, wie ein Menschenbild und eine Gemeinschaft heute aussehen können. Die Loslösung von hierarchischen Paradigmen, die Präferenz für einen selbstverantworteten und selbstwirksamen Ansatz in konkreten Gemeinschaften, die Bedeutung von Moderation und Begleitung – und schließlich auch das gemeinsam zu entdeckende „Wofür" verweisen auf eine Erneuerung auch kirchlicher Strukturen, vor der wir unweigerlich stehen.

Und schließlich verweist auch Laloux auf eine weisheitlich-mystische Einsicht, die ihrerseits ja geradezu nach einer Neuentdeckung und Neuformulierung der christlichen Traditionen ruft – und den daraus zu ziehenden notwendigen Konsequenzen.

4. Über Resonanz! Eine Erfahrung mit Hartmut Rosa

Der erste Versuch scheiterte. Denn so viel ich über Hartmut Rosa gehört hatte, in den vergangenen Ferien scheiterte ich an seinem Grundlagenwerk. Ich wühlte mich immer tiefer hinein, aber der Funke wollte nicht weiter zünden, denn sie hatte ja schon gezündet: diese Idee, von der Resonanz her zu denken, hatte mich fasziniert.

Aber es gibt ja oft ein zweites Mal, eine zweite Chance – und die hatte ich jetzt in Fribourg 2019, wo ich Rosa live erleben darf. Ein Wirbelsturm, diese Persönlichkeit. Und schon der Anfang hat mich tief berührt. Hier erzählte einer Geschichten, immer wieder neue und einfache Geschichten, um in ihnen etwas als Soziologe zu entdecken und um eine Umkehr vorzuschlagen: eine Umkehr hin zu einer Wahrnehmung der Weltwirklichkeit und zum gelungenen Leben. Denn nur dann, wenn wir Menschen mit der Wirklichkeit übereinstimmen, dann können wir in ihr angemessen sein, gut leben.

Aber Schritt für Schritt. Im Blick auf die Beziehung zur Welt startet alles mit einer Wahrnehmung: es ist etwas da, etwas ist gegenwärtig – und nicht nur das: insofern wir es wahrnehmen, liegt hier schon eine Beziehung vor. Und ja, natürlich kann diese Beziehung unterschiedlich wahrgenommen werden: als feindliche Welt, als verheißene Wirklichkeit oder als indifferente Situation.

Wenn dies der Ausgangspunkt ist, von dem Rosa aus zu denken beginnt, dann rückt für ihn (und dies in der Spur von Charles Taylor) die Beziehung und der Raum zwischen dem Ich und dem Anderen in den Mittelpunkt.

Schon das elektrisiert. Denn hier wird – aus soziologischer Perspektive – ein Zugang zum Geheimnis des Seins eröffnet. Nicht durch Philosophie, nicht durch theologische Spekulation, sondern in den konkreten Erfahrungen wird sichtbar, was schon Klaus Hemmerle als „relationale Ontologie" beschreiben konnte: die konstitutive Rolle der Beziehungen und des Zwischen. Hemmerle verband dies immer wieder virtuos in sein Verstehen der Dreifaltigkeit.[26] Ist Rosa ein Theologe?, durchzuckt es mich immer wieder.

Ein aggressives Weltverhältnis

Rosa diagnostiziert aber zunächst für unser Weltverhältnis eine grundlegend aggressive und beherrschende Grundhaltung: alles muss in den Griff bekommen werden. Es geht um Tätigkeit, die zur Beherrschbarkeit werden soll – und der Widerstand entgegenstehender Wirklichkeit muss gebrochen werden. Charles Taylor kann hier diagnostizieren, dass dieser Zugang so etwas ist wie eine spirituelle Unabhängigkeitserklärung von der Natur: sie wird – und wir erfahren das in der ökologischen Krise unserer Zeit – nur noch zum Objekt, zur Ressource, zum Gestaltungsprojekt. Weltbeziehung ist so auf innovative Reichweitenvergrößerung angelegt. Die Maxime lautet: „Handle jederzeit so, dass seine Weltreichweite größer wird" – „Vermehre Ressourcen und Optionen"– und das führt zur Attraktivität des Geldes, der Technik, der Stadt.

Und diese Aggressivität hat Konsequenzen. Denn Rosa beschreibt sehr kongruent, dass die Kehrseite dieser aggressiv-modernen Weltbeziehung Umweltzerstörung und Weltverstummen mit sich bringt. Die Verheißung des Zugriffs führt paradoxerweise zum Gegenteil, zur Ohnmacht. Es kommt zu einer intensiven Entfremdung, zu einem Weltverlust. Die Welt wird „unlesbar" und aus den Täter*innen, die die Welt beherrschen, werden Menschen, die ohnmächtig ausbrennen.

So kann Rosa selbst den theologischen Begriff der Sünde letztlich verknüpfen mit der klassischen Definition des „in sich verschlossenen Menschen" (homo incurvatus in se): es ist der Zustand, in dem ein Subjekt glaubt, keiner Antwort zu bedürfen und damit die Antwortfähigkeit selbst verliert und mithin die Beziehungsfähigkeit. Dieses Verhältnis der aggressiven Weltbeziehung ist aber nicht alternativlos. Die Alternative heißt Resonanz.

Der Mensch ist ein Resonanzwesen

Hartmut Rosa ist klar: der Mensch ist ein Resonanzwesen, er lebt in Beziehungen, die nicht auf Verfügbarkeit abzielen. Denn wir – die Menschen – leben davon, dass etwas „erklingt", dass uns etwas

„berührt" und bewegt. Wir warten auf etwas, was uns „anruft"–und nichts tun wir lieber, als auf einen solchen Ruf zu hören, auf ein Hören zu antworten, und mit leuchtenden Augen zu agieren. Es entsteht auf diese Weise „Verbindung", Verknüpfung oder – wie wahrscheinlich Mechthild Reinhard sagen würde (s.o.): „Kopplung".

Aber in dieser Wechselbeziehung zwischen unverfügbarer Berührtheit und freier Antwort, im Entstehen dieser Verbundenheit, geschieht Transformation und Wandlung hin zu einer Fülle, zu einer Erfülltheit des Lebens.

Immer mehr packt mich die Art und Weise, wie Rosa – als Soziologe – diese Wirklichkeit aus den Erfahrungsgeschichten beschreibt: Solche Unverfügbarkeit, die letztlich unvorhersehbar bleibt und sich jeder Verfügbarkeit entzieht, ist konstitutiv ergebnisoffen, das Eintreten in solche Resonanzbeziehungen ist nicht kontrollierbar. Man wird verwundbar, weil man sich berühren lässt.

Und das entwickelt Hartmut Rosa in seinen Vorträgen noch weiter: Resonanz setzt einen entgegenkommenden Resonanzraum voraus und kennt spezifische psychische, räumliche, leibliche und soziale Bedingungen.

Religion als Resonanzphänomen

Soziolog*innen können dann aber auch an den Grundlagen der christlichen Religion anknüpfen. Denn Religion ist nichts anderes als ein Antwortgeschehen. Im Blick auf die jüdisch-christliche Tradition geht es immer um ein Hören, ein Angerufenwerden, ein Antworten. Und Hartmut Rosa zitiert den holländischen Dichter Huub Osterhuis, wenn der davon spricht, dass am Grund der Existenz ein Antwortgeschehen liegt. Es ist beeindruckend zu erleben, wie der Nichttheologe Rosa sich der christlichen Religion und ihrer Theologie nähert und gleichzeitig die Gefahren sieht: was geschieht nämlich, wenn jemand meint, die Stimme Gottes zu kennen – und sie sich so verfügbar machen will? Dann, genau dann, wird ja Resonanz unmöglich, weil hier – schon wieder – ein aggressives Weltverhältnis durchschlägt in ein beherrschen wollendes Gottesverhältnis.

Ein Zugang zu einer neuen (ganz alten) Mystik

Je länger ich Hartmut Rosa zuhören darf, desto mehr „tönt" es. Und dabei geht es weniger um seine soziologische Theorie in ihren Einzelheiten[27], als vielmehr um die theologische Relevanz und das zugrundeliegende Paradigma.[28] Die wird dann unterboten, wenn man Rosas Überlegungen einfach einordnet in pastorale oder fundamentaltheologische Diskurse und vergisst, dass es ihm gar nicht darum geht. Es geht um Tieferes, wie mir scheint.

Um das anzuregen, kann ich gar nicht anders wie Rosa auch: Ich muss Geschichten erzählen, Verwandlungs- und Resonanzgeschichten. Denn in den letzten Jahrzehnten hat in der Tat kaum eine theologische Perspektive mich so in den Bann geschlagen wie die Soziologie von Hartmut Rosa. Und das muss ich erzählen. Denn im Anfang, im Ur-Sprung, ist mein Weg zum Christwerden verknüpft mit einer verwandelnden Resonanzerfahrung[29]: Wie kann und konnte es sein, dass ich mich in einem Resonanzraum menschlicher Beziehungen wiederfand, der nichts anderes als gottvoll war? Das war ja und ist es bis heute der Ausgangspunkt all meines Denkens und Theologisierens, aber auch der praktischen und pastoralen Auslegungsversuche. Es gibt, so leiht mir Dietrich Bonhoeffer seine Stimme, „Christus als Gemeinde existierend". Es gibt, so lerne ich von Chiara Lubich, eine Erkenntnis der Wirklichkeit, in der die beziehungsreiche Liebe Gottes Menschen verknüpft und verbindet, sie eint.[30]

Es klingt wie eine Resonanz der Resonanztheorie, wenn Chiara Lubich schreibt:

„Der, der neben mir steht, ist ein Geschenk für mich, und ich bin ein Geschenk für ihn. Auf der Welt ist durch die Liebe alles aufeinander zugeordnet. Man muss jedoch die Liebe leben, um den goldenen Faden zwischen allen Geschöpfen zu entdecken" Und Chiara Lubich eröffnet eine Spiritualität der Gegenwärtigkeit des Auferstandenen, die resonanzsensibel sein will, wenn sie schreibt: „Alle freuen sich, wenn ER da ist – alle leiden unter seiner Abwesenheit: er ist das Licht, dass jede Dunkelheit überwindet".

Das könnte man als Spiritualität missdeuten, und dann wäre es – und diese Gefahr ist real – letztlich nur machtvoller Appell und würde zum Verstummen dieser Erfahrung beitragen. Aber es ist mehr als Spiritualität, es ist eine mystische Weltsicht, die den Erkenntnissen Rosas sehr nahe ist – Mystik verstanden nicht als esoterische Verborgenheitserfahrung, sondern als „offengelegte tiefste Wirklichkeitserfahrung" und das Einstimmen in sie.

Letztlich lösen die Gedankengänge Rosas in mir eine ungeheure Resonanz aus, weil hier meine Grunderfahrung und ihre Wirklichkeit in Worte gefasst werden. Letztlich geht es also nicht um Theologie, sondern um ihr Paradigma. Es geht um die Frage, welches Wirklichkeitsverständnis erlöster Schöpfung zugrundeliegt und was das dann bedeutet für eine theologische Entfaltung, die ja sogar biblisch fassbar ist.

Wenn also die Offenbarung des Johannes das himmlische Jerusalem als einen Ort beschreibt, in der der Herr inmitten der Seinen das Licht ist, das alles erleuchtet, wenn es wahr ist, dass es eine Erfahrung des „Gott mit uns" gibt, wie sie die Evangelien in den Erfahrungen mit dem Auferstandenen reflektieren, dann lässt sich das soziologisch als Ort und Raum der Resonanz beschreiben. Und diese Erfahrung verwandelt das Selbstverständnis des Menschen und seiner Beziehungen. Sie kommen nicht irgendwie dazu, zu einem Selbststand – sie sind das Wesen, das Wesentliche dieses Selbststandes.

Um diese am Grund liegende Beziehungs- und Resonanzwirklichkeit und ihre theologisch-ekklesiologische Ausfaltung geht es, wenn alles umzukrempeln ist.

5. Der liebevolle Blick

Ich bin Cineast. Mit Leidenschaft und Frustration. Ich liebe Filme, vor allem dann, wenn sie mich berühren und mir Bilder schenken, die – ja – Resonanz in mir auslösen. Denn es geht immer um das Eine, um die Grunderfahrung der Wirklichkeit, in der Gott gegenwärtig ist, verbindet und eint. Wie fasziniert war ich von „Matrix", wie beeindruckend war der schwedische „Wie im Himmel" – oder auch Lasse Hallströms „Chocolat". Aber während dieser ganzen vergangenen Jahre haben mich die Filme von Wim Wenders in ihren

Bann geschlagen. Kaum genau zu fassen, was denn genau diese Faszination ausmacht, wenn man Filme wie „Paris, Texas", den „Himmel über Berlin", „So nah und so fern" sieht, wenn man sich in die Reise von „Lisbon story" begibt, oder aber auch die Milieubeschreibungen und die unglaubliche Musik vom „Buena Vista Social Club" miterleben darf.

Zuletzt hatte ich in Rom den erschreckend beeindruckenden Film vom „Salz der Erde" gesehen. Und ich habe gestaunt, wie es möglich sein konnte, über einen Fotographen einen so brillanten Film zu drehen. Immer aber spürte ich eine unglaubliche Menschlichkeit in diesen Filmen, eine besondere Perspektive, die widerhallte in meinem Herzen. Was war der Hintergrund?

Ein Ehrendoktor

2018 hatte ich mitbekommen, dass es einen neuen Wenders-Film gibt – über Papst Franziskus. Aber ich konnte ihn nicht ansehen, zu kurze Zeit lief er im Kino, oder zu schwierig waren die Anfangszeiten. Aber das sollte sich im Juni 2019 ändern, denn bei den Theologischen Studientagen in Fribourg hielt Wenders nicht nur eine Rede – wir konnten auch seinen Film sehen. Und beides war füreinander Kommentar.

Wenders hielt eine Vorlesung zum „liebenden Blick". Er hatte vor zwanzig Jahren eine Ehrendoktorwürde der Uni Fribourg erhalten – und erst jetzt konnte er mit dieser Vorlesung seine Pflicht einlösen.

Aber diese Ehrenvorlesung war eine Offenbarung, denn sie passte ganz und gar in die Perspektive, die am selben Tag Hartmut Rosa eröffnete: es ging und geht um einen Wirklichkeitszugang. Ganz voraussetzungslos ist der bei Wim Wenders nicht. Gleich am Anfang seiner Rede bezeichnet er sich als gläubiger Mensch, was – so seine irritierende Erfahrung – auch für Theologen keineswegs selbstverständlich sei. Aber als gläubiger Mensch ist er ein Filmemacher:

Ich bin vielmehr als praktizierender Romantiker auch ein reiner Empiriker und bin zugegebenermaßen durch das Denken nie sehr viel weitergekommen, weshalb mein Studium der Philosophie auch schnell ein abruptes Ende gefunden hat. Ich habe stattdessen viel mehr durch das Sehen gelernt, oder besser: durch das ‚tätige Sehen‘. Damit ist der Beruf des Filmregisseurs als auch des Photographen schon definiert: Aus dem Akt des Sehens einen Akt des Zeigens machen, sodass andere das sehen, was man selbst gesehen hat."[31]

Damit aber wird Sehen zur Erkenntnisweise, und Wenders verweist in diesem Zusammenhang nicht umsonst auf das Buch der Offenbarung (3,18): „Ich rate dir, dass du ... Augensalbe von mir kaufst, deine Augen zu salben, damit du sehen mögest."

Der Blick, das Sehen, um das es Wenders ging, war nicht der kritische Blick, der nach seiner Meinung – und ich stimme ihm voll zu – überschätzt wird, sondern um den liebevollen Blick. Wieder Wenders, wie ich ihn gehört habe:

„Das auch durchaus in Abgrenzung von dem ‚liebenden‘ Blick. Während der liebevolle Blick einfach eine Haltung beschreibt, bei der der Schauende ‚voller Liebe‘ blickt, sodass das Adjektiv also die Natur dieses Blickes beschreibt, bezieht sich der ‚liebende Blick‘ auf den inneren Zustand des Sehenden, – ein Blick kann ja nicht lieben, nur der Mensch, der ihn wirft. Diese Ausprägung hat eine wesentlich aktivere, womöglich ‚besitzergreifendere‘ Komponente. Der ‚liebende Blick‘, will mir scheinen, verzehrt geradezu seinen Gegenstand, will auf jeden Fall mehr von ihm als der zurückhaltendere, Abstand haltendere ‚liebevolle Blick‘ es tut."

Für Wenders ist dies der Blick, den Vater oder Mutter auf ihre Kinder werfen – dieser Blick, der Sicherheit, Schutz und Behütung verspricht, ich mich geliebt weiß und offen und lächelnd antworten kann.

Und dann erzählt Wenders faszinierend, wie er diesen Blick für sein Tun entdecken durfte. Es geht um den „Himmel über Berlin", der ja über zwei Engel berichtet, die zuhören und sehen können, aber eben nicht handeln und eingreifen. Für die beiden Hauptdarsteller, Bruno Ganz und Otto Sander, wurde dieser Film zu einer besonderen Herausforderung: wie kann man sich in Engel einfühlen, in ihre Biographie – das geht eben nicht, weil sie keine nachvollziehbare Lebensgeschichte haben. Und für Wenders als Regisseur, der noch nicht mal ein Drehbuch für diesen Film hatte (!), war es eine ebensolche Herausforderung. Er sagte Otto Sander: „Du liebst die Menschen und schaust ihnen liebevoll zu" Otto Sander merkte dann erst im Verlauf des Films, welche große Herausforderung das ist. Aber das war noch nicht das Ende der Herausforderungen, denn auch die Kamera muss ja dann diesen liebevollen Blick einnehmen. Ungläubig schaute ihn – so Wenders – sein Kameramann an:

„Man hatte schon viel von ihm verlangt in seiner Karriere, aber noch nicht, dass die Kamera ‚liebevoll' blicken und filmen sollte. Ging das überhaupt? Konnte eine Kamera das aufnehmen? Der alte Monsieur Alekan und seine Schwenkerin Agnes sahen mich mit großen Augen an und erwarteten eine Anweisung. Also nahm ich all meinen Mut zusammen und sagte, ohne groß nachzudenken: ‚Ja, es geht! Es muß gehen! Wir müssen dieses Liebevolle nur selbst investieren, in jede Aufnahme und jedes Bild, das wir aus Engelssicht in den Film aufnehmen.' Die Skepsis in ihren Augen blieb ... auch ich hatte einen Bammel."

Wenders erzählt weiter, wie das gesamte Team diese Grundhaltung einnehmen lernte und welche transformierenden Folgen sich daraus ergaben: wie durch Magie schrieb sich der Film ohne Drehbuch fort, es war wie ein Geschenk. Die Wirklichkeit wurde anders durch den liebevollen Blick. Sie wurde transformiert, transzendierte sich und wurde transparent: den Filmaugen gelang es, die Wirklichkeit tiefer wahrzunehmen, Unsichtbares sichtbar zu machen.

Ich bleibe an diesem Gedanken von Wenders hängen. Sein Vortrag führt weiter, und entwickelt den Gedanken weiter, was denn eigentlich der Blick bedeutet, gerade dann, wenn man bedenkt, dass jedes Ereignis sich in dieser Art den liebevollen Blick vieler Menschen konstituieren könnte. Noch einmal in seinem Vortrag gelauscht:

„Wir nähmen die Welt und uns alle gegenseitig FÜR GOTT, sozusagen, wahr – die Summe all dieser Blicke wäre seine Perspektive, er sähe seine Schöpfung durch unsere Augen, durch die gewaltige Summe des menschlichen Sehens. Wir sind seine Augen, wenn Sie so wollen, wir SIND was Gott sieht."

Wenders Überlegungen mündeten dann in einem letzten Appell, den liebevollen Blick als staunenden und Wunder entdeckenden Blick ernst zu nehmen. Und noch einmal zitierte er dabei die Schrift (Mt 6,22): *„Eure Augen sind Fenster zu eurem Körper. Wenn Ihr Eure Augen weit öffnet, voller Staunen und Vertrauen, füllt sich Euer Kör-*

per mit Licht. Wenn Ihr Eure Augen aber voller Habgier und Misstrau-
en zusammenkneift, wird Euer Körper zu einem feuchten Keller. Und
wenn Ihr die Vorhänge zu Euren Fenstern zuzieht, was für ein dunkles
Leben werdet Ihr dann führen."

Die Würde des Sehens, die Würde des liebevollen Blickes zu ach-
ten – das war sein Plädoyer, denn dieser Blick verwandelt die Welt.

„Der Mann seines Wortes"

Und all das spiegelte sich in dem Film über den Papst. In vielfacher
Weise. Ich war einfach dankbar, dass ich nach dieser magistralen
Hermeneutik des Sehens den ungeheuer eindrücklichen Film über
Papst Franziskus sehen konnte. Er war wie ein Zeugnis für diese Her-
meneutik. Denn einerseits schaute einen der Papst an, und in diesem
Blick und seinen Worten war so viel von diesem liebevollen Schauen.
Auf der anderen Seite war auch deutlich, dass Wenders mit seiner
Kamera und Regie diese liebevolle Perspektive in immer neuen Va-
rianten und Schnitten entwickelt hat. Selten habe ich mich so hin-
eingenommen gefühlt, in diesem ästhetischen Resonanzraum: die
Sorge für das Haus der Schöpfung, für jeden Menschen, die konkrete
Zugewandtheit und Berührbarkeit – sie sind nicht nur „Haltung" des
argentinischen Papstes, sondern sie waren im Film nachvollziehbar.

Konsequenzen

In seinem Vortrag hatte Wenders schon den nächsten Schritt vollzo-
gen. Er zitiert als Summe seiner Erkenntnis einen mittelalterlichen
Mystiker, Meister Eckhard:
„Das Auge, mit dem ich Gott sehe, ist dasselbe, mit dem Gott mich
sieht. Mein Auge und Gottes Auge sind ein und dasselbe im Sehen, ein
und dasselbe im Wissen, ein und dasselbe im Lieben."

Mich hat das schon nicht mehr verwundert. Denn in der Tat – Mystik ist ja hier ein liebevoller Zugang zur Wirklichkeit, ein göttlicher
Zugang, der über das „Sehen" geschieht. Und natürlich bildet sich
hier ein Paradigma heraus, das wieder einmal den Horizont eröffnet
für eine Theologie, eine Praxis des Lebens, die gewohnte Kategorien

in Frage stellt. In der Mystik aller Religionen, in der christlichen Mystik aller Jahrhunderte, findet sich ein Wirklichkeitshorizont, ohne den auch die Tradition der Kirche und die Ekklesiopraxis sich nicht für die Zukunft erschliessen lassen. Genau das aber wäre das Ziel.

6. Führung neu denken: zwischen Stefan Merath und Frederic Laloux

Es gibt wohl kaum ein Buch, was mich in den letzten Jahren so beeindruckt hat, wie das Werk von Stefan Merath. Ein Löwe als Titelbild, und es ist ein Buch zum Thema Führung. Ich war darauf gekommen, weil in unserem Bistum alle Mitarbeitende eine „Leadership Schulung" machten, ich aber – weil ich selbst zur Leitung gehöre – nicht mitmachen „durfte". Aber eine der Verantwortlichen wies mich auf dieses Buch hin … und ich war hingerissen. Gut, dass ich es erstmal nicht als gedrucktes Buch hatte, sondern als Hörbuch – denn es ist wirklich dick.

Und bei meinen Fahrten durch das Bistum hörte ich dann dieses Buch.[32] Merath – ein Unternehmenscoach – möchte mit diesem Buch Menschen, die Führungsaufgaben haben, dazu ermutigen, nicht einfach in einem Führungssystem zu arbeiten, sondern an einem Führungssystem. Merath macht das sehr geschickt, indem er eine fiktive Geschichte erzählt, und in diese Geschichte die Lernschritte und Methoden einbaut. Insofern macht es sehr viel Spaß, seinem Gedankenweg zu folgen, bis dann das letzte Kapitel mir den Atem geraubt hat.

Der Mensch, der ich sein könnte …

Schon Titel und Untertitel des Buches sind ja mutig: Dein Wille geschehe – wer so titelt, weckt Assoziationen, und spätestens dann, wenn der Untertitel „Weg zu Selbstbestimmung und Freiheit" heißt, dann wird deutlich, dass Führung letztlich eine Frage nach dem Menschenbild ist. Wer dann friedlich liest oder hört, kann spannende Geschichten hören, viele Entdeckungen machen – und doch: am Ende wurde ich mehr als überrascht.

Je weiter man in diesem Buch liest, desto deutlicher wird ja, dass es eigentlich um die Persönlichkeitsbildung geht, um Energieflüsse, um innere Freiheit. Und so mündet diese fiktive Geschichte in einer zutiefst spirituellen Szene.

Sie spielt auf einem Berg, an einem nächtlichen Lagerfeuer – und die Hauptfigur, die mit zwei Begleitern um dieses Feuer sitzt, erzählt von einem Alptraum des Scheiterns. Darauf antworten die beiden:

„Nach fast einer Minute sagte Wolfgang leise. ‚Du hast in den letzten Monaten vieles geändert. Du nimmst andere Dinge wahr. Du machst Dinge anders. Du hast an deinem inneren Status gearbeitet. Du hast grundlegende Entscheidungen getroffen und durchgezogen. Aber eines hat sich nicht verändert.' Er schwieg und nach einiger Zeit fuhr Carlos fort: ‚Dein Bild, das du tief innen von dir selbst hast, das, was du für deine Identität hältst, das, was die Gefühle dir selbst gegenüber erzeugt und dich klein, hilflos und wertlos erscheinen lässt, das hat sich noch nicht geändert.' Ich nickte langsam ..."[33]

Die beiden Kollegen laden ihn ein, „hinter den Vorhang" zu schauen, und sich nicht mehr mit eigenen leistungsbezogenen Identitätsstrukturen zufrieden zu geben.

„Aber nimm mal an, du würdest dich wertvoll fühlen, egal, wie erfolgreich dein Unternehmen ist ... Du bist immer ein wertvoller Mensch! Egal, was irgendwo außerhalb passiert oder was jemand anderes sagt oder tut. Nimm das mal hypothetisch an, was würde mit dir passieren ...", ermutigen ihn seine Kollegen.[34]

Und dann geschieht dieser Moment, real, und verwandelt noch mal diese Person – in dieser geradezu mystischen Erfahrung mitten in den Bergen, und so wird sein Wunsch nach Freiheit und Selbstbestimmung erfüllt.

Der Dialog, der nun beschrieben wird, führt dies noch weiter, und es ist sehr spannend, dass diese Erfahrung innerer Freiheit sich ausweitet auf eine Comunity von Mitarbeitenden, dem „Braintrust". In der Tat spielt wechselseitiges Commitment, wechselseitige Unterstützung auf diesen Weg immer eine Rolle. Nun aber zeigt sich, in dieser dichten Nachterfahrung, dass diese Gemeinschaft mehr ist:

„‚Ich fühle mich wohl', überraschte ich mich selbst, ‚ich fühle mich wertvoll, weil ich einen Beitrag zur Entwicklung aller leiste und weil

*ich Verbindung schaffe ... Ich möchte, dass Menschen und ihre Ent-
wicklung im Vordergrund stehen, nicht das Business'... Und ich war
plötzlich eine ganze Gruppe von Menschen. Und es war auch nicht
einfach nur eine gedankliche Konstruktion gewesen. Es war auch kein
Hineinversetzen. Ich war gerade die ganze Gruppe."*[35]

Wenn man diese „Geschichte" loslöst von dem, was Merath sagen
will, dann wird die eigentlich Aussage deutlich in den Worten des
weisen Beraters, der unsere Hauptperson begleitet:

*„Unternehmersein ist ... die ultimative spirituelle Herausforderung ...
bei sich zu bleiben, wenn die Stürme toben, man von seinen eigenen
Gefühlen hin und her geschleudert wird ... ist schwer. Durch die Annahme anderer Identitäten wie die deines Teams, deines Unternehmens,
deiner Kunden oder gar der ganzen Welt kommt das Wachstum, die
Lust an Veränderung, der Pfeffer ins Leben. Du willst nicht mehr dies
oder das und rennst hektisch von A nach B – wo du nie ankommst, weil
du zwischendurch C entdeckst –, sondern es entsteht eine Demut in dir
und eine Lust und Bereitschaft, diesen größeren Ichs zu dienen. Das ist
die wirkliche innere Haltung eines Führenden."*[36]

Eine spirituelle Grundperspektive

Das Ende dieses Buches ist in der Tat einerseits überraschend: in
den Blick gerät eine Grundwirklichkeit, die letztlich einfache un-
ternehmerische Lösungen überschreitet: es geht persönlich darum,
sich geliebt zu wissen. Aber genau diese Perspektive überschreitet
zugleich eine reine Innerlichkeit – das wird im Buch von Merath ja
beschrieben. Es geht darum, dass eine Person, die sich geliebt weiß,
sich zugleich hineinverbunden weiß in eine Gemeinschaft, ja – und
so wird hier gesagt – diese geradezu „ist": nicht nur ein Teil, sondern
das Ganze. Und dies führt wiederum zu einer demütigen Haltung
des Sich-Einlassens auf die jeweiligen Herausforderungen, Welten
und Wirklichkeiten der Anderen – letztlich ein selbstbewußtes Dienen an der Wirklichkeit.

Unternehmerisch handeln, so Merath, kann also letztlich nur
dem gelingen, der die Wirklichkeit als verknüpfte Wirklichkeit ge-
genseitiger Verbundenheit und Würdigung kennt. Diese Perspektive

gewinnt in Kontexten von Unternehmer*innen wie auch im Kontext von Beratungen immer mehr Kraft. Viele Beispiele ließen sich erzählen.[37] Es ist beeindruckend, zum Beispiel in Klöstern wahrzunehmen, wie immer mehr Unternehmungen nach diesem tiefen „Grund" von Führung fragen.

Führungsrollen neu fassen – Konsequenzen aus einer selbstorganisierten Unternehmung

Es ist Frederic Laloux, der beeindruckende Konsequenzen aus seinen Erfahrungen für die Führungsrollen gezogen hat. Wir hatten von seinen Berichten schon profitiert – hier zeigte sich eine völlig andere Unternehmenskultur.

Der nächste Schritt ist dann aber klar: die Rollen derer, die leiten, müssen sich ändern. In einem beeindruckenden Videomitschnitt[38] beschreibt deswegen Laloux acht Rollenprofile, von denen zwei aus seiner Sicht keine Zukunft mehr haben können. Seine Überlegungen bieten einen Denkhorizont an, der uns Licht gibt mitten in den kirchlichen Wandlungsprozessen, die erstaunlich parallel stattfinden.

Neben der Repräsentanz nach außen (1), die Laloux nicht weiter beschreibt, bleibt eine, vielleicht die zentrale Aufgabe für die Leitenden, die, einer Organisation oder einem Unternehmen mit einer Vision zu dienen: eine Vision – im Angesicht wandelnder Zeiten – zu „spüren" und damit eine Grundperspektive ins Spiel zu bringen. Ohne Vision kann keine Unternehmung existieren (2). Es ist spannend, mit Laloux diese zweite „Rolle" in den Blick zu nehmen, denn sie scheint ja den Prinzipien der lokalen Selbstorganisation zu widersprechen, die wir mit Laloux etwa bei Buurtzorg studieren konnten. Laloux sieht das, aber macht deutlich, dass die Quelle, der Ursprung eines Unternehmens sich in Personen darstellt. Dass dieser Ursprung gegenwärtig bleiben will und muss, das ist dann Aufgabe dieser Person – denn diese Ursprungs- und Quellerfahrung schenkt Energie und Begeisterung.

In einer Perspektive selbstorganisierter Unternehmungen, die hierarchische Machtstrukturen haben, wirkt so ein Gedanke – und das weiß Laloux – fremd. Und deswegen weist er daraufhin, dass es nicht um eine hierarchische Rolle im Sinne eines Oben-Unten geht, sondern um eine Rolle, die aber wesentlich ist. Es geht auch nicht darum, dass diese Visionsträger*in, insofern sie/er die Vision „offeriert", Entscheidungen fällt. Sie/er ist dafür da, dass die Vision „da" ist und so für die Weiterentwicklung der Organisation führt.

Was verschwindet

Zwei früher zentrale Rollen werden verschwinden, haben keinen Raum mehr. Sie hängen zusammen mit einer machtvollen Oben-Unten Struktur: es braucht nicht mehr die Personen, die Führenden, die auf der Inhaltsebene entscheiden. Führende müssen dafür sorgen, dass andere diese Entscheidungen fällen können, auf ihrer Ebene, in ihrem Verantwortungsbereich. Und damit verschwindet auch die Rolle der „Druckmachenden": Über Budgets, Boni und Ziele konnte man „Druck" ausüben, aber das ist in selbstorganisierenden Systemen deswegen nicht notwendig, so Laloux, weil hier alle gemeinsam für Energie und Ausrichtung sorgen – und sich selbst korrigieren.

Neue Rollen hervorsagen

Entscheidend wird nun sein, dass stattdessen vier Führungsrollen wahrgenommen werden. Sie ermöglichen das Wachsen neuer Organisationen.

– "Holding the space": Es braucht eine Führungskraft, die den neu erworbenen Raum „hält". Denn klar ist ja: wir alle sind in alten Systemen gefangen, wir alle haben bestimmte regelbasierte Systeme im Kopf und im Herzen – das Handeln nach diesen Mustern ist uns selbstverständlich. Deswegen braucht es immer wieder die Erinnerung und Vergegenwärtigung der tieferen Ursprünge und Gründe. Es braucht Prozesse des Verlernens und Neulernens. Diese Rolle müssen Führende, müssen Visionäre ganz übernehmen und sich damit identifizieren, sonst kann eine neue Kultur nicht wachsen.

- „Be a Rolemodel": Dazu kommt ein zweiter Aspekt: was dieses Gefüge an neuer Kultur entfalten soll, das muss von Führungskräften gelebt werden. An ihnen selbst, an ihrer Persönlichkeit, muss authentisch ansichtig werden, was diese neue Kultur bedeutet. An der Führungsperson wird erkennbar, wie man Neues lernen und Altes verlernen kann. Deswegen braucht es hier einige Grundhaltungen, die diesen Lernmodus glaubwürdig bezeugen: Demut, die Bereitschaft, zu Fehlern zu stehen, scheitern können und die Klarheit, auf Kurs zu bleiben.
- „Culture of invitation": In der alten Unternehmenskultur konnte es leicht passieren, dass man immer wieder den „Chef" darum bat, die Entscheidungen zu übernehmen. Das wird nicht mehr so sein. Es geht als Führende darum, die Vision zu teilen mit möglichst vielen und dafür zu sorgen, einzuladen, dass alle ihre Kreativität und ihren Mut zum Risiko einbringen. Zu mehr Beteiligung einzuladen, zu mehr Kreativität und Eigeninitiative – das ist Grundhaltung von Führenden.
- „Create a context": Immer wieder müssen Führunsgkräfte dafür sorgen, dass sie keine Entscheidungen selbst fällen müssen, sondern ihre Verantwortung ist es, einen „Kontext", einen Rahmen freizulegen, in dem Mitarbeitende selbst Entscheidungen fällen.

Das ist entlastend für Führungskräfte – und sie können nun mit mehr Zeit über Strategien und kreative Prozesse nachdenken. So sagt es Laloux. Und was Laloux hier beschreibt, das könnte wichtige Hinweise auf zukünftige Führungsaufgaben in einer Kirche der Teilhabe geben. Es ist doch spannend, dass auch im kirchlichen Kontext dieselben Herausforderungen der Führung entstehen – und sie gebunden sind an eine neue Kultur des Kircheseins.

Zwischenspiel – Die Dynamik des Unterscheidens

Mit den Erfahrungen und Reflexionen so unterschiedlicher charismatischer Denkenden bildet sich immer mehr ein gemeinsamer Horizont aus. Und es scheint die Skizze eines Gefüges auf, das herausfordert. Gerade die Kirche.

Denn klar wird gerade in den vergangenen Jahren immer mehr, dass das bisherige Gesamtgefüge nicht mehr funktioniert. Die Ausfälle häufen sich – und deutlich wird, dass die Idee einer Volkskirchlichkeit, wie sie nach dem II. Weltkrieg interpretiert und auch erfolgreich gestaltet wurde, eine entsprechende Gesellschaftsform voraussetzt, die sich aber spätestens seit den 6oer Jahren gewaltig verändert hat.

Nun kann man sagen, dass sich die Kirche in den letzten Jahrzehnten gewaltig verändert hat – aber eben nicht grundlegend: Es blieb bei einer Modifikation, einer Adaption. Und eigentlich ist das selbstverständlich: es ging in allem darum, das bisherige Gestaltgefüge weiterzuentwickeln: statt einer klerikalen Versorgungskirche entstand eine professionelle Dienstleistungskirche, statt einer radikalen Partizipation entstanden Rätestrukturen. Was aber fehlte, war eine Besinnung auf die Ursprünge, die zugleich auch das strukturelle Gesamtgefüge betrafen.

Wir sind mittendrin, in diesem Umbruch. Er braucht nicht weiter beschrieben werden – das tun alle – in unterschiedlicher Scharfsichtigkeit, mit unterschiedlichen Agenden.

Klar ist aber auch: wir stehen vor einem neuen Aufbruch. Und es ist denkbar, dass wir lernen. Wir können lernen. Vom Geist Gottes, der weht. Genau das nämlich ist die Perspektive, die das II. Vatikanische Konzil eingeschlagen hat. Es geht um einen Prozess der Unterscheidung der Geister – und die Konzilkonstitution legt einen Entdeckungsweg frei, der auch unsere Überlegungen befruchten kann.

„Zur Erfüllung dieses ihres Auftrags obliegt der Kirche allzeit die Pflicht, nach den Zeichen der Zeit zu forschen und sie im Licht des Evangeliums zu deuten. So kann sie dann in einer jeweils einer Generation angemessenen Weise auf die bleibenden Fragen der Menschen nach dem Sinn des gegenwärtigen und des zukünftigen Lebens und

nach dem Verhältnis beider zueinander Antwort geben. Es gilt also, die Welt, in der wir leben, ihre Erwartungen, Bestrebungen und ihren oft dramatischen Charakter zu erfassen und zu verstehen. So kann man schon von einer wirklichen sozialen und kulturellen Umgestaltung sprechen, die sich auch auf das religiöse Leben auswirkt. Wie es bei jeder Wachstumskrise geschieht, bringt auch diese Umgestaltung nicht geringe Schwierigkeiten mit sich.“

Und ja, so formuliert es Gaudium et Spes 4, es geht nicht um den Selbsterhalt der Kirche, des Volkes Gottes. Das musste ja noch nie die Sorge sein. Aber es geht um die Sendung: den Menschen etwas zu eröffnen vom Evangelium, ihnen das Geheimnis des Lebens zugänglich zu machen, das wir in Christus so lebensstiftend entdeckt haben: diese Gegenwart – aber eben nicht in Worten und Gedankengängen von gestern.

Aber um dies zu tun, geht es darum, die „Zeichen der Zeit im Licht des Evangeliums zu deuten“. Es gibt unendlich viele solche Zeichen. Hier haben wir nur versucht, einige Gedankengänge ins Licht zu rücken, die einen massiven Paradigmenwechsel ins Licht rücken. Ist das Evangelium, die Botschaft Jesu Christi diesen Entdeckungen und Erkenntnissen gegenüber resonant?

Ja, ist sie. Und es ist deswegen Pflicht und Aufgabe, diese Aufbrüche wahrzunehmen, sie sich zu eigen zu machen, um zu entdecken, wie dadurch der Entwicklung des Volkes Gottes eine Richtung gegeben werden kann. Das Konzil weiß, dass das nicht einfach ist. Denn wenn es um mehr als kosmetische Veränderungen geht, dann bringt das – „kirchisch“ formuliert – „nicht geringe Schwierigkeiten mit sich“.

Aber dieser Weg ist unausweichlich. Es ist ein synodaler, ein gemeinsamer Weg: *„Im Glauben daran, dass es vom Geist des Herrn geführt wird, der den Erdkreis erfüllt, bemüht sich das Volk Gottes, in den Ereignissen, Bedürfnissen und Wünschen, die es zusammen mit den übrigen Menschen unserer Zeit teilt, zu unterscheiden, was darin wahre Zeichen der Gegenwart oder der Absicht Gottes sind (GS 11).“*

Wichtig ist dabei eine Grundüberzeugung: Die Welt ist voll des Geistes, dieser Geist ist in den Ereignissen, den Bedürfnissen und Wünsche aller Menschen gegenwärtig. Und das bedeutet ja dann, dass es nicht nur ein Lernprozess nach dem Motto ist: es gibt auch außerhalb der Kirche Gutes, das man aufnehmen muss. Es geht um viel mehr. Es geht um die Entdeckung des Ureigenen, des eigenen Ur-Sprungs: dessen was Gott heute mit seinem Volk will und in welcher Weise er es begleitet.

Lernen lernen

Und das ist ein Lernweg – ein synodaler Lernweg. Aber es ist eben kein rein binnenkirchlicher Lernweg, bei dem es um strukturelle Veränderungen, um innere Vergewisserungsprozesse geht. Es geht um mehr. Es geht um ein neues Paradigma, um eine neue Erkenntnis der Botschaft des Evangeliums und eine Antwort auf die Frage, wie heute Kirche in ihrer Sendung sein kann – und welche Grundgestalt sich zeigen will. Das ist der Lernweg, dem diese der Kirche eingeschriebene konstitutive Synodalität eingeschrieben ist, damit sie sich erneuern kann.

So formuliert die Kirche ihr Selbstverständnis – und zwar immer im Blick auf ihre Sendung, ihren Auftrag. Sie will immer wieder eine lernende Gemeinschaft sein:

„So ist sich die Kirche auch darüber im klaren, wieviel sie selbst der Geschichte und Entwicklung der Menschheit verdankt. Die Erfahrung der geschichtlichen Vergangenheit, der Fortschritt der Wissenschaften, die Reichtümer, die in den verschiedenen Formen der menschlichen Kultur liegen, durch die die Menschennatur immer klarer zur Erscheinung kommt und neue Wege zur Wahrheit aufgetan werden, gereichen auch der Kirche zum Vorteil ... Es ist jedoch Aufgabe des ganzen Gottesvolkes, vor allem auch der Seelsorgenden und Theolog*innen, unter dem Beistand des Heiligen Geistes auf die verschiedenen Sprachen unserer Zeit zu hören, sie zu unterscheiden, zu deuten und im Licht des Gotteswortes zu beurteilen, damit die geoffenbarte Wahrheit immer tiefer erfaßt, besser verstanden und passender verkündet werden kann."

Gaudium et Spes 44 formuliert diese Perspektive ausdrücklich. Und das bedeutet in unserem Zusammenhang, dass wir zum einen wahrnehmen lernen, welche neuen Perspektiven uns geschenkt werden, die gerade das Eigentliche, den Kern kirchlicher Entwicklung und Erneuerung betreffen.

Die Überlegungen, die sich aus dem Hinschauen auf Protagonist*innen gesellschaftlicher Entwicklung ergeben, werden jetzt in einem zweiten Schritt ergänzt: das, was sich gesellschaftlich zeigt, wird ja auch in kirchlichen Aufbrüchen wirksam. Und es führt dazu, die eigene Tradition neu zu verstehen, zu leben und formulieren zu lernen – relevanter und griffiger, und zugleich ursprünglicher. Darum soll es gehen.

II. KIRCHLICHE SIGNALE IN DER ZEITENWENDE

1. Zwischen Refo und Zeitfenster: Kirche gründet sich

In den vergangenen Jahren war ich einige Male in Aachen eingeladen. Schon seit Jahren findet hier ein Gründertraining statt. Wie kann man eine Kirche, eine Initiative gründen? Was braucht man dafür? Ich war immer etwas skeptisch und habe mich intensiver mit dieser Frage beschäftigt. Kann man Kirche gründen? Gemeinden? Gemeinschaften? So wie ein ekklesiales Startup? Ja oder nein? Ja und nein!

Denn natürlich zeigt es die Geschichte: es gibt Gründende, Gründergemeinschaften – und natürlich haben die gegründet. Aber wie geschieht dieses „gründen"? Eigentlich ist das richtige Wort: Gründung geschieht. Am Anfang kann vieles stehen: eine innere Leidenschaft und Unausweichlichkeit, ein Ärger und eine heilige Unzufriedenheit – und eine Vision, die antreibt. Und natürlich gibt es keine Erfolgsgarantie: dass die Vision „resonant" wird, die Zeichen der Zeit trifft – und genau in den richtigen Kontext hineingeboren wird – das zeigt sich erst. Der Gründer oder die Gründerin gründet, die Vision der Gründung verwirklicht sich, aber es ist oft weniger ein machtvolles und selbstbewußtes Tun, als ein resonanzgesteuertes Geführtwerden ... Damit wird auch deutlich, dass es ganz sicher gute Planungen und Geschäftspläne brauchen könnte, alles, was organisiert werden kann – aber es kommt oft zu spät, geschieht nachträglich. Oft hat sich in der Dynamik der Gründung all dies schon ereignet, in Kämpfen und als Geschenk.

Was es allerdings braucht, sind Personen, die so tief mit der Ur-Inspiration verknüpft sind, so von ihr entflammt sind, dass sie der Logik eines Berufes enthoben sind: Gründen ist eine Leidenschaft.

Es braucht eine Weile bei der „Kirche". und ja, hier ist vor allem der institutionelle Teil gemeint. Die müssen nicht mitmachen – und es ist ja auch nicht ihre Aufgabe zu gründen: das ist keine Frage des Amtes, sondern geistvoller Berufung. Aber amtliche Aufgabe wäre es ja, den Raum offenzuhalten – und immer wieder deutlich zu machen, wie vielfältig und wachsend Kirche ist. Ihre Aufgabe ist es, notwendige Rückendeckung und kritische Ursprungstreue zum Evangelium zu gewähren.

Ein Zeitfenster

Zu den großen Geschenken der vergangenen Jahre gehört, dass ich ein paarmal bei der Zeitfenstergemeinde in Aachen sein konnte – ich durfte ein wenig mitleben, und manchmal ein wenig mitgestalten. Die Entstehungsgeschichte ist spannend.[39] Ursprünglich ist da ein Kreis von Familien, die sich am Sonntagnachmittag treffen und Kirche mit ihren Kindern anders erleben wollten und sich nicht mehr wohlfühlten in den herkömmlichen Settings: Jürgen Maubach, ein charismatischer Gemeindereferent, öffnete diesen Raum für sich und andere. Und nach einiger Zeit standen sie vor einer wichtigen Frage: Natürlich könnte man so weitermachen, aber – fühlen sich nicht noch andere fremd im Bisherigen? Und wäre es nicht eine Idee, für diese vielen „Fremdgewordenen" einen neuen Gottesdienst zu kreieren. Und genau das haben sie dann getan ...: und hier kamen dann die verschiedenen Gaben ins Spiel: Kommunikation, Design, planmäßiges Entrepreneurship führen dann zu dem monatlich freitagsabends stattfindenden Gottesdienst.

Und da bin ich jetzt. Eingeladen als Prediger. Und ich bin natürlich ein wenig aufgeregt. Aber vor allem bin ich beeindruckt. Von der Atmosphäre, die im Team ist; von der Gastfreundschaft, von dem inneren Feuer, und dem gemeinsamen Gebet. Die Achtsamkeit auf die zeitgemäße Ästhetik, die Möglichkeit, sich zu beteiligen bei den Fürbitten – für die es viel Zeit gibt. Und es gibt Möglichkeiten, sich segnen zu lassen, gemeinsam zu beten. Eigentlich ist es ganz einfach. Und natürlich fällt es in einer solchen Atmosphäre eigentlich auch leicht zu predigen – die eigene Geschichte ... Und hinterher feiern alle weiter: beim Bier in der Kirche, wer mag.

Was in England als „fresh expression of church" einen neuen Namen gefunden hat, das gibt es hier auch. Und natürlich gibt es ähnliche „Gründungselemente" – wie überall: die heilige Unzufriedenheit, die Sehnsucht, die mit anderen geteilt werden möchte – und ein charismatischer Ursprungsmoment gehört dazu – wie auch eine Gemeinschaft, in der – wie ein Wunder – alle Gaben sind, die es braucht, um loszulegen.

Besonders spannend aber ist die gesuchte Kontextualität. Sie ist hier ganz besonders entfaltet worden. Ja, und das hängt mit den Marketingkenntnissen und -gaben von Ursula Hahmann zusammen. Mich beeindruckt das sehr. Denn in der Tat – das Wort „Adressatenorientierung" habe ich von ihr gelernt. Und indem ich Ursula zuhörte, verstand ich, was für ein wichtiges Dienstwerkzeug Adressatenorientierung ist: es geht darum, zu verstehen, wie die andere Person – wie die Zielgruppe „tickt": und da wir ja in Aachen sind, fällt einem ja sofort Bischof Hemmerle ein: „Lass mich dich lernen, dein Denken und Sprechen, dein Handeln und Fühlen, damit ich daran die Botschaft neu lernen kann, die ich dir auszurichten habe" – auch wenn es oft zitiert wird: das muss erstmal geschehen, sich ganz auf seine Adressaten einzulassen, um von dort her eine Gestalt zukünftiger Kirche hervorwachsen zu lassen. Genau das ist hier geschehen.

Und ist Kirche entstanden? Natürlich! Überkonfessionell, lebendig, aus dem Wort Gottes heraus – und zugleich genau zugeschnitten auf die Menschen, die in der Mitte ihres Lebens stehen. Aber dann stellt sich heraus, dass auch andere kommen. Vielleicht ist das Überraschendste: eigentlich sind alle fremd und auf der Suche – und suchen das, was ihnen passt. Und all die Fragen, die sich früher gestellt hatten, sind nur noch interne Fragen: Dürfen mehrere Gemeinden nebeneinander existieren? Ist das überhaupt eine vollständige Gemeinde? Findet sich hier die sakramentale Grundversorgung? Das ist für alle die geklärt, die immer wieder kommen, für die, die es von innen her tragen – denn die haben ein „Zelt" gefunden, eine Kirche in aller Provisorität der Geschichte ... Und darüber kann man wohlfeil dogmatisch diskutieren – aber Gott hat in seinem Geist schon gehandelt ...

In Berlin

Der Beamer wirft seinen Text auf die Bibel: „empowering people" – so lautet der Text, der sich quer auf der Bibel befindet, die Steve in der Hand hält. Damit ist viel, damit ist fast alles gesagt. Zumindest über die Quelle, aus der hier alles kommt. Denn in der Tat: sie ist der Ur-Sprung.

Wir sind hier in einer leergeräumten Kirche, die aber alles andere als leer ist. Das war vor 10 Jahren noch anders. Da hatte die evangelische Pfarrei in Moabit diese Kaiser-Wilhelm II.-Kirche geräumt und aufgegeben, unter großen Schmerzen und Druck. Vieles drumherum, das Pfarrhaus und das Pfarrzentrum waren baufällig, der Kindergarten geschlossen – mitten im sozialen Brennpunkt Berlin Moabit. Und als alle Zeichen schon kurz vor Verkauf standen, da standen Steve und seine Freunde vor der Tür ...

Mit einer Vision. Und sie sahen. Hinter Steve lag schon ein langer Weg: Ausstieg aus dem Beruf, Einstieg in ein theologisches Studium. Und das alles angetrieben durch eine Vision und eine klare Richtungsentscheidung: eigentlich braucht es eine neue Art des Christseins, des Kircheseins – eine Gemeinschaft, die anders die Sendung Jesu lebt. Nein, es kann nicht einfach in das „normale" Pfarramt gehen. Und so bildete sich die kleine Gemeinschaft von Gleichgesinnten schon während des Studiums. Sie wollten in Gemeinschaft weitergehen.

Und Steve erzählt uns spannend von der Ursprungsvision: es geht um die Kraft der Gegenwart Christi, die Menschen verbindet – und um den Geist, der sie antreibt. Es geht um die Kirche! Es geht um die Präsenz des Auferstandenen in seinem Leib.

Wie oft mir das begegnet: in ganz vielen Aufbrüchen. Es geht eben nicht um Strukturreformen, es geht um den Ursprung, die gründende Wirklichkeit, den Geist, der spürbar ist, verbindet und sendet. Also um den pfingstlichen Grundimpuls.

Steve und Ellen – eine echte Co-Visionärin – erzählen, und es ist, als könne man erkennen, wie sehr alles ineinanderfließt: die tiefe Ursprünglichkeit des Osterglaubens und seiner Erfahrung, die Begabung zur weiten Vision und die Erdung am konkreten Ort. Das gehört zusammen. Und das zeigt sich auch: Es wird sichtbar in einer wunderbaren und feinen Willkommenskultur, es wird deutlich in der intensiven Verortung im Stadtteil, die dazu geführt hat, dass dieses Projekt weit mehr ist als eine „Kirche": sie wird zum Ort, an dem Menschen, Initiativen und Bewegungen andocken können; hier entstehen neue Projekte, die dem Stadtteil zu Gute kommen; hier wird ein Kindergarten neu gebaut, der Kindern neue Chancen gibt. Und ... es entsteht ein „Konvent", eine Community, die ein gemeinsames Leben wagt.

Das Wort: Empowering People

Inspiriert durch das Wort Gottes. Das nämlich nimmt Steve zur Hand, und es ist in der Tat ein Grundzug der Innovation an diesen Ort und an allen Neu-Orten, dass immer wieder die Schrift, das gemeinsame Hören, das Unterscheiden der Wege im Licht des Wortes Gottes eine konstitutive Rolle spielt.

Wir sind beeindruckt! Wir sind berührt von diesen Anfängen, und es wird auch klar, dass wir dieses gemeinsame Vergewissern des Ursprungs auch brauchen, dass auch wir eine gemeinsame Sendung haben, dass auch wir teilen wollen. Das wird auch uns verändern.

Merkmale eines Aufbruchs

Aber noch mal zurück. Vor 10 Jahren haben wir in England die FreshX-Bewegung kennen gelernt und waren fasziniert. „Mind the gap", sagten wir damals. Man kann es nicht einfach übertragen ... und man kann es nicht machen, das war sofort auch klar. Und deutlich war auch, dass es hier einen Prozess über lange Jahre gab, auch sehr schmerzhaft, weil nämlich am Anfang keineswegs nur Jubel da war über die verrückten Aufbrüche. Mehr und mehr aber machten sich Bischöfe diese Aufbrüche zu eigen, öffneten Räume und schufen ein Klima, in dem diese Perspektive frischer neuer Kirchenformen sich entwickeln konnte. Und zu vergessen istauch nicht: dass es neue Formen der Kirche gibt, hängt auch damit zusammen, dass vieles „Klassische" in der anglikanischen Kirche gestorben war ... Schon länger ...

Aber 10 Jahre später stehen wir mitten in Berlin. Und ja, man könnte sagen, dass hier inzwischen, wie in vielen anderen Städten, eine Welle von kirchlichen Aufbrüchen zu spüren ist. Und ihre Entste-

hung ist – immer auch – komplex: ein Kairòs, ein Zusammentreffen vieler „Zufälle", die erst zusammen das Puzzle der Innovation bilden.
- Begeisterte Visionär*innen und charismatische Menschen, die miteinander einen Traum in die Welt bringen.
- Verwurzelung und Inkulturation in einem bestimmten Kontext.
- Sich gesendet wissen zu den Menschen.
- Der leere Raum, der durch das Sterben klassischer Modelle frei wird.
- Die „richtigen" Leute, die sich dann um den Kern dazugesellen mit ihren Talenten.
- Das Commitment eines „Bundes", der Menschen verbindet.
- Und schließlich: andere „Erlaubnisgeber*innen" und Sympathisant*innen in der größeren Organisation, die durch die kritischen Synodendschungel leiten.
- Und: Es ist immer die Schrift, die Menschen ermutigt, in Bewegung bringt und verwandelt.

Das ist alles nicht ausrechenbar, aber es geschieht immer wieder. Und es zeigt eines an: Es ist nicht das Geld, das Erneuerung machen kann – aber ohne Geld geht es nicht. Es ist nicht die Institution und Organisation, die es planen kann – aber ohne sie geht es nicht. Man braucht kein*e Politiker*in sein – aber ohne Sympathisierende in diesem Bereich geht es nicht.

Und schließlich: es fordert alle Gaben und Kräfte – aber es ist immer ein Geschenk. Das ist das Faszinierende an der Erneuerung, die schon da ist, mitten unter uns. Und wir haben vor allem eine Aufgabe: uns selbst zu fragen, welches unser spezifischer Dienst daran ist (Charismatiker*in, Erder*in, Wegöffner*in, Ermöglicher*in, Pionier*in, Geschichtenerzähler*in, Vernetzer*in) – und alles dafür zu tun, dass das, was Gott schenken will, auch angenommen wird.

1 … 2 … 3

Und schließlich spricht Steve davon, dass hier ein dritter Ort des Kircheseins entstanden ist. In der Diskussion in der Berliner Kirche ist das ein geläufiges Reden: Dass neben den ersten Orten (Kirchengemeinden) auch zweite Orte (Einrichtungen) existieren und neue (dritte) Orte entstehen können. Christian Stäblein, der neue evangelische Bischof in Berlin, hat dieses Thema – auch im Blick auf die Auseinandersetzungen um neue Formen des Kircheseins – ins Spiel gebracht.[40] Er spielt dabei nicht örtliche Gemeinden gegen Einrichtungen aus, sondern sieht sie komplementär, als großes Netzwerk. Aber gerade die „dritten Orte" können einen besonderen Beitrag leisten:

„Diese dritten Orte sagen vor allem: Kirche und Gemeinde ist immer auch die geistliche Bewegung, die nicht aufhört in Bewegung zu sein. Der Leib Christi erneuert sich. Mein Credo: Wir brauchen neben den ersten und den zweiten Orten dritte Orte des Aufbruchs. Es sind Zukunftsbilder von Kirche."[41]

Das macht deutlich: Die vielen unterschiedlichen und nicht aufeinander reduzierbaren Orte bilden zusammen jenen „Polyeder" (Papst Franziskus), jenen vielseitigen Diamanten ab, der Kirche ist – und der nur gemeinsam jenen Christus bezeugt, um den es ja geht.

2. Segensorte

Prozesse Lokaler Kirchenentwicklung – was ist das eigentlich? Eigentlich ist ein Prozess gemeint, ein Weg, der das Bewußtsein der ganzen Kirche auf den Kopf stellt. Nein, es geht nicht mehr um eine klerikale oder professionszentrierte Versorgungskirche; es geht nicht um ein Mangelmodell der Pfarreifusionen, der Regionalisierung; es geht nicht um eine pastorale Idee, die vorgegeben werden soll, damit alle das tun, was „das Bistum" will.

Es geht um eine ganz andere Kultur, es geht um die Freilegung der Selbstverantwortung der Christgläubigen von Ort, um eine echte Selbstorganisation und neue Leitungsmodelle, es geht um eine geistliche Neugründung im Evangelium, um die Einladung zu einer Entwicklung der Sendung, die sich auf die Herausforderungen der Menschen vor Ort richtet   und eine Einladung zu ungeheurer Vielfalt und Freiheit ... Aber das nützt ja nichts: trotzdem denken viele an ein Strukturmodell, denken viele an eine geschmälerte Weiterführung des Bisherigen. Und deshalb treffen wir Eva, Florian und Nico, die mir schon bei einem Kongress begegnet sind. Sie haben – mit ihrer Agentur – eine große Gabe: sich einzufühlen in die Gedankenwelten, und zugleich zu ahnen, wie Menschen emotional angerührt werden können von einer Idee – denn was nützt es, eine tolle Idee zu haben, und dann die Herzen der Menschen nicht zu erreichen. Lange hören sie uns zu …

Und ihr Vorschlag überrascht uns, begeistert uns aber auch. In der Tat – „Kirche" hat keinen charmanten Klang, und außerdem wirkt das Ganze ein wenig anstrengend … Aber dahinter steckt eine spannende Idee. Und diese Idee kommt zum Vorschein:

Segen …

Wenn es etwas gibt, was im Blick auf den Glauben eine ungebroche-ne, ja wachsende Anziehungskraft hat, wenn Menschen – aller Über-zeugungen und Glaubensrichtungen – etwas ersehnen von „oben", dann ist der Segen. Eine Wirklichkeit, ein Wort, das absolut positiv besetzt ist – den Segen wünschen sich Eltern für ihr Kind, Studieren-de an ihrem Studienbeginn, Schüler*innen am Ende ihrer Schulzeit, Partner für ihr Zusammenleben …

„Könnte nicht der Segen im Mittelpunkt eines neuen Verstehens für Kirchenentwicklung stehen? Es geht doch genau darum, dass Men-schen erfahren können, dass Gott zu ihnen steht – und dass sie das erfahren."

In der Tat. Natürlich bleibt diese Rede vom Segen einerseits diffus: sie ist theologisch vielfach begründbar, aber – und auch das stimmt: sie ist eingegründet in das Grundverständnis Gottes, und wird immer wieder in den Geschichten Gottes mit seinem Volk in den Mittelpunkt gerückt. Es ist schon in der Schöpfungsgeschich-te angelegt – der Gott, der den Menschen in seiner Beziehungswelt einbindet, indem er das „Zwischen" segnet. Immer erscheint Gott in seiner Schöpfung als der, der zum Menschen steht, ihm Leben ein-haucht, ihn schützt und begleitet. Und die Menschen, die er ruft wie Abram, die stellt er unter seinen Segen: „Du bist gesegnet, ein Segen sollst du sein".

Das ist eine Grundwirklichkeit: Gott hat sich definitiv den Menschen zugewandt, und Menschen erkennen in dem, was sich ihnen als Geschenk zeigt, seinen Segen. Sie wissen sich begleitet, geschützt, geführt – und so ist jeder Segen, der mir zugesprochen wird, eine erinnernde Vergegenwärtigung für die Grundüberraschung des Lebens: Gott ist Liebe für uns.

Das ist zweifellos eine sakramentale Wirklichkeit. Und in der Tat – genauso versteht die Kirche auch den Segen, und so habe ich das immer erlebt. Vielleicht die populärste kirchliche Aktion der Nachkriegszeit, die auch in säkularen Gesellschaften hohe Attraktivität hat, ist das „Sternsingen": eigentlich eine Haussegnung. Genial: der Zuspruch des Segens auf Wohnungen, Häusern, Rathäusern und Einrichtungen macht deutlich, dass selbst dann, wenn man sich Gottes Gegenwart so gar nicht vorstellen kann, Menschen auf diesen Segen nicht verzichten mögen.

Und der Erfahrungen sind Legion. Ich denke an Einschulungsgottesdienste, an Gottesdienste für Erstsemester, an Autosegnungen in Bolivien. Segen funzt! Und deswegen gibt es ja sogar ein Segensritual, das, angefangen von Goldenen Hochzeiten über Adventskränze bis hin zu Kläranlagen rituelle Gebetshandlungen und Zeichen vorschlägt ... und von Sakramentalien redet. Natürlich, keines der sieben Sakramente im Sinne der Definitionsversuche der Trienter Konzils, wohl aber eigentlich dieselbe Grunderfahrung: Gott ist nahe, mit seiner Liebe, seiner Zusage – und wir danken für diese wirksame Nähe und feiern sie zeichenhaft.

SegensOrte

„Und wenn man auf die Schöpfungsgeschichte schaut, dann stellt man fest: Gott schafft einen ‚Raum', einen Ort, an dem dieser Segen erfahrbar wird – könnte nicht das ‚Ergebnis', das ihr eigentlich mit den Prozessen Lokaler Kirchenentwicklung erreichen wollt, eine Welt von Orten sein, an denen Gottes Segen erfahrbar wird. „Wäre nicht ‚Segens-Orte' ein charmanter Name?" So fragen unsere Berater.

Der Garten der Schöpfung, Inbegriff eines SegensOrtes – das ist in der Tat Gottes Idee für die Menschen: eine Erfahrung der geschenkten Nähe, der gelungenen Beziehungen, der geheimnisvollen und uneinnehmbaren Mitte – und die Heilige Stadt Jerusalem ebenso: die leuchtende Mitte, die die Stadt durchdringt, Menschen verbindet, Türen offen lässt, damit Menschen teilen und miteinander leben können.

Der Anfang der Wege Gottes mit seinem Volk und ihr Ziel: Gottes Wohnung unter den Menschen, seine Gegenwart, die alles im Licht sein lässt – immer ist es „das gemeinsame Haus" (Papst Franziskus), das erfahrbar wird und Dank und Freude wachsen lässt. Darum geht's.

Denn wenn wir Häuser segnen, Partnerschaften und Kinder, wenn Lebensaufbrüche und Lebenswenden gesegnet werden, dann erinnern wir uns und vergegenwärtigen uns die Verbundenheit mit dem Geheimnis unseres Lebens – und wir stellen es in einen „Raum" der Beziehung, der uns geheimnisvoll mit dem Gott der Liebe und des Lebens verknüpft. Ist dieser Raum des Segens „Kirche"?

Kirche verflüssigt sich!

Mit dem Begriff des SegensOrtes war noch etwas anderes verbunden. Ein Signet, das sich leider in unserem Bistum noch nicht realisieren ließ. Es ist genial (siehe: www.segensorte.de). Das Geniale daran ist die Verflüssigung. Man stelle sich vor: ein statisches rotes Kreuz (wie etwa das gelungene Signet des Bistum Hildesheim) gerät in Dissolvenz. Es entsteht ein symbolisches und fließendes S, mit kleinen und größeren Flächen – und das macht deutlich, worum es geht:

„Was sind SegensOrte? SegensOrte, das sind lebendige, bewegliche und vielfältige Gelegenheiten, wo praktische Nächstenliebe und Gemeinschaft begeistern. Momente und Orte, in denen Gottes Segen in unserer Welt spürbar und stärkend erfahrbar wird. Segen geben und nehmen. Segen sein, ganz alltäglich und doch besonders."[42]

Aber ist das Kirche? Ist das nicht viel zu diffus? Viel zu unpräzise? Tja, da kann man nur sagen: genau das wird Kirche in Zukunft sein, wenn es tatsächlich nicht mehr um Verkirchlichung geht, sondern um Sendung. In dem Maß nämlich, wie Christgläubige das Evangelium im Leben bezeugen, in dem Maß wird Gottes Segen erfahrbar, spürbar

Und ja, insofern kommen Räume ans Licht, ins Leben, in die Wirklichkeit überall dort, wo in Beziehungen des Alltags, in Einrichtungen und Häusern Gott mit seinem Segen erfahrbar wird. Und damit erfüllt sich die „Mission" der Kirche: das Reich Gottes wird erfahrbar an diesen Orten des Segens, wird für alle Menschen wirklich und möglich.

Und deswegen stimmt die Intuition, die Eva, Florian und Nico als Resonanz auf unsere Rede von der Lokalen Kirchenentwicklung gaben: dort, wo Kirche sich entwickeln wird, da geht es nicht darum, die Statik der binnenkirchlichen Zentrierung fortzuschreiben und jede Rede von der Kirche zu orientieren an dem alten (und zweifellos guten) Muster der Pfarrgemeinde, das als geheime Norm gilt. Es geht auch nicht darum, die gänzlich der Wirklichkeit unangemessene Rede von territorialer und kategorialer Pastoral zu bemühen, um letztlich in einer Gegenabhängigkeit zur Gemeinde zu bleiben, indem man andere „besondere Orte" kreiert.

Es geht um einen gänzlich anderen Zugang: von den Erfahrungen der Menschen her, von den Erfahrungen des Segens-Geheimnisses her: dort, wo Gottes heilsame Gegenwart sich ereignet, hat die Sendung der Kirche ihr Ziel erreicht, ereignet sich der Anfang von Gottes neuer Zivilisation (das himmlische Jerusalem) – und deswegen, ja, ereignet sich hier Kirche. Aber eben verflüssigt – im Flow der Sendung, in ihrem eigentlichen Aggregatszustand.

Zwischen Marzahn und Halle

Wer Pater Otto und Schwester Margareta in Berlin-Marzahn, in der Manege der Don-Bosco-Salesianer erlebt hat, der wird wissen, was mit einem SegensOrt gemeint ist. Mitten in einem sehr herausfordernden sozialen Gebiet Berlins (und das ist harmlos ausgedrückt) haben die Salesianer ausgegründet – neu gegründet: einen Ort, wo junge Menschen neuen Lebensmut, eine Ausbildung, eine Community finden können. Die Geschichte dieses Projektes – vielfach dokumentiert[43] und längst zum pastoralen Pilgerziel geworden – ist eine beeindruckende Geschichte des Mutes, des Verlieren Könnens und der Auferstehung. Die Salesianer gaben eine Ausbildungsstätte für junge

Menschen im gesettelten Wannsee auf, um dorthin zu gehen, wo niemand hinging: nach Marzahn. Sie gingen dahin, niemand erwartete sie, Feindschaft schlug ihnen entgegen. Mit der Liebe und der Geduld der Unausweichlichkeit entstand hier eine der beeindruckendsten Sozialprojekte – und das ist ein schwaches Wort: denn eigentlich verwirklicht sich hier die Liebe zu den Menschen in hingebungsvollem Vertrauen für Jugendliche, die solche uninteressierte Liebe noch nie erlebt haben – und die sich faszinieren lassen. 24/24 Stunden ist der Raum geöffnet, in dem immer jemand für die Fragen und Nöte da ist.

Wenn Pater Otto erzählt, dann hört er gar nicht mehr auf. Aber vor allem erzählt er, was ja Ziel der Wege Jesu ist: das Evangelium wird Leben und Sprache in der Lebenswelt der Marzahner*innen: ich habe gestaunt und war innerlich angerührt durch diese Liebe, die sich einläßt, die nie aufgibt und die Gemeinschaftsräume eröffnet. Hier ist Kirche wirklich Kirche, weil sie sich hineinverliert in die Welt. Ich habe bisher keine so gute Übersetzung der Grundhaltungen des Evangeliums gehört, wie dort in den Grundhaltungen des Don-Bosco-Hauses.

Kirche vom Krankenhaus her erfahren

Und ganz ähnlich ging es mir in Halle – im Elisabeth-Krankenhaus. Und natürlich hängt auch hier vieles an charismatischen Personen. Wir treffen Pfarrer Koschig und Diakon Feuersträter im Krankenhaus. Ja, das Krankenhaus ist in der Tat der älteste Ort der katholischen Kirche nach der Reformation. Es ist der Ort der meisten Geburten in der Region. Unglaublich viele Menschen gehen ein und aus – und viel Leid und Freude geschieht hier.

Und es ist Diakon Feuersträter, der nun erzählt: vor allem – und das ist wie in Marzahn – entsteht eine tragende Gemeinschaft im Krankenhaus dadurch, dass er den vielen Mitarbeiter*innen unterschiedlichster Glaubensüberzeugungen Gelegenheit zur Vertiefung von Sinnfragen gibt. Immer mehr dieser Tage muss er anbieten, weil das Interesse hoch ist – gerade bei denen, die nicht getauft sind. Und dann – die vielen kleinen und großen Rituale, die Seelsorge, die Atmosphäre – all das macht dieses Krankenhaus in Halle zu einem der spannendsten Segensorte im Osten, und zugleich einem der missionarischen Orte der Kirche.

Ja, denn hier – wo Segen und Heil so greifbar und erlebbar ist – da verwirklicht sich Kirche, indem sie sich verflüssigt.

Erfahrungen, wie Kirche so in Bewegung gerät, indem sie sich einlässt auf Freude und Hoffnung, Trauer und Angst; indem sie freigibt und freigiebig ist mit ihrem Geheimnis, gibt sie unendlich viel.[44]

Aber … vielleicht kann man solche Orte häufig nicht sehen, weil die Messinstrumente veraltet sind und sich nur nach innen richten. Es braucht eine Umkehr ins Leben, eine Bewegung, eine Richtung, eine Mission. Denn – Kirche ist nicht erstmal da, um dann einer Sendung zu folgen, sie ist Sendung, seine Sendung. Und deswegen gilt: dort, wo Segensorte sind, ist Kirche am meisten sie selbst.

3. Gemeindelos?

Seit langen Jahren bin ich nicht mehr Pfarrer. Und ich vermisse es. Sehr. Denn zusammen mit einer bestimmten Gemeinschaft unterwegs zu sein, das ist ja immer ein spannender und bereichernder Weg. Schon gerade dann, wenn ich eigentlich erst nach meiner letzten Pfarrstelle tiefer verstehen durfte, wie tief die Veränderungsdynamik reicht, und wie notwendig und notwendend partizipative Wege und Prozesse sind. Paradox – ich lernte sie erst kennen, als ich sie nicht mehr gehen konnte. Und das ist irgendwie schade.

Aber jetzt? Seit mehr als 10 Jahren bin ich kein Vorsteher einer Gemeinde, einer Pfarrei mehr – und, noch interessanter: ich fühle mich auch keiner mehr zugehörig. Ich komme einfach nicht auf die Idee, in der Hildesheimer Innenstadt nach „meinem Ort" zu suchen, und eigentlich nirgendwo anders. Oder doch?

Meine Situation erinnert mich an viele meiner mitarbeitenden Kolleg*innen, die mir das schon seit Jahren erzählen: eine Situation der Fremdheit mit klassischen Gemeinden, eine gewisse gottesdienstliche Heimatlosigkeit, die sie zur Zeit auch nicht vermissen.

Das ist spannend, nicht nur für mich. Denn wir behaupten doch immer wieder, wie wichtig die Gemeinschaft für den Glauben ist.

Und wir sehen gleichzeitige Ungleichzeitigkeiten, überall: auf der einen Seite Gemeinden, die sich als „Pfarrfamilien" verstehen, und eine ziemlich enge Zusammengehörigkeit pflegen, aber auch nur eine bestimmte Gruppe der Christgläubigen vor Ort ansprechen – vor allem jene, die zum Gottesdienst kommen. Und hier wird immer deutlich, dass sie sehr engagiert sind, häufig mit sehr viel Gemeinschaft und freundschaftlichen Zusammenhängen. Wirklich eine Gemeinschaft.

Gleichzeitig ist eine solche Gemeinschaft für viele, vor allem, aber auch in meiner Jungseniorensituation, keine Option. Sind wir alle solche Individualist*innen, dass wir keine Zugehörigkeit mehr brauchen und wünschen? Bin ich ein „ekklesiales Elementarteilchen", das manchmal Gemeinschaftsmoleküle bildet, aber ansonsten alleine durchs Leben geht?

Dunkle Voraussagen?

Es ist gar nicht mehr selten, dass die Gemeinschaft, die in Kirchengemeinden gelebt wird, als Auslaufmodell gesehen wird. Zu eng, zu aktivistisch, zu einfordernd. Die Gemeinde als Auslaufmodell? Das kann ich so nicht feststellen. Oft wird es verbunden mit einer Herausforderung, die nicht realistisch ist – und vielleicht gar nicht wünschenswert: one fits for all – es soll eine Gemeinschaft für alle sein. Aber genau das kann nicht so gelingen, wie Einheitskonstruktivisten es sich vorstellen.

Mir hat gefallen, was Matthias Sellmann, Pastoraltheologe in Bochum, neulich unnachahmlich schnoddrig in die Runde warf: „Wir haben als Kirchen immer noch nicht gelernt, mit den Menschen von heute umzugehen: denn die machen, was sie wollen".

Das verändert natürlich auch den Zugang zum Thema Gemeinschaft. Denn natürlich leben dann Christgläubigen so Gemeinschaft, wie sie es wollen. Und deswegen ist es einfach ungerecht, das Ende einer Sozialform einzuläuten. Wahr ist sicherlich, dass das Ende einer ausschließlichen, alles einbergenden Sozialform schon lange sichtbar ist.

Aber ich kann es einfach nicht erkennen. Weder für Gemeinden noch für Verbände. Sie sind nicht am Ende. Sie sind am Anfang einer tiefgreifenden Verwandlung – alle Gemeinden, die ich besuchen konnte, bezeugen eine große Lebendigkeit, eine große Wandelbarkeit, auch wenn sie sicher nicht keine Bestandsgarantie haben aus ihrer Institutionalität: ich sehe Gemeinden, die ihre Kirchen veräußern, weil sie zu groß geworden sind; die sich sozial engagieren in ihrem Umfeld, die sehr klug mit den Kommunen vernetzt sind. Auch wenn die „Weitergabe des Glaubens" nicht gelingt, auch wenn es noch schwerfällt, andere Formen der Ehrenamtlichkeit gleichwürdig zuzulassen – der Wandel ist spürbar.

Spürbar ist die Sehnsucht nach Zugehörigkeit, nach lokaler Selbständigkeit, nach Würdigung des eigenen Engagements. Ich denke an eine kleine Gemeinde, die in einem kleinen Dorf seit Jahren ihre Kirche selbst verwaltet, selbst renoviert. „Ob wir in 10 Jahren noch da sind, wissen wir nicht. Aber jetzt! Und jetzt wollen wir hier weiterhin Kirche sein". Das sei so! Das ist richtig so. Die Frage, die sich stellt, gerade auch an die Hauptberuflichen, ist doch, wie sie gut begleitet und gestärkt werden können. Hier fehlt es oft!

Das gilt auch für Verbände. Auch wenn sie vielfach überaltert sind, wird an vielen Stellen Energie sichtbar, zugleich mit der realistischen Einschätzung, dass sie nicht mehr lange bestehen werden können und sich dann auflösen. Aber gerade hier wird eine geprägte Zugehörigkeit sichtbar, die Menschen trägt ... und so lange tragen wird, solange sie wollen.

Eigene Erfahrungen

Aber ich? Wie lebe ich Gemeinschaft? Ist sie mir nicht wichtig? Welchen Zugang finde ich zur Gemeinschaft nach dem Ende der monokulturellen Gemeindeperspektive? Wenn ich auf meine eigene Geschichte zurückschaue – was bedeutet für mich die Gemeinschaftsbezogenheit des Glaubens? Zuerst und vor allem: ich suchte einerseits Zugehörigkeit, aber schon in meiner Jugend fand ich keine Gruppe, keine Gemeinde, in der ich mich „zu Hause" fühlte. Ja klar, ich war in einigen Gruppen, und das war „ganz nett" – aber es war nicht meins. Und dann fand ich es unerwartet: es war Gemeinschaft, und doch nicht. Denn es war eine geheimnisvolle Erfahrung – eine Erfahrung des „Zwischen", zwischen Menschen, eine Atmosphäre, die Beziehung und Verbundenheit und Zugehörigkeit ermöglicht. Ein Geheimnis, das nicht an Orte gebunden ist, noch nicht einmal an eine bestimmte Personengruppe, es hat auch nichts mit Altersgruppen, nichts mit Sich-Gut-Kennen zu tun – es ist einfach eine Atmosphäre, die meinem Traum entspricht: verbunden sein, zugleich aber in großer Freiheit, und auch hier bleibt Freude, Kraft und Energie, wird Kreativität und Geistkraft spürbar – was ich die „Gegenwart des Auferstandenen" nenne.

Heute nenne ich das so. Denn damals hat es mich einfach angezogen, mich begeistert, mich entzückt. Und klar war, dass ich das eigentlich immer haben möchte. Und es ist und war für mich ein Weg zu Gott, oder besser: eine Erfahrung, in der ich seine Gegenwart im Heute spüren konnte.

Dieser Erfahrung bin ich mein Leben lang gefolgt: und ich habe sie nie „machen" und „verständigen" können, sie ist im tiefsten Sinn „Gnade", sie ist immer „Geschenk", das mich trägt, berührt, mich zum Denken bewegt. Und eigentlich ist es dann so: auf der einen Seite bin ich „nirgends" zu Hause, und erfahre doch „überall" und „immer wieder" eine tiefe Zugehörigkeit, eine tiefe Gemeinschaft, meinen Traum aller Träume – und für mich ist das Gemeinschaft, Gemeinde, Leben.

Das macht es spannend: nicht eine bestimmte Sozialform ist es, sondern eine bestimmte Erlebnisform. Ich habe in den vergangenen Jahrzehnten in vielen kleinen Gemeinschaften gelebt, auch in einer hohen Verbindlichkeit. Meine Zugehörigkeit zur Fokolarbewegung speiste sich aber nicht aus dem Wunsch nach einer bestimmten Sozialform, sondern nach einer bestimmten Erfahrung dieses „Zwischen", dieser Gegenwart der Geistkraft, die alles verwandeln kann, dem „Geheimnis, das seit ewigen Zeiten verborgen ist, aber jetzt offenbar wurde: Christus ist unter euch, er ist die Hoffnung auf Herrlichkeit", wie es der Kolosserbrief beschreibt.

Die Mutter aller Kirchenerfahrung

Das Mitleben in Gruppen von Priestern, von Seminaristen, bei Jahrestreffen und Sommerfreizeiten, die gemeindlichen Jugend- und Erwachsenenfahrten, die Firmvorbereitungen – alles drehte sich für mich um diese Erfahrung. Ja, und ich entdeckte sie als die „Mutter aller Kirchenerfahrung" überall: in Taizé, bei Weltjugendtreffen, in Klöstern, in Gemeindegottesdiensten, in Gemeinden und Verbänden. Vor allem entdeckte ich sie in den weltkirchlichen Erfahrungen der „fresh expressions of church", bei den "communautés locales" in Poitiers, in den vielen Basisgemeinden rund um den Globus. Und ich entdeckte sie auch in einmaligen Begegnungen, bei Willow Creek, aber auch in kleinen Gruppen und Gemeinschaften, in Familienbildungsstätten, bei der Caritas – everywhere.

Aber, wenn das so ist, dann kann ich mit dem von Pete Ward kreierten Begriff der „liquid church" gut umgehen. Dann wird nämlich deutlich, dass jede Sozialform der Kirche um der Zugehörigkeit zu und der Erfahrbarkeit dieser Grunderfahrung willen da ist – und sie gewinnt ihre Attraktivität, ihre leidenschaftliche Evangelisierungspotenz, ihre Kraft „nach außen" von dieser mystischen Erfahrung. Auch in ihrer Abwesenheit wird sie ersehnt, und möglicherweise vermisst, erlitten. Hier liegt der Grund über die Enttäuschung über langweilige Gottesdienste, hier der Grund für die Freude über ein gelungenes Fest. Aus dieser Erfahrung leben wir, bestehen wir und sind wir ... könnte man mit einem verfremdeten Zitat aus der Areopagrede des Paulus sagen. Aber das hat Konsequenzen für die Frage, die ich mir am Anfang gestellt habe.

Gemeindelos?

Ich bin vielleicht gemeindelos, das mag sein, aber ich vermisse nicht die Gemeinde, ich sehne mich vielmehr nach dieser Grunderfahrung. Seitdem ich sie erfahren habe. Und sie ist für mich immer weiter zu erschließen, im Denken, im Handeln, in allen Fragen, die mit dem Thema der Kirche zusammenhängen.

Aber ich erfahre diese Gnade nicht selten: in vielen Sonntagsmessen, die ich erlebe, in vielen Begegnungen, an vielen Orten dieser Welt. Aber sie ist nicht institutionalisierbar, weil sie das „Mittendrin", das Geschehen im Geschehen, die Mitte jeder Liturgie ist. Darum geht es aber. Deswegen fehlt nichts – aber umgekehrt gibt eine solche Perspektive extrem viel zu denken.

Denn eigentlich könnte von dieser Grunderfahrung das Ganze des Christentums, und auch die Zukunft der Kirche, neugedacht werden. Genau das ist ja der Plan![45]

4. Den Grund neu prägen – Einblick in anglikanische Ausbildungswelten

Wir waren uns einig. Die theologische Ausbildung von Pfarrer*innen, von Priestern und Pastoralen Mitarbeiter*innen ist – vorsichtig gesagt – suboptimal. Es ist wenig Kraft spürbar, wenig Aufbruch, und das mitten in unserer kirchlichen Situation, die im völligen Umbruch ist. Kann man da ernsthaft denken, dass die Ausbildung und das Theologiestudium davon unberührt bleiben? Betrifft der Paradigmenwechsel, der sich abzeichnet, nicht auch dieses System? Und was wäre, wenn das nicht so wäre?

Und nein – es reicht nicht. Es reicht nicht, über Zusammenlegungen von Studienhäusern oder neue gemeinsame Konzeptionen von Ausbildungen und pastoralen Kursen nachzudenken. Denn auch, wo dies versucht wird, bleibt der Hintergrund bisheriger volkskirchlicher Kultur und ihrer modernen Weiterentwicklung wirksam: die Trennung von Universität und kirchlicher Praxis, die Aufteilung in Berufsgruppen, die oft eigene Standesregeln entwickeln und so paradoxerweise klerikale Ordnungen reproduzieren, Priesterseminare mit einer hermetisch anmutenden Ausbildungslogik – das alles hat wenig Zukunft.

Kurzum: es braucht auch hier eine „mutige kulturelle Revolution" (Papst Franziskus) oder doch zumindest ein neues Betriebssystem. Und ja, es ist schon klar, was dann passiert: alle guten Gründe zur Bestandswahrung werden der Selbstimmunisierung dienen. Die Bestandswahrung des universitären Gefüges ist gut begründet im Gange. Und deswegen: es geht nicht darum, das bisherige Gefüge in Frage zu stellen – aber: darf und muss man nicht Neues versuchen?

Und deswegen sind wir nach England gefahren: katholische und evangelische Geschwister, die wir uns in Fribourg bei den theologischen Studientagen 2018 getroffen und gefunden hatten, und jetzt mit weiteren Kolleg*innen auf dem Weg nach London waren, um die erstaunliche Erfahrung des Melltius-College zu erleben und zu verstehen. Und: um uns zu fragen, wie so etwas auch bei uns wirklich werden kann, in unseren Kirchen, länderübergreifend und konfessions-übersteigend ...

Ein Morgen in Mellitus

Und um 9 Uhr geht's los. Nur 50 Meter von unserem Hotel ist das Mellitus-College. Eine alte Kirche – St. Jude, der Patron für aussichtslose Fälle. Diese Kirche ist umgebaut, und beherbergt heute ein College für 300 Studierende aus ganz England. Wie die hierherkommen, das ist ein eigenes Kapitel ...

Ein fröhliches Hallo, herzliche Begrüßungen, Umarmungen, aber auch wir fühlen uns in dem Gewusel sofort aufgenommen. Kaffee und leckere „Gipfeli", wie die Schweizer Freunde sagen würden. Und Gespräch ist leicht. Ein herzliches Welcome – an diesem Ort leichter und froher Gastfreundschaft.

Jeden Montag – und nur an diesem Tag, kommen alle Studierenden zusammen – der Studientag in einem Kolleg, das eine ganz eigene Studienordnung hat: am Montag gemeinsames Studium sowie Coaching und Praxisreflexion in Gruppen, Dienstag und Mittwoch Selbststudium zu Haus, den Rest der Woche Mitarbeit in einem kirchlichen Kontext, mit einem Mentor. Dazu mehrere gemeinsame Wochenenden und eine jährliche gemeinsame Studienwoche.

Drei Jahre dauert der Bachelorstudiengang, der eng mit der Praxis verknüpft ist. „Das geht", sagt später Bischof Graham Tomlin, Oxfordprofessor, „zumal unser Theologiestudium fokussiert ist auf ministry und mission. Wir wollen Pastor*innen ausbilden, keine Universitätstheolog*innen".

Dann um 9.30 Uhr beginnt der Gottesdienst. Schon am Vorabend waren wir in Holy Trinity Brompton, der Gemeinde des Alphakurses, gewesen. Ein hipper Lobpreisgottesdienst, mit Taufe, mit langer Predigt eines kanadischen Gastpredigers. Aber jetzt hier, ganz anders, viel tiefer: ein Psalm und ein Schrifttext – und dann eine Auslegung. Eine Studentin erzählt. Wir sind alle berührt, von der Tiefe, der

Offenheit und Geisterfülltheit ihrer Geschichte, ihrer schmerzlichen Erfahrungen, ihres Glaubens, ihres Lebens. Atemlose Aufmerksamkeit, die ins Gebet führt. Beeindruckend. Das prägt den ganzen Tag, der jetzt startet.

Wir können die verschiedenen Vorlesungen besuchen, erleben sehr solide Lehrveranstaltungen, die immer wieder unterbrochen werden, damit die Studierenden diskutieren und die Inhalte verknüpfen können mit ihren praktischen Erfahrungen. Vor mir sitzt eine Studentin, mit der ich ins Gespräch komme ...

„Nein, ich habe nicht die Berufung zur Priesterin – ich bin einfach sehr engagiert in meiner Pfarrei, und wollte Theologie vertiefen – und ich bin tieftraurig, dass die drei Jahre jetzt zu Ende sind ..."

Und dann ist die Mittagspause. Eine Stunde mit Sandwiches, Gesprächen und Salat. Fröhliches Gelächter. Und dann folgt die 12er-Gruppe, eine Reflexionsgruppe, in der Theologie und Praxis verknüpft werden. Beeindruckend ist ja, wie hier die Studierenden miteinander umgehen, wie persönlich die Beziehungen sind – und wieviel Lernlust zu spüren ist. Für alle geht es hier um etwas, was ihre Leidenschaft ist!

Auf der Suche nach dem Geheimnis

Wir aber löchern Bischof Graham Tomlin. Mit Fragen. Wie ist dieses College eigentlich entstanden? In England gibt es viele Colleges, mit sehr unterschiedlichen Profilen, von evangelikalem Ende der anglikanischen Kirche bis zu High Church Colleges, die katholisch sind.

Warum noch eins mehr? Es war im Jahr 2005. Tomlin war seit 15 Jahren Uniprofessor in Oxford und bemerkte die außergewöhnliche Distanz zwischen Praxis und der akademischen Theologie. Und er suchte nach etwas Neuem. Der Beginn war ein kleiner theologischer Grundkurs für Engagierte aus Pfarreien im Kontext von Holy Trinity im Londoner Stadtteil Brompton. Mit neun Leuten fing ein Kurs an als praxisorientierte Theologie, erfahrungssatt und missionsorientiert. Und schon bald kamen Studierende dazu, die in der anglikanischen Kirche ordiniert werden wollten. Immer mehr. Die Resonanz ist ungeheuerlich, denn in der Kirche von England können die Kandidat*innen in der Regel ihren Studienort selbst wählen.

„Und weil wir nicht und niemals sagen, dass wir besser und neuer sind als andere, weil wir immer nur unser Profil schärfen, weil wir niemanden ersetzen wollen – deswegen geht es", lächelt Tomlin. Und inzwischen entscheiden sich 300 von 700 anglikanischen Studierenden für Mellitus. Und das liegt bestimmt an der klaren Vision, die dem Studium zugrunde liegt. Natürlich kann man – hier und an anderen Orten – auch akademisch weiterstudieren, aber hier geht es vor allem um den pastoralen Dienst. Und klar ist auch hier, dass es natürlich unterschiedliche Rollen und Dienste gibt, von Pfarrer*in bis zum Pastoral Worker, von Jugendseelsorger*in bis Gemeindegründer*in – aber immer um den Dienst an der Mission.

Und während des Studiums geht es darum, die Perspektive der Kandidat*innen zu schärfen – und zu entdecken, wie ihre Sendung sich am besten verwirklichen kann. Nicht jeder muss Pfarrer*in werden – es gibt besondere Wege für jede und jeden, und gerade die Mentor*innen sollen dafür sorgen, dass sich das im Studium herauskristallisieren kann.

Aber, so Tomlin, alles hängt an der Vision einer Kirche, die „healthy" ist: ABCDE – so heißen die Faktoren: Anbetung, Zugehörigkeit in einer Gemeinschaft, Bei den Armen sein, Nachfolge und Evangelisierung (Adoration – Belonging – Compassion – Discipleship – Evangelism). „Solche Pfarreien gibt es genug ...", sagt Tomlin, „und unsere Kandidat*innen werden hier mit einer halben Stelle angestellt, schon während des Studiums. Das ist ein echtes "Win-Win", denn: die Pfarreien haben junge, motivierte Mitarbeiter*innen, und die Student*innen haben ein tolles Lernfeld".

„Generous orthodoxy"

Ja, es stimmt. Das Mellituscollege ist ursprünglich vom evangelikalen Flügel der anglikanischen Kirche geprägt. HTB Brompton und der hier entstandene Alphakurs stehen dafür. Aber – so erzählt Tomlin – es ist wichtig, dass die Kandidat*innen alles kennenlernen und schätzen lernen können: vom Lobpreis bis zur High Church – alles gehört zur Weite der anglikanischen Kirche. Und wer ein Amt in dieser Kirche wahrnimmt, braucht ein weites Herz, braucht eine „weitherzige Orthodoxie", eine Liebe zur ganzen Kirche.

Sehr beeindruckend, was Tomlin uns erzählt. Und wer nach dem Geheimnis fragt, wie all das entstehen konnte, der bekommt eine klare Antwort von Bischof Tomlin: *„Es war und ist ein langer Weg, den wir gehen. Und er beginnt mit einer tiefen Krise, mit einer Situation großer Schwäche, wo wir neu über unsere Rolle als Kirche nachdenken mussten ... Und Mellitus ist einer der Versuche, auf die postmoderne Herausforderung zu antworten, postmodern und radikal zu sein ..."*

Das alles ist faszinierend. Ja, es wühlt auf. Und führt zu weiteren Fragen. Vor allem zu einer: wie finden denn die Anglikaner ihre zukünftigen Pastor*innen?

Ein faszinierender Weg der Berufungsfindung

Natürlich. Wenn neue Formen von Gemeinschaft und Kirche aufbrechen, aber auch wenn in gewachsenen Pfarreistrukturen begeisterte Priester*innen, pastoral workers oder Engagierte wirken, dann werden auch junge Menschen aufmerksam. Und vor allem dann, wenn der Glaube in Wachstumsprozesse treten kann: wenn „discipleship" zu einer Kultur des Christwerdens führt, dann werden Menschen aller Altersgruppen sich nach ihrem Weg, nach ihrer Berufung fragen. Aber wie funktioniert das dann in England bei den Anglikaner*innen? Es ist – so wurde uns im Gespräch mit Graham Tomlin deutlich – ganz anders als bei uns. Und es hat schon überrascht, von ihm zu hören, dass ein Berufungsprozess nach klaren Kriterien verläuft, und die haben es in sich.

Das ist aber nur die erste kleine Bombe, die Tomlin bei uns zündete. Denn in der Tat: Wer diese Kriterien liest, der kann nur erstaunt und begeistert sein: Detaillierte, aber transparente Kriterien zur Berufungsfrage (1), zum Engagement in der Kirche von England (2), und damit zur Frage der Inkardination in einen spezifischen kirchlichen Kontext, die Frage nach der eigenen Spiritualität (3), nach Persönlichkeit und Charakter (4), nach Beziehungsfähigkeit (5), Selbstwirksamkeit und Leadership, aber eben auch nach einer Teamfähigkeit (6), dem eigenen Glauben und der „generous orthodoxy" (7), nach einer missionalen Ausrichtung (8) und dem eigenen Mindset und dem Denkvermögen (9), bilden einen Kranz von Wachstumskriterien der Berufung, der allen Kandidat*innen die Ernsthaftigkeit, aber auch die Objektivierbarkeit ihrer Eignung oder Nichteignung vermittelt.[46] Was für ein Unterschied das macht, ist mir beim Besuch in Mellitus aufgefallen: soviel Freude und Energie, Lernlust und Leidenschaft ist nicht überall zu finden ...

Ein längerer Weg ...

Und wie geht das nun konkret? „18 Monate dauert in der Regel, unser Assessment", so erzählt Graham Tomlin. Und wie genau, berichtet er uns in kurzen Skizzen.[47]

Kandidat*innen melden sich bei ihrenPfarrer*innen. Die Begegnung setzt voraus, dass die Kandidat*innen schon in einem kirchlichen Zusammenhang mitleben, denn die Frage nach der Berufung ist auch immer eine Frage, ob die jeweilige Community die Berufung entdecken kann. Fragen wie diese: „Ist eine echte Lebensveränderung mit der Berufung einhergegangen?", machen deutlich, dass hier auch vorausgesetzt ist, dass jemand eine gewisse Reife im Glauben und in seinem kirchlichen Leben hat, und auch andere ihn und seinen Charakter erkennen können. Das Gespräch mit dem/der Pfarrer*in kann zu einer Empfehlung führen, den Assessmentweg weiter zu gehen.

Auf diözesaner Ebene gibt es Verantwortliche, die im Namen des Bischofs das Gespräch mit den möglichen Kandidat*innen führen. Die Kriterien sind immer dieselben, aber es gibt eine intensivere Begleitung der Kandidat*innen auf ihrem Weg. Erfolgt hier ein „go", empfiehlt der Bischof den Kandidaten/die Kandidatin der anglikanischen Kirche als ganzer.

Der dritte Schritt ist deswegen ein Assessment auf nationaler Ebene. Ein dreitägiger Prozess mit Kandidat*innen aus den verschiedenen Diözesen der Kirche von England findet mehrmals im Jahr statt.

Ausgebildete Begleiter*innen gestalten diesen Kurs, bei dem auch die Teamfähigkeit eine wichtige Rolle spielt. Dieses Ausbildungsteam meldet dann an den Bischof zurück, ob es eine Empfehlung oder Ablehnung, oder eine eingeschränkte Empfehlung gibt ...

Natürlich ist der Bischof frei, auch abgelehnte Kandidat*innen studieren zu lassen, klug wäre es in keinem Fall. Die Kandidat*innen haben in den meisten Fällen die Freiheit, Ihren Studienweg frei zu wählen – es gibt sehr unterschiedlich profilierte Colleges in der Kirche von England, von sehr akademischen hin zu sehr pastoralen, von evangelikalen über liberale hin zu katholisch geprägten. Oder eben Mellitus ...

Wenn von 700 Studierenden fast 300 Mellitus wählen – was sagt das dann aus? Sehr beeindruckend ist diese Resonanz, und sie zeigt die Attraktivität eines Studienwegs, der schon längst nicht mehr in den Anfängen ist ... Und was bedeutet das für uns?

Und wir?

Die Frage nach der Berufung und der Eignung der Kandidat* innen ist die Kernfrage. Und bislang erlebe ich hier eine theologische Unsicherheit, die es in Zukunft so nicht geben darf. Von daher inspiriert mich das Beispiel aus England – und eigentlich ist es nicht so schwer, hier einen neuen Weg zu bahnen, der allerdings emotionale Muster sprengt.

Und ich erlebe, dass die Suche nach neuen Wegen der Ausbildung auch verknüpft ist mit weiteren grundlegenderen Fragen: sind wir als Kirche weiterhin im Bestandssicherungsmodus, oder darf man nach vorne träumen zu einer „mixed economy" verschiedenster Formen der Kircheseins, nach neuen Rollen für Pfarrer*innen und pastoralen Mitarbeiter*innen, nach mehr Gemeinschaft und mehr Individualität in Ausbildungswegen, nach mehr Vertrauen in den Geist der Lernlust.

In England hat sich unsere ökumenische Gruppe anstecken lassen. Aber – es geht nicht nur um Ausbildung, es geht um eine andere kirchliche Kultur, andere Haltungen, andere Perspektiven. Es geht um Mut, und um geduldiges und zugleich kraftvolles Weitergehen.

Ich hoffe, dass angesichts kollektiver Ratlosigkeit und auch einer mutlosen Zurückhaltung zur Veränderung, neue Schritte möglich werden ...

5. Eine indigene Kirche entfalten – Lateinamerikanische Herausforderungen

„Wir müssen eine indigene Kirche für die indigenen Völker fördern und wachsen lassen. Die Gemeinden von Ureinwohnern, die das Evangelium in dieser oder jener Weise vernehmen und es annehmen, das heißt Jesus Christus annehmen, müssen in den Stand gesetzt werden, dass ihr Glaube in einem geeigneten Prozess in ihrer traditionellen Realität Gestalt annimmt und seinen kulturellen Ausdruck findet ...“[48]

So formuliert Kardinal Hummes im Blick auf die Amazonassynode. Er weist in dem Interview auch darauf, wie wenig ein europäischer Blick hinreicht: zu sehr würden die Kriterien bekannter Herausforderungen einfach übertragen. Und das ist eine alte und doch ganz neue Geschichte. Und sie betrifft eben nicht nur Lateinamerika – sie betrifft auch die postmoderne Welt Europas. Können wir einfach die Geschichte fortschreiben, wenn doch die Ureinwohner Europas, unsere Zeitgenossen, oft nicht mehr eingebunden sind in Gefüge und Gedankengänge einer sich auflösenden Gestalt ererbten Christentums.

Aber gerade deswegen ist es interessant, an „fremden" Orten genau hinzuschauen, wie die Kirche von Lateinamerika sich auf den Weg macht. Wir hier könnten lernen! Und ich erinnere mich an die vergangenen Jahre: wie in einem Kaleidoskop werden Erfahrungen lebendig.

Die Jungfrau vom Silberberg

In Bolivien – dem Partnerland unserer Diözese – stellt sich die Frage oft. Wie war das eigentlich mit der Bekehrungsmission der Spanier? Wie kommt es, dass die alten Riten der Aymara und Kechua überlebt haben? Das lässt sich natürlich so ganz kurz nicht klären – mein

Kollege Dietmar Müßig[49] hat darüber eine Doktorarbeit geschrieben, die spannend wie ein Krimi ist und extrem aufschlussreich. Echte Mission und Bekehrungen hat es gewiss gegeben, aber, wie in Europa auch, kann nicht einfach die Weisheit und die Religiosität der indigenen Völker weggetauft werden. Es ist ganz anders. Es ist viel subtiler. Denn es gilt ja, dass häufig die Erfahrungen und auch die Rituale der alten Religionen in der Volksfrömmigkeit überlebten, Mischformen eingingen. Dagegen halfen keine Verbrennungsaktionen und Reinigungsversuche der Spanier. Und das wußten sie eigentlich auch.

Zumal sich in den nachfolgenden Jahren immer mehr hybride Theologien zeigten, eben auch und ganz besonders in der Kunst. Die „Jungfrau vom Silberberg" ist ein besonderes Kunstwerk, denn sie zeigt Maria als Berg, und wenn man genau interpretiert, wird schnell sichtbar, wie sehr in diesem Bild indigene Religiosität und christliche Überzeugung miteinander gemischt sind. Dieses Bild drückt vieles aus, was auch in ähnlicher Weise bei dem Bild der Jungfrau von Guadalupe zu sehen ist: denn hier konnten die indigenen Völker die christliche Botschaft mit den eigenen Symbolen und Geschichten verknüpfen und so spontan einen Zugang zum christlichen Geheimnis finden, aus ihrer eigenen Kultur heraus. So meine Interpretation. Und das Ganze gibt mir weiter zu denken. Denn es ist und bleibt die Grundherausforderung gestern und heute mit „indigenen Kulturen" (und das können ja auch postmoderne Kulturen sein!), das Evangelium neu zu entdecken. Das muss prinzipiell möglich sein – denn die Inkarnation war und ist immer auch eine Inkulturation, und im Blick auf die Herausforderungen der Zeit muss jetzt neu gefragt werden, wie die Kultur der Gegenwart das Evangelium neu zur Geltung bringt, in der jeweiligen Sprache. Hier ist das Wort von Klaus Hemmerle immer wieder neu zu sagen: „Lass mich dich lernen, dein Denken und Sprechen, dein Fühlen und Handeln, damit ich daran die Botschaft neu lernen kann, die ich dir auszurichten habe ..."

Ist vielleicht dieses Bild ein Versuch gewesen, dies in die Tat umzusetzen – und was lernen wir hier über Maria, über die Mystik der Natur, über das, was wir „marianisch" nennen? Und natürlich wird sofort die Mystik eines Johannes von Kreuz lebendig:

„Die Gebirge haben Höhenzüge, sind reichhaltig, weit, schön, reiz-
voll, blumenübersät und dufterfüllt. Diese Gebirge – das ist mein
Geliebter für mich. Die abgelegenen Täler sind ruhig, lieblich, kühl,
schattig, voll süßer Gewässer; mit der Vielfalt ihres Baumbewuch-
ses und dem zarten Gesang der Vögel verschaffen sie dem Reich der
Sinne tiefe Erholung und Wonne und bieten in ihrer Einsamkeit und
Stille Erfrischung und Ruhe. Diese Täler – das ist mein Geliebter für
mich."[50]

Es ist eine Mystik, die universale Zugänge eröffnet und die Menschen in allen Religionen finden können. Vielleicht ist es aber auch
ein Hinweis auf das tiefste Geheimnis des Menschen, das uns in Gott
geschenkt ist?

Mit Calixto unterwegs

Es ist Samstagmorgen. Wir warten in El Alto auf Calixto, dem Diakon, der zugleich in die Aymarariten eingeweiht ist. Eine schwieri-
ge Position, wie sich in den Gesprächen zeigen wird. Immer dazwi-
schen, in der Ambivalenz der Inkulturation – das ist nicht leicht mit
den Bischöfen, das ist nicht leicht mit den Aymara.

Im Auto sitzen aber nicht nur wir, mein Kollege Peter Abel und
ich, sondern auch Incarnacion, die Frau von Calixto, und Emilia, eine
Dozentin aus den USA, die hier mit einem Orden Freiwilligenarbeit
macht. Eine bunte Truppe. Wir fahren zuerst nach Copacabana, dem
vielleicht größten Wallfahrtsort Boliviens. Ein Wallfahrtsort, der seine indigenen Wurzeln hat – das werden wir noch erleben.

Hinfahren – das ist schon eine echter Unternehmung. Pilgern
dauert drei Tage und zwei Nächte, hinfahren etwa 3,5 Stunden, auf
Straßen zunächst, die im typischen bolivianischen Modus eigentlich
immer baufällig sind. Also eine Dauerbaustelle, die einen richtig
durchschüttelt. Doch als wir in Copacabana ankommen, lohnt sich
der Blick von oben. Man versteht sofort, warum dieser Ort nicht nur
für Christen ein mystischer Ort ist.

Was bedeutet eigentlich Copacabana, frage ich Calixto: *„Qhupa*
bedeutet Rauhreif und Tau, und das steht für den Geist und das Leben.
Qhawana meint die Kontemplation und die Achtsamkeit für diesen

Geist". So bezeichneten die Aymara und andere indigene Völker diesen Ort, an dem Licht, Wasser, Gras und Berge eine einmalige Komposition ergeben.

Und so fahren wir zunächst ins Franziskanerkloster, in dem wir übernachten werden (zu übernachten versuchen – denn angesichts der kontinuierlich bellenden Hunde und des Fehlens von Oropax bin ich am Morgen erledigt ...). Natürlich ist Copacabana ein Touristenort der Backpacker aller Welt. Mystik und Tourismus passen doch wunderbar. Und so sieht auch der Ort aus – ein wenig wie Assisi. Nachdem wir gegessen und auf dem wunderbaren Titicacasee eine Runde gedreht haben, beginnt nun die eigentliche Reise mit dem Aufstieg auf den Kalvarienberg.

Solche Berge gibt es in fast jedem bolivianischen Kirchort. Sie werden für kleine Wallfahrten benutzt. Aber hier ist es anders. Denn dieser Berg ist schon für die indigenen Aymara ein wichtiger Kultort gewesen. Man erlebt also hier ähnliches wie in Rom, wo etwa die Kirche Santa Maria Sopra Minerva schon im Namen trägt, dass sie früher ein Kultort der Minerva war.

Wer immer auf 4000 Meter Höhe als Mitteleuropäer*in einen Berg besteigt, der gerät ein wenig in Atemnot und sieht die Kinder an einem wie Gemsen vorbeistreifen. Schon der Aufstieg ist eine Herausforderung. Und wir erreichen die erste Anhöhe, auf der wir mehrere Altäre neben dem Kreuz sehen. Und da stehen „Heiler", die Segens- und Befreiungsriten feiern. Die uralten Riten der Aymara in christlichem Gewand. Etwas schräg ist das schon.

Wir steigen weiter auf, entlang eines Kreuzweges und erreichen den Gipfel, mit dem großen Kreuz und einer Mariendarstellung. Hier oben, mit dem herrlichen Blick auf den See und auf Copacabana wird die Herausforderung der Inkulturation mehr als deutlich: denn viele Familien feiern hier fremd anmutende Riten. Da sind die Verkaufsstände wie überall, aber hier mit Häusern, Autos, Geldscheinen etc. Das sind keine Kinderspielzeuge, sondern Gaben, die durch Gebete und Riten als Bitten an Gott gebracht werden. Es geht darum, Gott oder die Geister – so klar wird das nicht – um Segen, auch materiellen Segen, zu bitten. Calixto ist ein wenig kritisch: wieso ist hier oben die Kirche nicht präsent? Wieso ist hier kein Priester, der segnet? Wieso überläßt man das den Heilern der Aymara? Auch Kerzen werden verkauft. Und Calixto zeigt uns, wie er für seine Anliegen betet. In der Tradition der Aymara liegt alle Energie in den Haaren. Und deswegen streicht er mit der Kerze für sein Anliegen über die Haare. Dann wird die Kerze viermal angehaucht, im Gedenken an das Anliegen, und entzündet.

Dann beten wir in Stille vor den Kerzen. Ist das ein heidnischer Ritus, der vermischt wird mit dem Christentum? Ich empfinde das nicht so. Denn mit Calixto erlebe ich einen tief christlich geprägten Menschen, der nun aufgreift, was in seiner Aymaratradition vorhanden ist. Ich erinnere mich an das scholastische Dictum: „gratis praesupponit naturam et perficit eam." – Gnade setzt immer die Natur voraus! Wobei diese Vollendung der Natur in der Gnade immer auch reinigenden Akzent hat. Das gilt ja auch für die Religionen, in denen es Samen des Wortes und also Wahrheit gibt. Vor allem beeindruckt mich – wieder einmal – die Sinnhaftigkeit der Gesten, die ich nachvollziehen kann. Vielleicht liegt in der Sehnsucht nach Segen ja auch Sehnsucht nach Anfassbarkeit, Sichtbarkeit. Klar ist: das ist ein Segensort, und viele Menschen finden hier einen Weg, ihre Sehnsucht nach Segen verständlich werden zu lassen.

Vor der Wallfahrtskirche stehen viele Autos. Jeden Tag gibt es Autosegnungen. Viele Autos, alt wie neu, stehen da, unglaublich geschmückt mit Blumen und auch Sektflaschen stehen da. „Weißt du", sagt Calixto, „das ist hier nicht einfach eine Autosegnung. Denn Autos sind für unsere Religion nicht einfach Sachen. Alle Dinge sind lebendig, Subjekte ..." Das verstehe ich für die Natur und Pflanzen, für Sonne, Mond und Sterne, aber Autos? „Ist es vielleicht so, dass die Dinge, die der Mensch erschafft, auch Frucht des Geistes Gottes sind?", frage ich. „Wie ist das Verhältnis der Geister zum Heiligen Geist?"– „Die Geister sind in den Dingen – der Heilige Geist umfasst und belebt alles", antwortet Calixto. Dann wäre es also so: weil wir voll des Geistes sind, drückt sich in unserem Erschaffen die Kreativität des Geistes Gottes aus, und also sind auch die Produkte unserer Konkreativität beseelt? Das wäre eine wunderbare Brücke.

Im Nest des Friedens

Am nächsten Morgen fahren wir über Umwege und Marktbesuche nach Ispaya Tokoli, im Nirgendwo des Altiplano am Titicacasee. Für uns ist das eine echte Herausforderung. Angekommen in dem Ort, in dem nicht einmal 20 Familien wohnen ... Wir tanzen und essen miteinander, wir teilen Kokablätter, wie es hier unter Freunden üblich ist. Mir wird deutlich, wie wenig wir uns auf dieser Ebene verstehen – von innen. Aber: beim Rudern miteinander auf dem See, bei der Sorge um das kleine Baby, da wird mir deutlich, dass unter unseren Kulturen eine universale Kultur der Menschlichkeit liegt, die wir zutiefst teilen. Es braucht bloß dieses Transzendieren der Traditionen, dann werden wir miteinander Mensch. Wir spüren in diesen Momenten ähnlich, und Beziehung wächst.

Die Herausforderung an diesem Abend ist aber eine andere: das Zentrum ist eine Bauruine, erst im Werden. Und eingebrochen wurde auch. Betten sind keine da, kein Licht, kein Strom, kein Wasser. Wie sollen wir hier übernachten? Eine echte Nacht der Sinne – und vielleicht gehört das zu dem Abend. Wir bleiben, richten das eine Zimmer für uns sechs Personen her – und erleben an diesem Abend auch gleich noch eine weitere Überraschung. Das Grillfleisch ist verschwunden, und wir essen Eier und Brot. Lecker.

An diesem Abend feiern wir ein Reinigungsritual. So merkwürdig es ist, so sehr kann Calixto es doch einbinden in die christliche Tradition. Was mir hier auffällt: für die andinen Riten gelingt der Zugang zur Transzendenz nicht über den Kopf, sondern über Zeichen und Materielles. Das erinnert mich an die lange Werdegeschichte der römischen Liturgie, die sich ja auch heidnische Zeichen anverwandelt hat – nicht ohne dass es hier tiefe Reinigungsprozesse gab. Aber in Lateinamerika ist das Christentum erst 500 Jahre alt ... ich glaube, dass ein mutiger Auf- und Annahmeprozess und auch ein langdauernder Reinigungsprozess nötig ist, um die Perlen der Wahrheit andiner Religion ins volle Licht zu rücken. „Quod non assumptum, non est sanatum." Was nicht angenommen wird, kann auch nicht geheilt werden, so wussten schon die Kirchenväter. Für mich war dieser Abend wichtig. Und die Nacht war gut. Wir haben in dem einen Raum geschnarcht, was das Zeug hält, aber wir sind am Morgen frisch.

Am nächsten Morgen feiern wir in der Einsamkeit und wilden Schönheit des Ortes Eucharistie. Etwas Tiefes ist gewachsen unter uns. Und die Einsicht, dass es eines langen Weges braucht, um den Reichtum und die Grenze zwischen Christentum und Aymara zu heben, zu entdecken und fruchtbar zu machen.

„Lass mich dich denken …", so hat Klaus Hemmerle einmal formuliert, und damit die ständige Herausforderung der Inkulturation benannt, auch in unserem Land. Denn nur dann, wenn ich zutiefst verstanden habe, was den anderen bewegt, was Kultur für ihn ist, kann ich von dort aus das Evangelium neu sagen, mit seinen Schätzen. Calixto hat den Mut für dieses Wagnis. Als Freunde fahren wir zurück nach La Paz.

Die verpasste Inkulturation und die Herausforderung der „Pastoral urbana"

Etwas nördlicher in Mexiko. Durch meinen Freund Alfons Vietmeyer habe ich dort neue Freunde gefunden. Besonders P. Benjamin und P. Raul. Sie nehmen mich mit in die Erfahrung der „Pastoral Urbana".[51] Denn sobald Menschen in die Stadt kommen, oder etwa wie hier in die weiten Stadtlandschaften Mexiko-Citys, wachsen andere und neue Kulturen. Und so gibt es auch die Herausforderungen neuer Inkulturation.

So fahre ich mit P. Benjamin zum Tagungszentrum der mexikanischen Bischofskonferenz. Dort findet ein Treffen der CELAM statt. Die lateinamerikanische Bischofskonferenz veranstaltet ein Treffen der Rektoren lateinamerikanischer Priesterseminare, und bei diesem Treffen wird die „pastoral urbana" vorgestellt. Worum es genau geht? Angesichts der Veränderungen und der gesellschaftlichen Verflüssigung jeder Tradition wird sich die Kirche in Zukunft und schon in der Gegenwart nicht als klassische Pfarrgemeinde zeigen, sondern verlangt einen neuen Blick auf die vielfältigen Kulturen der Stadt, versucht Gott in ihr zu entdecken und gemeinsam Wege der Verkündigung des Evangeliums zu gehen, auf dass das Reich Gottes wachsen kann. Subjekt ist das Volk Gottes, das heilige glaubige Volk Gottes – und nicht eine Institution, und nicht nur die Priester, die ja die Aufgabe haben, das Volk Gottes mit allem auszustatten, was es für diese neue Perspektive braucht.

Und die Rektoren hören aufmerksam zu – und fragen viel, denn eines ist auch klar: Eine klassische Priesterausbildung, die auf dem Horizont einer stabilen und priesterzentrierten Versorgungspastoral aufruht, ist keine Antwort auf die sich verflüssigenden Kontexte der Großstädte, wenn man eine Stadt mit 20–30 Millionen Einwohnern überhaupt noch so nennen kann. Viele spüren die Spannung: seit Aparecida (2007) und „Evangelii Gaudium„ wird eine sendungsorientierte Pastoral des Hinausgehens und des „Mittendrinseins" vorgestellt – aber Fakt ist: oft ist Pastoral die Kirche mit ihren Gottesdiensten und ihren binnenorientierten kleinen Gruppen. Ähnlichkeiten zu Europa nicht ausgeschlossen.

Man braucht nur durch die Stadt fahren, und trifft schon bald auf eine spannende Herausforderung: den „Tempel des Heiligen Todes International". Was ist das? Viele junge Menschen sind hier zu finden, die den Tod verehren, mit Opfern, mit Liturgien. Was beeindruckt: ganz deutlich werden christliche Elemente übernommen, und verknüpft mit religiösen Riten einheimischer Prägung. Und worum geht's? Um Relevanz. Der Tod ist hier allgegenwärtig, die vielen Drogentoten und die heftige Gewalt. Das führt zu Gebeten an den Heiligen Tod: Verwandle Dunkelheit in Licht ...

Je mehr man sich das anschaut, desto deutlicher wird sichtbar, worin genau das Problem für uns Christen besteht: wir haben doch im Zentrum unseres Glaubens und unserer Spiritualität das Geheimnis von Tod und Leben, den Übergang des Pascha – und offensichtlich ist Liturgie und Botschaft dieses Geheimnisses nicht angekommen, obwohl hier sichtbar wird, wie relevant unser Geheimnis ist.

So bedeutet „pastoral urbana" eben viel mehr als eine neue pastorale Strategie, um Leute wieder zu gewinnen. Es geht um eine Umkehr unsererseits, es geht darum, die Botschaft so neu vom Anderen her zu sagen, dass sie wieder die „Frohe Botschaft" sein kann: Kirche, die hinausgeht, wird eben verbeult und dreckig sein, und nur so relevant. So schön das klingt, so umstürzend ist es. Denn wie sich dann Gottes Volk sammelt, das wird ganz anders sein als bisher.

Pater Raul erzählt den Studenten aus dem Seminar Ekatepec im Seminar über „Pastoral urbana" eine Geschichte. In den vielen Gesprächen mit den Menschen auf der Strasse, die die Studenten durchführen, um wirklich „hinauszugehen", treffen sie auf eine Frau, die ihnen erzählt, dass sie am Sonntag aus Arbeitsgründen nie zur Kirche kann. Aber sie liest das Tagesevangelium, meditiert es und isst dann eine gekaufte Hostie zum Zeichen der Verbundenheit mit der Kirche ... „Was denkt ihr dazu?", fragt Raul. Ein interessantes Gespräch beginnt. Vor allem wird deutlich, wie ambivalent und eindrücklich die Spiritualität dieser Frau ist: die tiefe Verbundenheit mit der Schrift und die Übernahme einer Kommunionsvorstellung, die nochmal deutlich macht, wie sehr individualistisch wir Messe feiern. Und trotzdem: ein intensives Zeichen der Sehnsucht nach Gemeinschaft.

Das wird mir in Acapulco deutlich. Einen Tag dort verbringen, das ist die lange Reise wert. Ein wunderbarer Ort. Ich lande mit einem Freund meiner Gastgeberpfarrer in Mexico City in dem Strandlokal „Anita", wo wir den ganzen Tag verbringen. Sehr nette Menschen, gutes Essen, herrliches Meer ... und viel Begegnung. Mir wird hier ganz plastisch deutlich, was Papst Franziskus mit der „Mystik des Zusammenseins" gemeint hat. Ja, hier ist wirklich Gottes Gegenwart in vielen Momenten erfahrbar, die ganz einfach ein menschliches Miteinander bezeugen.

Und danach: Messe in der Kathedrale. Oder was? Denn diese Messe ist tatsächlich völlig losgelöst von einer Communio der Menschen. Sie wird einfach „gehalten". Ich finde, genau hier liegen tiefe Herausforderungen für eine Erneuerung. Sie liegen zuerst und vor allem in der Frage, wie Gemeinschaft, Community in den flüssigen und provisorisch fragilen Erfahrungen der (hier touristischen) Postmoderne erfahrbar werden kann – und wie sich dies dann auf die Feiern auswirkt, die doch den Höhepunkt dieser Wirklichkeit verdichten wollen – und es ja auch tun könnten. Mit einem unpastoralen Restverständnis zwischen kurzer Zeit, Gültigkeit und wenig participatio actuosa ist das nicht hinzubekommen.

Padre Nachos Messe – Oder wie wir Eucharistie verstehen könnten

Zurück in Bolivien. Bei meiner letzten Reise konnte ich an einem panamerikanischen Missionskongress teilnehmen – in Santa Cruz della Sierra. Am Freitagabend endet der eigentliche Kongress. Aber um 19h am Freitag ist die Messe in der Pfarrei. Eine Messe, die ich nicht vergessen werde ...

Padre Nacho ist aus Uruguay, mit einem feinen spanischen Dialekt. Kaum zu verstehen. Er spricht mich an: „Willst du vorstehen?" fragt er mich. Nein, sage ich – und das ist nicht nur wegen des Spanisch gut so. Denn er hat vom Pfarrer, der wahrscheinlich nichts von dem erahnt, was gleich passiert, den Auftrag bekommen, vorzustehen.

Es fängt schon zu Beginn an. Nach dem ersten Song der kleinen Band, hebt Nacho so an: „Wir haben bei diesem Kongress nicht umsonst von einer anderen Kirche gesprochen. Können wir nicht miteinander um den Altar die Messe feiern, nicht wir hier vorne, und ihr auf den Stühlen. Ich lade alle ein, mit ihren Stühlen um den Altar zu kommen." Ein ungläubiges Aufblicken ..., aber dann ruckt und ruckelt es. Alle setzen sich näher heran. Wir stellen auch äußerlich die „um den Altar Versammelten dar". Und es geht weiter. „Wir erfahren Vergebung durch Gott, er erbarmt sich unser, er versöhnt uns – aber wir erfahren das durch den Nächsten. Und so lade ich euch ein, einander eine Umarmung der Versöhnung zu schenken." Nach dem Loblied und dem Tagesgebet, das Nacho frei formuliert, setzen wir uns, um die Lesung und das Evangelium zu hören.

„Halt", sagt Nacho, „auch die Priester, Diakone und Minis sollen doch das Wort Gottes mit allen hören. Wir sind doch alle das Volk Gottes" Und alle – einige etwas ungläubig – setzen sich zu den anderen. Wir hören die Lesung, singen das Halleluja, hören das Evangelium, um dann die Predigt zu erwarten.

Hier lässt Nacho eine junge Frau erzählen. Sie ist Ordensschwester, stammt aus einem kleinen Dorf am Titicacasee. „Ich habe bis zu meinem 20. Lebensjahr nie eine Eucharistiefeier erlebt. In meinem kleinen Dorf war nie Messe – einmal im Jahr, zu Fronleichnam, gab es in einem drei Stunden entfernten Dorf eine Messe, aber da bin ich nie hingekommen ... Erst in meiner Ausbildung kam ich in die Stadt, und damit in Berührung mit der Eucharistiefeier ... Sie ist mir wichtig geworden." Das Zeugnis berührt mich sehr, auch weil ich darüber nachdenke, wie leichtfertig wir vom Priestermangel in Deutschland sprechen. Aber auch darüber denke ich nach, wie wohl das christliche Leben sich in diesem kleinen Dorf entfaltet hat ...

„Und du, Christian", fährt Nacho fort, „was habt ihr denn abends um diese Zeit zu Hause gemacht, als du ein kleiner Junge warst?" Ich glaub, ich hör nicht recht, aber ... ich bin gemeint. Und so stottere ich in meinem Italo-Spanisch: „Wir haben abends immer zu Hause miteinander gegessen, daran erinnere ich mich. Wir waren um den Tisch versammelt, alle ..."

Essen ist eucharistisch

Nach den freien Fürbitten führt Nacho in das Hochgebet und die Eucharistiefeier ein:

„Jedes Essen ist ein Hinweis auf die Eucharistie. Es ist immer mehr als Essen und Trinken. Es verweist immer auf das große Geschenk der Nähe Gottes, Hinweis und Vorgeschmack der Begegnung mit Gott – jedes Essen ist eucharistisch. Deswegen bitte ich all die, die heute mittag gekocht haben, hier zum Altar zu kommen zum Hochgebet ..."

Zögernd kommen drei Frauen nach vorne, während wir Konzelebranten stehen bleiben an unseren Plätzen. Das Hochgebet beginnt, und dann lädt Nacho ein: „Ihr wisst ja, als Papst Franziskus zum ersten Mal auf der Loggia kam, um sich vorzustellen, da bat er das Volk Gottes, für ihn zu beten, damit er es segnen könnte. Will sagen, der Geist Gottes ist in jedem Christen. Und so können wir das Hochgebet auch mitbeten. Legt bitte eure linke Hand auf euer Herz, denn da ist ja der Heilige Geist zu Hause, und mit der Rechten segnet mit mir die Gaben, über die ich das Hochgebet spreche ..."

So feiern wir weiter, und die Atmosphäre wird immer feierlicher, und die Teilhabe aller wird immer tiefer und froher. Bis zum Schluss.

„Ich habe den Pfarrer gebeten, zum Abschluss zu segnen. Aber ihr wisst ja, die alten Menschen haben am meisten Weisheit, und ihr Segen ist Lebenserfahrung. Ich bitte euch Alte, nach vorne zu kommen. Und jeder und jede kann sich dann von euch einzeln segnen lassen ..."

So geschieht es – und es ist schon wunderschön, sich von meiner Gastgeberin Carmen segnen zu lassen. Mit viel Freude und Gesängen geht die Messe zu Ende … Nein, doch noch nicht ganz. Es ist ja der letzte Abend. Und viele danken ihren Gasteltern, die so viel Gastfreundschaft geschenkt haben. Und natürlich mit vielen Fotos, auch die Ministranten tauchen wieder irritiert auf.

Ich bin sehr berührt und beeindruckt. Denn diese Messfeier, die ich hier in ihrem ganz normalen rituellen Kontext erlebt habe, gibt mir Fantasie für eine lebensrelevante Eucharistie, die doch zutiefst der Tradition treu ist. Nicht alles scheint mir schon ausgereift, aber, und das ist das Entscheidende – die Frage der Zukunft wird sein, wie Eucharistie und Lebensvollzug der Gemeinschaft zusammenfinden, zusammenklingen und Ausdruck der unglaublichen Liebe Gottes für die Welt sein können – und nicht nur eine gut festgelegte sakramentale Liturgie, die natürlich immer der Kern des Feierns ist. Danke, Nacho!

III. DEN UMBRUCH DEUTEN

1. Are they church? – Nachdenken mit Michael Moynagh

Michael Moynagh ist aufmerksamer Beobachter und zugleich intensiver theologischer Begleiter der freshX Bewegung in England. Er bemüht sich seit Jahren, das Wachsen und Entstehen neuer Formen des Kircheseins einzubinden in die theologische Tradition. Vor allem aber: Es gelingt ihm, die große Tradition der Kirche kreativ weiter zu denken. Das geschah schon in seinem Grundlagenwerk „Church for every context".[52] Und es geschieht noch intensiver in seinem Buch „Church in Life. Innovation, Mission and Ecclesiology".[53]

Moynagh geht einen Weg des theologischen Nachdenkens über die neuen Erfahrungen der Kirche in England und lotet in vielen Fragestellungen die Möglichkeit einer umfassenden Ekklesiologie aus. Das liest sich faszinierend, vor allem, weil es immer in konkreten Erfahrungen gründet. Zugleich aber verwurzelt er diese Erfahrungen neu und meisterhaft und kreativ in der großen ökumenischen Tradition der Kirche. Nur ein Aspekt soll uns hier interessieren.

Angesichts der Frage, wie die vielen Initiativen, Gruppierungen und Neuformatierungen gemeinschaftlichen Christseins „Kirche" sind, versucht Moynagh intensiv der Frage nachzugehen, welche Perspektive der Tradition hier Möglichkeiten für eine klarere Unterscheidung bietet.

Das ist für unseren Kontext eine spannende Frage, die die Weiterentwicklung der Kirche betrifft. Denn sind etwa Erfahrungen wie ein monatlicher Familiengottesdienst[54], Kindertagesstätten, kirchliche Schulen, Einrichtungen der Caritas, neue Gründungen und Gemeinschaftsformen „Kirche", wo sie doch deutlich „neben" klassischen Gemeindeformationen stehen? Und was macht „Kirche" aus? Wie ist in diesem Kontext Pfarrei und Gemeinde neu zu lesen, theologisch wie organisationslogisch? Wie lässt sich hier von einer sakramentalen Grundgestalt der Kirche sprechen?

Das alles sind Fragen, die uns beschäftigen werden, wenn wir im letzten Teil einige mutige Denkversuche unternehmen. Aber das geschieht ja auf dem Hintergrund der Überlegungen von Theologen wie Moynagh. Das Thema, wie die Vielfalt unterschiedlicher Formen als Kirche verstanden werden kann, beschäftigt ihn durchgehend.

Ein Swimmingpool

Moynagh bezieht sich auf einen Artikel, in dem die Autorinnen die Frage der „Messy church"[55] – einer Kirchenerfahrung mit Kindern und ihren Eltern – theologisch bedenken.[56] Im Ringen um die Frage der „Kirchlichkeit" entsteht das Bild eines Swimmingpools, das die „Logik" des Nachdenkens verändert. Natürlich könnten aus einer streng lehramtlich dogmatischen Sicht sofort die Defizite eines kirchlichen Ortes wie der erfolgreichen Kinderkirche sichtbar werden. Aber was wäre, würde man eine „flexiblere Begrifflichkeit" verwenden? So kommen Watkins und Sheperd, die beiden Autorinnen der Untersuchung, auf ein „Freibad", das ja auch ein seichtes Ende hat. Wie in einer solchen „Kirche für Beginner" der Anfang eher im „Planschbecken" zu situieren ist, das dann Ausprobieren, Spielen, Lernen, den Aufbau von Vertrauen möglich macht, gibt es – wie für den persönlichen Glaubensweg – eben auch ein gemeinsames Hineinwachsen in Kirchesein. Moynagh spricht davon, dass schon von Anfang an „die Gnade des Kircheseins" erfahrbar wird, so wie ja auch die Kirche schon die ungetauften Katechumen*innen als zugehörig sieht. Würde das auch für Formen des Kircheseins gelten, die im „Werden" sind und oft sehr „anders" aussehen, sich „anders" gestalten als bekannte kirchliche Formen?

Moynagh greift für diese Frage eine traditionsreiche Unterscheidung zwischen dem „Sein" der Kirche und ihrer konstitutiven Praxis auf („was für die Kirche gut ist") und versucht, eine Antwort zu skizzieren.

Klassisch wird – etwa in der lutherischen Bekenntnisschrift der Confessio Augustana 7 – Kirche in ihrer Praxis ansichtig: dann geht es um das Dienstamt, die Verkündigung des Wortes, die Sakramente und die Lehre. Aber sobald „Kirche" seit den 60er Jahren aus der Perspektive ihres Ursprungs im Geheimnis der Dreifaltigkeit und als Volk Gottes gesehen wird – und das ist die ökumenische Perspektive des Weltrates der Kirchen[57] wie des II. Vatikanischen Konzils –, rückt die Perspektive der „Communio" in den Blick, die dann aber den Blick schärft für ein konstitutives Beziehungsgefüge, das sich dann allerdings in liturgischer, diakonischer oder verkündigender Praxis zeigt. Genau hier liegt aber auch die Herausforderung. Denn gerade in den konstitutiven Vollzügen entsteht der Streit der Interpretationen. Nirgends wird das so deutlich, wie im ökumenischen Gespräch über Eucharistie und Amt. Die unterschiedliche Praxis führt in Vergangenheit wie Gegenwart dazu, dass in der Theologie und Praxis des Amtes und der liturgischen Feier wesentliche Unterschiede ausgemacht werden.

Nun erscheint es klar, dass gerade dann, wenn über Jahrhunderte eine Praxis sich entfaltet – oft im Gegensatz zum konfessionellen Partner –, die Traditionsstränge und Argumentationslinien unterschiedlich entfaltet werden. Dann kann es leicht passieren, dass der Partner „exkludiert" wird. Sind denn die anderen dann noch „Kirche"? Die Diskussion um „Dominus Jesus" ist noch in schlechter Erinnerung.

Das gilt allerdings noch mehr im Blick auf neue Erfahrungen und Entfaltungen kirchlichen Lebens. Katholischerseits würden wir fragen nach dem Amt, der Vollständigkeit kirchlicher Vollzüge und der Eucharistiefeier – und würden feststellen, dass nicht alle Vollzüge des Kircheseins etwa in einer Kindertagesstätte zu finden sind.

Ineinandergreifende Beziehungsverhältnisse

Solche Diskussionen, die Moynagh auch für die Fragen im Umfeld evangelikaler Kirchentheorie ausmacht, führen ihn zu einem anderen Ansatzpunkt. Wenn nämlich im Kontext des Wandels der kirchlichen Grundverständnisse mehr die Ursprungswirklichkeit der Communio in den Blick rückt, geht es – mehr denn um Strukturen und dogmatisch konsonante Lehren – um die ursprünglichen Grundbeziehungen.

Im evangelikalen Kontext der Kirche ist diese Perspektive nicht unbekannt. Und in der anglikanischen Theologie der „fresh expressions of church" sind so vier verschiedene Beziehungsverhältnisse gefunden worden: die Beziehung zu Gott („up"), die Beziehung zur Welt („out") und die Beziehung zueinander („in"), zu denen konstitutiv auch die Beziehung zur Kirche als ganzer gehört („of"). Moynagh weist darauf hin, dass zum einen diese Beziehungsverhältnisse immer auch wechselseitig gelesen werden müssen, damit sie nicht nur eine Richtung angeben, sondern ein Gefüge. Und zugleich schafft die Architektur dieses wechselseitigen Gefüges an Beziehungen es, wesentliche Horizonte des theologischen Gefüges in den Blick zu nehmen: die ursprüngliche dreifaltige Beziehungswirklichkeit Gottes spiegelt sich hier. Was „Kirche" ist, zeigt sich in der umfassenden Partizipation an dieser Ursprungswirklichkeit; zugleich entspricht diese Beziehungsorientierung den Erfahrungen am Ort, die Menschen machen können – und schließlich ist die von Jesus angezielte Perspektive des Reiches Gottes und die eschatologische „himmlische Stadt Jerusalem" wesentlich von Beziehungskonstellationen gezeichnet.

Die beschriebenen vier Beziehungsverhältnisse sind – so sieht es Moynagh – gleichgewichtig und schaffen ein ausgeglichenes Beziehungsgefüge. Mit diesem Ansatz gelingt es Moynagh, verschiedene Formen des Kircheseins in der einen Kirche zu beschreiben. Zugleich ermöglicht er eine gute Analyse und hilfreiche Unterstützung für das Wachstum kirchlicher Aufbrüche. Es geht um das „Ineinander" der vier Beziehungsverhältnisse und also um eine umfassende Partizipation, die das „Sein" der Kirche ausmachen – und hier können Begleitprozesse korrigierend und ermutigend wirken.

Die Sakramente

Damit aber stellen sich bohrende Fragen. Sind dann etwa Wortverkündigung, Feier der Sakramente und das Dienstamt lediglich optionale Ausgestaltungen des beziehungsreichen Kircheseins? Geht es hier um eine Relativierung doch wesentlicher Grundvollzüge?

Moynagh führt hier eine weitere Unterscheidung ein. Auf der einen Seite kann – mit guten Gründen – dieses vierseitige Beziehungsgefüge in die Mitte des Kircheseins rücken – aber darüber dürfen Grundvollzüge nicht einfach in einen beliebigen Bereich abgeschoben werden. Moynagh erweitert so seine Theologie: er unterscheidet neben dem „Sein" der Kirche (die vier Beziehungsvollzüge) wesentliche „Essentials", die der Kirche ermöglichen, Kirche zu sein: *„Wenn man deswegen sagt, dass Dienstamt und Wort, zum Beispiel, nicht das ‚Sein' der Kirche beschreiben, dann heißt es eben nicht, dass sie für die Kirche nicht wesentlich sind."*[58]

In diesem Horizont bringt Moynagh nun die beiden Grundsakramente ins Spiel. Am Beispiel von Taufe und Eucharistie versucht er, diesen theologischen Grundansatz fruchtbar zu machen:

„Taufe und Eucharistie sind Feiern, die dem Herzen des Lebens der Kirche ermöglichen, zu existieren und zu wachsen. Andere Vollzüge können dasselbe bewirken, etwa die Wortverkündigung oder das Dienstamt des Priesters. Im letzten Fall ist es der Priester, der ermöglicht, dass die kirchlichen Beziehungsvollzüge gelingen, indem er der Gemeinschaft vorsteht ..."[59]

Das löst nicht alle Diskussionen auf, rückt sie aber in ein neues Licht. Deutlich wird, dass alle wesentlichen Grundvollzüge im Dienst am Werden und Sein einer beziehungsreichen Kirche stehen. Dort, wo Kirche werden und wachsen will, wird sie versuchen, diesen wesentlichen Grundvollzügen Gestalt zu geben.

„Eine Gemeinschaft kann nicht Kirche sein oder eine Gemeinde, wenn eine der vier Grundbeziehungen fehlt – und wenn wesentliche Grundvollzüge fehlen, die diese Beziehungswirklichkeit zur Existenz bringen und vertiefen."[60]

Dies bringt eine spannende Orientierung für die vielen neuen Aufbrüche der Kirche. Sollte ein Beziehungsgefüge fehlen, sollten aufbrechende „fresh expressions" noch nicht eine Praxis wesentlicher Vollzüge gefunden haben – dann wird klar, dass sie „auf dem Weg zum Kirchewerden" sind, sie „beginnen, Kirche zu sein", wie Moynagh sich ausdrückt. Auf der anderen Seite sind sie aber eben nicht „außerhalb des Kircheseins": Moynagh kann so die „in und out"-Logik verlassen, und „Kirchwerdung" als nach vorne offenen Werdeprozess beschreiben.

Damit wird aber – so zeigt es Moynagh – ein erfahrungsorientierter und narrativer Zugang wirksam. Wer hingegen von festen theologischen Deduktionen her Kirche entfalten will, wird dann wieder zu einer exklusiven Logik gelangen, und neue Formen von Kirche eher übersehen. Genau das geschieht ja dann, wenn theologisch normativ (Amt, Sakramente, Wort) argumentiert wird – genauso aber auch, wenn pseudotheologisch die Gemeinde in einer bestimmten Form zur Norm wird: dann bleiben neue Formen unsichtbar, oder gewinnen ihre Geltung nur dann, wenn sie eingebunden sind in einer klassischen Form.

Überall dort jedoch, wo wir von einer „mixed economy" sprechen, also einer Mischung aus gewachsenen und neuen Formen, werden die Argumente von Moynagh relevant. Es geht nicht darum, dass Menschen und Initiativen kirchlich vereinnahmt werden, zumal ja immer deutlich wird, dass es nicht um Verkirchlichung gehen darf, sondern um die Wahrnehmung und Gründung des Reiches Gottes in der Welt. Aber wo sich diese Erfahrungen verdichten in einer neuen kirchlichen Gemeinschaft, da wird diese Perspektive fruchtbar: sie ermöglicht nämlich, diese neuen Gemeinschaften nicht als Konkurrenz oder auch vorläufige Anfänge zu sehen, sondern als authentische Ausdrucksformen „auf ihrem Weg" zur Reife und zum Reich Gottes.

2. Mission shaped church: Sendung als Ur-Sprung

Keine Wortfindung hat mich in den letzten Jahren so sehr angerührt wie die Rede von der „mission shaped church". Natürlich, sie entstammt den anglikanischen Erfahrungen und einer Überraschung, dass nämlich dann, wenn sich Menschen auf ihre Sendung einlassen, als Frucht dieser Sendung neue Formen der Kirche wachsen, die Ausdruck des Sich-Einlassens auf die Welt sind, und sich darin eine Radikalität der Liebe ausdrückt, die vom Anderen, vom Menschen in seinem konkreten Kontext her denkt und sich von ihm beschenken lässt. Und daraus wachsen Kirchengestalten, die eben ganz bunt und vielfältig sind, aber auch anders. Ich würde immer so übersetzen: eine Kirche, die ganz von ihrer Sendung her gestaltet ist.

Und dabei haben wir ja massive Schwierigkeiten mit diesem Begriff Mission. Und das ist ja kein Zufall. Offensichtlich nicht. Offensichtlich hat nämlich eine bestimmte kirchliche Erfahrung uns geprägt. Sie kann Mission nur als Vereinnahmung lesen – im Kontext eines volkskirchlichen Sammlungsprozesses: alle müssen dabei sein, alle müssen verkirchlicht und so eingesackt werden – in eine Kirchenkonfiguration, die uns selbst fremd wird, geworden ist.

„Evangelii Gaudium" – Freude des Evangeliums!

Ganz anders Papst Franziskus. In seinem programmatischen Text taucht immer wieder die Rede von der missionarischen Perspektive auf. Er spricht ganz unbefangen vom „missionarischen Jünger", von einer missionarischen Kirche. Was ist der Grund, dass das so unbefangen geht?

Ich erinnere mich an die Begegnung mit einer kleinen spanisch-sprachigen Gemeinde in Braunschweig. Mehr als 30 Personen gehörten nicht dazu. Aber sie erzählten: „Wir haben eine Vision, wir haben eine Mission: Wir wollen einen Beitrag zur Evangelisierung Braunschweigs leisten" Ich war mehr als erstaunt. Und vielleicht auch nicht: denn offensichtlich sind die Geschwister aus Lateinamerika schon länger mit dieser Perspektive unterwegs.

Das Spannende an dieser Perspektive ist ja eine merkwürdige „Bewegung", die ganz andere Rhythmen kennt. Es ist ein anderer Tanz als die simple Sammlungs-Bewegung, die seit Jahren die Kirche von Deutschland in Gang hält – oder sollte man besser sagen: lähmt?

In der Tat ist der Ausgangspunkt des Nachdenkens, der Ursprung der Sendung, ein ganz spezifischer: offensichtlich geht der Papst davon aus, dass Sendung voraussetzt, dass jemand eine tiefe Freude am Evangelium gefunden hat. Und das geht ja nur, wenn ... Ja: wann?

Es braucht einfach eine Erfahrung, die Menschen zutiefst berührt und verwandelt – eine Erfahrung einer unerwarteten, unbedingten und unverfügbaren Liebe, die einen prägt. Das Spannende an dieser Erfahrung ist aber eben nicht nur die Freude, endlich gefunden worden zu sein, endlich die Liebe des Lebens gefunden zu haben. Es ist eine begeisterte und ansteckende, eine energetische Freude, die sich auf den Weg macht, allen das mitzuteilen, was einem zu eigen geworden ist.

Es ist genau diese Leidenschaft, es ist genau diese Energie, die mir immer aufgefallen war bei den Gemeindegründer*innen: eine Ursprungsenergie, die dann dazu führte, dass Gründer*innen sich einließen auf neue Situationen, sich mit dieser Freude des Evangeliums an andere Orte wagten, und dort das Evangelium mit Menschen teilten, Gemeinschaft bildeten und anfingen, auf ihrem Weg das Evangelium in der Sprache der Anderen neu zu sagen, zu leben, zu bezeugen.

Vom Ur-Sprung

Und dann wird klar: Mission ist keine Aktivität – es ist eine Leidenschaft, die wächst aus dieser ungeheuren, geschenkten Liebe und der Freiheit und Freude. Und auf einmal leuchtet die Logik des Evangeliums neu auf – und wirft auch ein Licht auf die Zukunft des Christentums, jenseits gesättigt-unbefriedigter Volkskirchlichkeit.

Die Ursprungserfahrung Jesu ist ja seine Erfahrung bei der Taufe am Jordan. Es ist auch der Anfang seiner unausweichlichen Berufung: die Botschaft zu leben, seine Sendung zu leben.

Ja, es ist ein Ur-Sprung: je mehr er von dieser inneren Unausweichlichkeit der Liebe ergriffen ist, desto mehr „springt" er in andere Welten: was die Theologie später als Menschwerdung, als „Inkarnation" formuliert hat, das meint ja nichts anderes: sich aus der Fülle der Urerfahrung einzulassen auf „die Anderen", der/die Andere zu werden, um dort zu sein, zu teilen, zu heilen.

Und das geschieht dann nicht als übermächtigende Vereinnahmung – als Mission, die die Anderen einfangen will, sondern wird sich selbst los. Es ist eben gerade die Unausweichlichkeit der Berufung, die eine selbstlose Sendung möglich macht – ein Abenteuer, das mit dem Philipperbrief „Kenose" genannt wird: sich selbst loslassen, sich ganz auf die Anderen einlassen und mit ihnen erfahren, in ihrer Sprache, in ihrer Lebenswirklichkeit, was uns gemeinsam geschenkt ist.

Ursprüngliche Gemeinschaft

So öffnen sich Räume, so entstehen Gemeinschaften, deren Mitte zwar immer dieselbe „resonante" und begeisternde Grunderfahrung ist, die Menschen verbindet, die aber zugleich immer unterschiedlich ist, immer geprägt vom unmittelbaren Kontext, in dem sie wachsen kann.

Das hat dann aber Konsequenzen: es wird deutlich, dass es zum einen immer Menschen braucht, die begeistert und leidenschaftlich ihrer Berufung folgen – ihrer unausweichlichen Ergriffenheit von der Liebe, die auf sie zugeschnitten ist und sie zu „Gesandten", zu Apostel*innen macht in einem ganz spezifischen Lebenskontext. Es ist also ganz selbstverständlich, dass sehr unterschiedliche und bunte Gestalten entstehen und sich entfalten.

Und ganz selbstverständlich dürfte auch sein, dass die Vielfalt dieser Gemeinschaften sich selbst organisiert und kontextuell entfaltet. In allem wird aber deutlich, dass sie sich als Kirche verstehen.

Wachstumshorizonte

Es ist schon lange her. Als in den späten sechziger Jahren die ostafrikanischen Bischöfe über die Grundwirklichkeit der Small Christian Communities nachdachten und die Erfahrungen theologisch reflektierten, riskierten sie einen spannenden Satz. Die „lokalen Gemeinschaften" seien „the most local incarnation of the one, holy, Catholic and apostolic church", sie tragen also die DNA der Kirche in sich, sind echte Verwirklichungen des Kircheseins. Diese afrikanische Perspektive wird in einem postmodernen Kontext neu zu deuten sein. Die vier klassischen Merkmale des Kircheseins werden in der Perspektive dieser sendungsorientierten Entstehungszusammenhänge als Wachstumshorizonte lesbar: überall, wo aus der ursprünglichen Leidenschaft und Sendung sehr verschiedenartige und inkulturierte Formen des Kircheseins entstehen und wachsen, werden – in unterschiedlicher Dichte – diese vier Merkmale den Horizont der Weiterentwicklung bestimmen können.

Eine erste Dimension verweist immer zum Ursprung: in die Begegnung mit dem Geheimnis des gegenwärtigen Gottes. In der Tat ist beeindruckend, wie sehr in Aufbrüchen, kleinen Gemeinschaften, Gottesdienstgemeinden, kirchlichen Neubildungen eine Leidenschaft für eine gemeinsam gelebte Spiritualität geteilt wird – wie sehr ausprobiert wird, unterschiedliche Formen geistlicher Gründung zu leben. Das geschieht – der Natur der Sache nach – sehr unterschiedlich.

Zugleich wird immer deutlich, dass diese Gemeinschaften aus diesem Ursprung heraus sich gesandt wissen, in einem spezifischen Kontext. Auch diese Apostolizität, die den Ursprung mit der konkreten Lebenssituation verbindet, gehört zum Wesen jeder Aufbruchsgemeinschaft.

Solche Gemeinschaften sind nicht exklusiv: sie sind von ihrer Natur her ausgerichtet auf „alle", die in einem bestimmten Lebenskontext, in einem Stadtteil leben. „Katholizität" bekommt hier immer eine grundsätzlich ökumenische Dimension. Sie verweist auf eine Universalität, für die die Sendung, die „Mission" des Evangeliums immer stehen will. Denn in der Tat geht es ja beim Evangelium und seiner gemeinschaftlichen Reichweite um die „Offenlegung", das „Offenbarwerden" einer Wirklichkeit aller Menschen.

Aber – und das ist das Spannende: alle diese Aufbrüche können sich wiedererkennen – sie sind verknüpft in der einen Wirklichkeit: diese „Einheit" in der Vielfalt beschreibt aber nicht eine Gleichförmigkeit, sondern ist jene „mystische" Grundwirklichkeit der Gegenwart des Auferstandenen, der resonanten Beziehungswirklichkeit, die ihrerseits immer Ur-Sprung der Freude ist.

Ein neuer Blick auf die Kirche

Eigentlich zerfallen mit einem solchen Blick die herkömmlichen Kategorien jenes Bildes, das wir bislang gepflegt haben. Im Zentrum stand die Gemeinde, die Pfarrgemeinde – und sie bildete „Kern und Stern" kirchlichen Lebens ab. Teilzuhaben an dieser normativen Gemeinschaftsgestalt, das war gesetzt. Und in der Tat: der „katholische"

Gedanke einer Gesamterfassung aller war hier präsent – und deswegen wurden andere Begegnungsorte mit dem Evangelium als „Kategorialseelsorge" oder „Sonderseelsorge" benannt. Zerfällt aber diese Konfiguration – und das tut sie gerade –, dann werden auch alle anderen Horizonte der Bewertung fragwürdig. Denn Menschen werden an unterschiedlichen Orten ergriffen werden und wachsen können.

Wo wir von der Leidenschaft des Ur-Sprungs her schauen, ergibt sich eine große Vielfalt, eine „mixed economy", an der Menschen in vielfacher Weise teilhaben, um das Evangelium und seine innere Mitte zu entdecken, ergriffen zu werden, und ihre unausweichliche Sendung zu entdecken. Aber damit wird dann auch deutlich, dass wir neu und noch einmal auf die Kirche vor Ort zu schauen haben – und auf die Pfarrei.

3. Synodal! – Franziskanische Anmutungen

Wir stehen in einem Übergang, und wir sind herausgefordert, Schwellen dieses Übergangs zu gestalten. Aber dies gemeinsam als Kirche zu tun, das scheint mir die eigentliche Herausforderung. Es braucht einen gemeinsamen Weg, denn sonst werden wir nicht die Verheißung einer partizipativen Kirche ins Leben bringen. Es braucht ihn, denn sonst bleiben wir im Systemerhalt. Aber es braucht auch lokale und damit vielfältige Wege, weil nicht an jedem Ort dasselbe geschehen muss – und die innere und gemeinsame Mitte ja nicht in einer bestimmten Lehre besteht, die überall administrativ anzuwenden wäre – sondern um eine Erfahrung, in der das Reich Gottes nahe kommt, eine Erfahrung einer Gegenwart.

Doch es bleibt oft bei Systemerhalt und Orthodoxie der Lehre. Genau so scheint es, rechts und links der Traditionen, als Perspektive gedacht zu werden. Und während die einen darüber klagen, dass die Lehre der Kirche außer Kraft gesetzt wird, wenn das Lehramt in „Amoris Laetitia" pastorale Wege der Eingliederung einschlägt, meinen die anderen, dass die Amazonassynode und andere kommende Synoden Ergebnisse hervorbringen könnten, die dann auch ganz einfach auf die deutsche Situation übertragen werden könnten.

Wir haben noch nicht gelernt, gemeinsam auf dem Weg zu sein, gemeinsam als Volk Gottes zu gehen, zu unterscheiden, und dabei ernst zu nehmen, was uns der Geist Gottes sagt. Immer noch geht es viel zu sehr um Macht – und wer sich durchsetzt; immer noch versuchen die Einen und die Anderen durchzusetzen, was sie schon vor dem eigentlichen gemeinsamen Weg wussten. Ehrlich: geistloser geht es kaum. Und vor allem: Wenn es so ist, geht es eben nicht darum, Schwellen zu überschreiten, sondern um das Umschmücken und Erhalten eines Systemgefüges, das nur historisch gewachsen ist. Es geht nun aber um viel mehr: um einen Neuaufbruch aus dem Ursprung.

Kein Wunder!

Auch wenn der Gedanke des gemeinsamen Weges, bei dem der Herr uns begleitet, zum Ur-Ereignis des christlichen Glaubens gehört, wenn eigentlich dies die Grundkonstellation der Resonanz ist – die Gegenwart des Herrn, der Menschen verbindet und Licht schenkt, Horizonte eröffnet, dann ist dennoch wahr, dass die Kirche heute wieder – und eben anders – lernen muss, wie sie gemeinsam gehen lernt.

Mit dem II. Vatikanischen Konzil begann ein neues Kapitel, ein neuer gemeinsamer Suchweg. Die Erfahrungen der Diözesansynoden und Bischofssynoden, die sich im Anschluss weiter entwickelten, sind noch nicht überzeugend, aber doch ein Anfang. Es bleiben so viele Fragen offen: ist die synodale Grundgestalt wirklich einfach eine Sache der Bischöfe? Was bedeutet es, wenn in einer Diözese nur alle 30 Jahre eine Synode stattfindet? Ist die Repräsentanz verschiedener Räte wirklich Ausdruck echter umfassender Partizipation?

Es gilt: das Geheimnis der Gemeinschaft des Glaubens, das wir in diesem Buch umkreisen, hat auch Konsequenzen in der Gestalt der Kirche, und für die Art und Weise, wie sie das lebt. In den vergangenen Jahren hat Papst Franziskus einige Orientierungen gegeben, die eine Weiterentwicklung synodaler Prozesse in den Blick nehmen. Zum einen wurde deutlich, dass die Kirche der Zukunft nicht monolithisch ist, nicht um zentralistische Strukturen kreist. Das Bild des Papstes ist der Polyeder – die gemeinsame strahlende Mitte, die Christus ist, kann dann an unterschiedlichen Orten unterschiedlich leuchten. Ist es also denkbar, dass nicht überall dasselbe geschehen muss – dass die Erkenntnisse des zukünftigen Weges wesentlich vom Kontext, von der Kultur geprägt sind? Dann müssten wir alle den tief eingeübten Zentralismus hinter uns lassen, ihn verlernen – und nicht mehr um ihn kreisen, in Abhängigkeit und Gegenabhängigkeit Dass das auch für Bischöfe nicht leicht ist, haben die deutschen Bischöfe eindrücklich lernen können, als es um die Frage des Kommunionempfangs in konfessionsverbindenden Ehen ging, Nein, es war eben nicht mehr einfach hochdelegierbar; es ging ja auch nicht um eine weltkirchliche Lehre, sondern eine ortskirchliche Praxis.

Sie mussten es auch lernen im Kontext der Synode über die Familie: wirklich und echt alle zu fragen – online, das war eine überraschende Erfahrung. Auch hier erinnere ich mich an eine spannende Herausforderung: die Fragen so zu formulieren, dass alle überhaupt würden antworten können, setzte viel Übersetzungsarbeit voraus. Und die Ergebnisse waren umgekehrt eben auch nicht banal. Es stellte sich heraus, dass der „sensus fidei" sehr wohl den Kern des Evangeliums getroffen hatte – und zugleich aber die klassische Lehre mit diesem Glaubensempfinden nicht unbedingt korrelierte.

Der lange Weg dieser Synode lehrte auch: die Situationen sind sehr unterschiedlich – und verlangen einen pastoralen Umgang mit den verschiedenen Fragen. Die Lehre steht nicht in Frage, und um sie geht es nicht, aber es geht darum, Wege zu bahnen, damit Menschen das Heil finden. Dazu brauchte der synodale Prozess zwei Jahre. Vielleicht ist das die zweite Neuorientierung, die Synodalität hervorruft: auf diesen gemeinsamen Wegen gibt es immer nur Zwischenergebnisse, weil wir alle auf einem nach vorne offenen Zukunftsweg sind und Synodalität nicht damit endet, dass Ergebnisse vorgelegt werden, die dann nicht weiter diskutiert werden müssten ... So einfach ist es nicht.

Zu lernen, dass Kirche vor Ort anders und neu im Prozess ist, dass es immer darum gehen muss, Menschen neu zu beteiligen – das ist auch lokal eine Herausforderung, ein neuer Stil der Kirche. Und wir, wir als Kirche, beginnen zu lernen, beginnen zu gehen.

Denn anspruchslos ist das nicht. Und also ist es kein Wunder, dass wir die Wege noch ausprobieren müssen, auf allen Ebenen kirchlichen Lebens. Aber – und das wird hier schon klar – wer möglichst viel Partizipation möchte, der braucht Prozesse vor Ort, die möglichst viele Menschen gleichwürdig ins Spiel bringen.

Wie geht das? Plädoyers für ein „Gemeinsames Vorangehen"

Gemeinsames Vorangehen – so nennt Papst Franziskus die Grundpraxis der Synode.[61] Und dieses gemeinsame Vorangehen bezeichnet der Papst als notwendig, denn es reflektiert Geist und Methode des Konzils: ein wechselseitiges Zuhören und ein Hörenlernen auf den Geist Gottes, das war die errungene Erfahrung des Konzils – aber es war auch mehr: es war ein Vollzug von Kirche, einer partizipativen gemeinsamen Suchbewegung. Und um diesen Geist, um diese Methode geht es nicht nur deswegen, weil er am tiefsten den Selbstvollzug der Kirche beschreibt, die „Communio" ist, sondern auch, weil dieses Sich-Vollziehen der Kirche genau den Herausforderungen unserer Zeit entspricht: die Menschen von heute suchen nach Formen gemeinsamen Vorangehens, die Welt sucht nach echter synodaler Praxis. Mit Papst Franziskus gesprochen:

„Die Welt, in der wir leben und die in all ihrer Widersprüchlichkeit zu lieben und zu dienen wir berufen sind, verlangt von der Kirche eine Steigerung ihrs Zusammenwirkens in allen Bereichen ihrer Sendung. Genau dieser Weg der Synodalität ist das, was Gott von der Kirche des dritten Jahrtausends erwartet." [62]

Mich beeindruckt, wie sehr im Hintergrund dieser Erwägungen des Papstes ein Grundverständnis der Kirche steckt, dass die Konfliktlinien transzendiert, in denen wir häufig stecken: es geht um das gesalbte und geliebte Volk Gottes, in dem es eine wirkliche Gleichwürdigkeit aller gibt – und ein Wissen darum, dass die geistvolle Gegenwart Gottes nicht in Muster des Oben (Lehren) und Unten (Lernen) gefasst werden kann – die Kirche, die gemeinsam auf dem Weg ist, ist eine lernende als Ganze.

Gemeinsames Vorangehen heißt vor allem Zuhören: *„Es ist ein wechselseitiges Anhören, bei dem jeder etwas zu lernen hat: das gläu-*

*bige Volk, das Bischofskollegium, der Bischof von Rom – jeder im Hin-
hören auf die anderen und alle im Hinhören auf den Heiligen Geist,
den ‚Geist der Wahrheit' (Joh 14,17), um zu erkennen, was er ‚den Kirchen sagt' (vgl. Offb 2,7). Die Bischofssynode ist der Sammelpunkt dieser Dynamik des Zuhörens, das auf allen Ebenen des Lebens der Kirche
gepflegt wird".*

Hier wird deutlich, worum es eigentlich geht. Kirche und Synode
sind Synonyme, *„denn die Kirche ist nichts anderes als das ‚gemeinsame Vorangehen' der Herde Gottes auf den Pfaden der Geschichte zur
Begegnung mit Christus, dem Herrn – dann begreifen wir auch, dass
in ihrem Innern niemand über die anderen ‚erhöht' werden kann ..."*[63]

Das gemeinsame Vorangehen – das ist die Lernaufgabe der gesamten Kirche, und deutlich benannt, gerade auch eine Aufgabe, die
die Rolle des Bischofs und auch des Papstes verändert. Wir werden
versuchen, diese Rollenveränderung und ein neues Verstehen von
Hierarchie und Dienstamt auf unsere Weise zu skizzieren.

Vom Ursprung und von der Basis her denken und gehen lernen

Die Rede des Papstes zum 50jährigen Jubiläum der Bischofssynode
zeigt sehr deutlich, dass es hier um mehr geht, als nur um ein zusätz-
liches Element einer hierarchisch-machtvoll organisierten Kirche.
Es geht schon um viel mehr – um einen Paradigmenwechsel, und
ich bin eigentlich ziemlich sicher, dass häufig dieser Horizont nicht
gesehen wird. Vielleicht erklärt das ein wenig den überraschenden
Brief, den der Papst der katholischen Kirche in Deutschland geschrieben hat.[64] Er ist – in den verschiedenen Diskussionsclouds – heftig
diskutiert worden, und vor allem stellen sich viele die Frage, warum
der Papst diesen Brief schreibt. Will er ermutigen? Will er Grenzen
setzen? Ist das eine Abmahnung?

Mein Eindruck ist ein anderer: er möchte ein gemeinsames Verstehen dessen ermöglichen, was denn ein synodaler Weg eigentlich
ist. Das ist eben keineswegs banal. Deswegen möchte ich – im Licht
unserer Überlegungen – gerne noch einmal einige seiner vertiefenden Hinweise betrachten. Und ja, es geht ihm um ein tiefgehend er-
neuertes Kirchenverständnis.

Gemeinsam mit dem auferstandenen Herrn unterwegs sein – das ist immer und vor allem deswegen herausfordernd, weil das „Neue" durch Ihn kommt, und „der Herr mit seiner Neuheit unser Leben und unsere Gemeinschaft erneuern kann" (Evangelii Gaudium 11). Nun will der Papst offensichtlich zunächst nichts anderes, als seine Weggemeinschaft bezeugen auf diesem herausfordernden Weg der deutschen Kirche:

„Wir sind uns alle bewußt, dass wir nicht nur in einer Zeit der Veränderungen leben, sondern vielmehr in einer Zeitenwende, die neue und alte Fragen aufwirft, angesichts derer einer Auseinandersetzung berechtigt und notwendig ist", so hebt der Papst an, und beschreibt seine Sicht, die natürlich auch die Ambivalenzen deutlich macht.

Ich halte inne: Sind wir uns in Deutschland wirklich bewußt, was letztlich die Analyse dieser Situation beinhaltet? Es geht nicht um eine bestandswahrende Reformagenda, es geht um eine Zeitenwende – und wahrscheinlich um völlig neue Orientierungen und Verschiebungen. Synode – gemeinsam gehen, heißt also auch über das hinausgehen, was das Gefüge bislang darstellt.

Und ich antworte: wir sind uns dessen nicht bewusst. Alle Diskussionen spielen sich im modern-konservativen Rahmen ab und spiegeln den Phantomschmerz vergangener Volkskirchlichkeit – oft jedenfalls, zu oft.

Genau hier setzt die Überlegung des Papstes aber erst an, die er zur Erinnerung gibt. Denn wie ein konkreter synodaler Weg aussieht, erschöpft sich eben nicht in der Vorstellung der Themen und der Zusammensetzung von Arbeitsgruppen:

„Es handelt sich im Kern um einen synodos, einen gemeinsamen Weg unter der Führung des Heiligen Geistes. Das aber bedeutet, sich gemeinsam auf den Weg zu begeben mit der ganzen Kirche unter dem Licht des Heiligen Geistes, unter seiner Führung und seinem Aufrütteln, um das Hinhören zu lernen und den immer neuen Horizont zu erkennen, den er uns schenken möchte."

Der Papst verweist hier schon auf den kritischen Horizont: immer dann, wenn es um einen gemeinsamen Weg geht, dann geht es um den eschatologischen Weg, der die jeweilige Vergangenheit als provisorisch hinter sich lässt. Und das ist nicht einfach: deswegen braucht es Licht, es braucht Einsicht in seine Führung – und wir alle (!) müssen aufgerüttelt werden, denn es ist eben nicht so, dass einige hier schon Ergebnisse wissen könnten ... Es geht um ein radikales Hinhören.

Einen langen Prozess von der Basis aus!

Für den Papst ist klar, dass Synodalität eine Basisbewegung ist. Und damit werden auch gleich zwei Dinge klar. Es braucht Prozesse, die viel langfristiger angelegt werden müssen, wenn sie Frucht bringen sollen – und sie brauchen ein Maximum der Partizipation. Genau hier liegt die Herausforderung einer gänzlich anderen Kultur. Es geht um Dialog, ein Zuhören, ein Aufgerütteltwerden durch den Heiligen Geist als Grundhaltung – und dies nicht etwa deswegen, weil man ab und zu eine Synode machen müsste, sondern weil es das Geheimnis der Kirche selbst ist, das hier „wirklich" und real erfahrbar wird: Es ist „nicht möglich, eine große Synode zu halten ohne die Basis in Betracht zu ziehen." Und es ist nicht möglich, den Dienst der Leitung zu vollziehen, im Blick auf Kollegialität und Weltkirchlichkeit, wenn man nicht vor Ort begonnen hat.

Auf Deutsch: es braucht einen spezifischen Weg gemeinsamen Hinhörens und Herausgefordert-Werdens: ein Lernweg des Zu-Hörens, um Kirche zu vollziehen – und erst in zweiter Linie wird dann dieser Vollzug auch weltkirchlich eingebunden, in derselben Logik und mit Haltungen wie Demut und Geduld, und mit dem Bewusstsein, nicht alles erreichen zu können.

Vielleicht ist es genau diese Herausforderung, die in unserem Kontext zu wenig Beachtung findet, einfach auch deswegen, weil wir bislang pastorale Entwicklungsprozesse, vor allem im Blick auf ihre geistliche Explosivität, und im Blick auf ihre Zeiträume, nicht als geläufige Praxis leben:

„Die aktuellen Herausforderungen sowie die Antworten, die wir geben, verlangen im Blick auf die Entwicklung eines gesunden aggiornamento einen langen Reifungsprozess und die Zusammenarbeit eines ganzen Volkes über Jahre hinweg. Die regt das Entstehen und Fortführen von Prozessen an, die uns als Volk Gottes aufbauen, statt nach

*unmittelbaren Ergebnissen nach voreiligen und medialen Folgen zu
suchen, die flüchtig sind wegen mangelnder Vertiefung und Reifung,
oder weil sie nicht der Berufung entsprechen, die uns gegeben ist."*

Versuchungen ...

Zuerst und vor allem: es geht immer – in allem Suchen nach dem
Neuen – um die Frage, wie die Sendung des Evangeliums in der je
neuen Gegenwart gelebt werden kann. Und hier formuliert der Papst
deutlich: es geht dabei immer um eine „wirkliche und tägliche" Begegnung mit Gott und seinem treuen Volk. Und ja, wir könnten diese
Formulierungen missverstehen, indem wir sie als „spirituelle Soße"
abwerten. Aber dann unterschätzen wir den Grundansatz: es geht
eben um einen Selbstvollzug des Kircheseins – und es geht darum,
dass die innerste Mitte dieses Geheimnisses praktisch erlebbar wird,
für alle. Und es geht darum, das Neue, das hervorkommen will, zu
ermöglichen.

Und von daher gibt es die Versuchung, eben keinen gemeinsamen
Weg zu gehen, sondern an „vorgefassten Schemata und Mustern"
festzuhalten: „Wenn wir uns dieser Versuchungen nicht bewußt
sind, enden wir leicht in einer komplizierten Reihe von Argumentationen, Analysen und Lösungen", die – so der Papst – eben genau das
verhindern, worum es gehen will und muss.

Und hinzu kommt das, was der Papst „Pelagianismus" nennt, das
Risiko gnadenloser Machbarkeit. Hier sieht er offensichtlich ein Risiko besonders in der deutschen Kirche, „zu glauben, dass die Lösungen der derzeitigen und zukünftigen Probleme ausschließlich auf
dem Weg der Reform von Strukturen, Organisationen und Verwal-
tung zu erreichen sei, dass diese aber schlussendlich in keiner Weise
die vitalen Punkte berühren". Könnte es also sein, dass wir von einem zentralisierend wirkenden Systemzwang mit seinen Abhängigkeiten und Gegenabhängigkeiten letztlich so geprägt sind, dass wir
die eigentliche Erneuerung der Kirche verpassen?[65]

Es geht eben nicht um Reorganisation, es geht nicht um Ordnung
und Glättung, es geht nicht um „Zurechtflicken", damit das „kirchliche Leben eine ‚ganz bestimmte' neue oder alte Ordnung findet,

die dann die Spannungen beendet, die unserem Mensch-Sein zu eigen sind und die das Evangelium hervorrufen will" Fulminant, denn auch hier wird wieder deutlich, dass es dem Papst nicht um friedliches und harmonisches Kirchenleben geht. Darin sieht er die größte Gefahr: *„So käme man vielleicht zu einem gut strukturierten und funktionierenden, ja sogar ,modernisierten' kirchlichen Organismus; er bliebe jedoch ohne Seele und ohne die Frische des Evangeliums."*

Vom Ursprung her denken

Synodalität, so der Papst, lebt von der Annahme der Situation und ihrer Herausforderungen und einem Ringen darum, wie wir in dieser Situation unsere Sendung leben können. Die anhaltende pastoralpopulistische Diskussion um die Zahl der Kirchenmitglieder, die Projektionen zukünftiger Steuereinnahmen ist oft geprägt von einer „hidden agenda" des „shame and blame" und festen Überzeugungen, wie es denn anders werden könnte. Genau hier liegt aber – wiederum – die Gefährdung für jeden synodalen Prozess: „Objektive und gültige Ursachen würden jedoch, werden sie isoliert vom Geheimnis der Kirche betrachtet, eine lediglich reaktive Haltung – sowohl positiv wie negativ – begünstigen und damit verpassen, worum es eben gehen muss: das Evangelium zu leben, sich herausfordern zu lassen vom Christsein, in eine pastorale Bekehrung zu treten, und daraus die Sendung zu leben."

Das wiederholt der Papst immer wieder: es geht ihm um dieses Geheimnis des Evangeliums, der Freude, des Lebens, und mit diesem Geheimnis allen Menschen, besonders den Armen und Bedrängten, nahe zu sein – ohne ein bestimmtes kirchliches Gefüge erhalten zu wollen, aber den Ursprung, das Urgeheimnis der Kirche.

Erst in diesem Zusammenhang spricht der Papst vom „sensus ecclesiae" und meint damit eben jenes Fühlen und Denken, das von diesem Ursprungsgeheimnis kommt: einen Sinn für die Einheit, das Bewußtsein für die Teilhabe an einem größeren Leib: eben jenen Lebensraum des Auferstandenen, der alle umfasst. Nein, und das bedeutet nicht *„nicht zu gehen, nicht voranzuschreiten, nichts zu andern und vielleicht nicht einmal zu debattieren und zu widersprechen"* –

sondern das tiefe Bewußtsein um die *„Notwendigkeit, die Gemein-schaft mit dem ganzen Leib der Kirche immer lebendig und wirksam zu halten".*

Die Herausforderung liegt darin, diese Worte des Papstes richtig zu hören: geht es hier ums Ausbremsen? Geht es hier um die ewig langweilige Erinnerung an die weltkirchliche Dimension? Wird hier latent Macht ausgeübt, unter spirituellen Reizworten? Ich befürchte, dass viele oft nur so hören – und damit die Dimension gar nicht wahrnehmen, in der der Papst denkt. Denn der wiederum hat eigent-lich – so scheint es überall durch – das Interesse, die geistgefüllte Ein-heit der Wirklichkeit geistvoll zu leben – und das ist keine Verhin-derungsagenda, sondern der Horizont einer wirklichen Erneuerung.

Sie gelingt in echten synodalen Wegen, im gemeinsamen Voran-gehen – und dieses Vorangehen bezeugt zum einen, dass niemand von vornherein „wissen" kann („Gnostizismus" nennt das der Papst), welche Ergebnisse „richtig" sind, zum anderen geht es deswegen um eine Haltung der Entäußerung, des Sich-Loslassens, des Loslassens eigener Gewissheiten. Ohne dies ist es nämlich gar nicht möglich, das Kreative und Neue zu entdecken, das aus dem Evangelium ge-boren wird.

Eine neue Kirche – mit einer neuen Kultur

Kirche lernt vorangehen. Sie lernt es aber nicht von allein. Sie lernt es durch die Einübung synodaler Praxis, die – in den Hinweisen des Papstes, die wir meditiert haben – nichts anderes ist als der Selbst-vollzug Ihres Geheimnisses.

Sie lernt vorangehen, wenn sie verlernt, was sie unbedingt verler-nen muss: die Logik einer machtpolitisch organisierten Perspektive, in der es immer noch und immer wieder darum geht, eine Oben-Un-ten-Konstellation fortzusetzen, zu bekämpfen und doch gegenläufig abhängig zu sein.

Sie lernt vorangehen, wenn sie ihren Ur-Sprung neu entdeckt. Aber deutlich ist in unserem Nachdenken geworden, dass wir tat-sächlich am Ende eines Weges angekommen sind. Alle Versuche des Selbsterhaltes verzögern die Agonie – es braucht eine Neugeburt.

Im Hinhören auf die Zeichen der Zeit, im Wahrnehmen kirchlicher Aufbrüche und entsprechender Theologien, vor allem aber im Versuch, die katholische Tradition in diesem Licht nach vorne weiterzudenken, konnten einige Elemente eines neuen Paradigmas beleuchtet werden.

Was neu ist, lässt staunen. Was neu ist, löst Diskussionen aus. Was neu ist, will miteinander im Licht des Evangeliums und in der Kraft des Geistes wahrgenommen und unterschieden werden – in der Praxis synodaler Wege. Dazu mögen die Impulse dieses Buches dienen.

4. Theologie bricht auf: nach der Paradigmendämmerung weiterdenken

Das Unbehagen äußert sich schon lange. Wie ist es eigentlich mit der Theologie? Wie ist es mit dem Ort der Theologie? Ihrer Kirchlichkeit? Was meint eigentlich Kirchlichkeit der Theologie? Wieso kann der Eindruck entstehen, als würden Welten nebeneinander her navigieren?

Zuweilen wirkt theologische Forschung und sogar Pastoraltheologie merkwürdig entrückt von der Wirklichkeit der Kirche, umgekehrt kommt man sich als theologischer Ignorant vor, wenn man in Seelsorgeämtern arbeitet – und einem hemmungslos Sturkturfixierung vorgeworfen wird.

Und die Praxis? Wie kann es sein, dass Theologie oft so gar keine Rolle spielt? Wie kann es sein, dass sie die Praxis kaum verändert? Das alles sind keine neuen Fragen, aber sie stellen sich in Zeiten fundamentaler Neuorientierung des Glaubens und der Kirche in neuer Radikalität. Wenn das Paradigma eines kirchlichen Gefüges zerbricht, kann die Theologie ja auch nicht „von außen" die Lage beobachten. Ihr Gefüge zerbricht auch. Und wie überall gibt es auch hier heftigen Widerstand. Wie in Kirchengemeinden die Vergangenheit als Zukunft glänzend vor Augen steht, so wird das Gefüge der Theologie mit dramatischen Ansprüchen verteidigt. So soll es sein, so kann es bleiben. Aber der Umbruch ist unumkehrbar.

Mehr Existenzielles wagen …

Bischof Heiner Wilmer hat in einem streitbaren Essay „sein Thema" der Erneuerung der Kirche vertieft. Seit seinem Dienstantritt im September 2018 drängt er auf einen intensiven Positionswechsel. Es geht darum, nach vorne zu gehen, das Evangelium radikal im Heute zu bezeugen. Und in diesem Zusammenhang sieht Wilmer die Theologie mit kritischen Augen an: „Die Erneuerung der Kirche wird unbequem – und zwar für alle."[66] Wilmer sieht, dass dieselbe Selbstreferenzialität vieler kirchlicher Gemeinden und Reformbemühungen auch der Theologie droht. „Wir laufen in der deutschen Theologie Gefahr, autoreferenziell zu werden – und merken es oft nicht einmal".[67]

Wilmer bemerkt, dass die deutsche Theologie merkwürdig bei sich und ihren oft deduktiven Denkparadigmen bleibt. Und dabei riskiert sie, zu wenig andere Ansätze wahrzunehmen. Es geht noch nicht mal so sehr um die Frage, wie intensiv die deutsche Theologie die Welten der lateinamerikanischen oder französischen Theologie wahrnimmt – es geht Wilmer offensichtlich mehr um den Ansatzpunkt: in Lateinamerika sieht er einen „induktiven", erfahrungsorientierten Ansatz, und in der französischen Theologie einen deutlich existenziellen Ansatz der Theologie, der ihm im deutschen Sprachraum nicht hinreichend hervorkommt.[68]

Wilmers Beitrag ist eine Bitte an die Theologie, ihre eigene Wichtigkeit für den Erneuerungsprozess ins Spiel zu bringen. Wie das gehen kann, das formuliert Wilmer in mehreren Anläufen. Dabei spielt eine existenzielle Zeugnistheologie eine wichtige Rolle:

„Ich kann den Glauben nicht weitergeben, ohne mich selbst zu geben. In Deutschland denken wir, man könne den Glauben weitergeben wie ein Glas Wasser: ‚Hier, trink mal.' Da gebe ich mich nicht selbst, sondern bleibe in Distanz. Die Weitergabe des Glaubens bleibt klinisch, wie es im übrigen oft auch unsere Kirchen sind."[69]

Und so formuliert Wilmer knackig: *„Wir sind als Deutsche so verkopft, dass wir theologisch mit so einer imperfekten Körper-Metaphorik nichts anzufangen wissen. Kirche ist Institution, Macht und Hierarchie, wird immer wieder sozusagen als das Gegenüber, nicht als das Eigene beschrieben. Körperlichkeit als ekklesiologischen Begriff in der Theologie gibt es so im Deutschen nicht oder kaum."*[70]

Wilmer hat hier eine wichtige und vermutlich kontroverse Diskussion angestoßen, die eine Wunde trifft – es ist die Wunde der Paradigmendämmerung, die eben auch Rolle und Ort und Inhalt der Theologie neu konfiguriert. Und damit ist Wilmer nicht allein.

Notwendige Orientierungen – Das theologische Manifest des Miroslav Volf

Miroslav Volf ist ein amerikanischer Theologe, der in Deutschland als Schüler von Jürgen Moltmann bekannt geworden ist. Ich durfte ihn bei den Theologischen Studientagen 2019 in Fribourg kennenlernen. Und hier lernte ich auch den weiten Horizont seiner Theologie kennen.[71]

Noch mehr. Es geht ihm – wie Wilmer – um die radikale Erneuerung der Theologie. Nicht um ihrer selbst willen: denn in der Theologie wie in der Kirche muss es immer um mehr gehen als um eine wissenschaftliche Disziplin, um mehr als um sie selbst.

Es geht für Volf um eine tief biblisch gegründete Vision für das Leben der Welt. In immer wieder neuen Anläufen umkreist er die innerste Mitte des Christentums: die Gegenwart des auferstandenen Herrn unter den Menschen. Seine ganze – sehr biblisch – geprägte Theologie kreist um das Geheimnis der „Wohnung Gottes mitten unter den Menschen", und also um das wahre und gute Leben.

Ausgangspunkt seines Denkens ist eine tiefe Leidenschaft für die Theologie: „Theologie ist wichtig, weil sie vom wahren Leben der Welt handelt."[72] Und dieses erfüllte, wahre Leben ist die Quelle, aus der sich die Theologie erneuern muss. Hier liegt aber genau auch der Kern der Botschaft des Evangeliums, der Sinn der Kirche und die Relevanz der Theologie. Sie antwortet nur so auf die Fragen der Menschen, auf ihre Hoffnungen, auf ihre Trauer und Angst, ihre Freude und Hoffnung.

Und natürlich ist der Ansatz der Theologie existenziell und biographisch. Volf und sein Mitautor Croasmun erzählen den Ursprung ihres theologischen Eros leidenschaftlich. Das scheint von vornherein der Ausgangspunkt dieses Neuansatzes. Doch der persönliche Narrativ, die eigene Berufungsgeschichte steht im Kontrast zur wahrgenommenen Schwäche und Irrelevanz der akademischen und universitären Theologie. Steil formuliert Volf:

> *„Die christliche Theologie hat sich verlaufen, weil sie ihr Ziel nicht mehr im Blick hat. Was ist das Ziel der Theologie? Wir glauben, es ist das Erkennen, Artikulieren und Propagieren von Visionen des erfüllten Lebens im Lichte der Selbstoffenbarung Gottes in Jesus Christus. Das Gedeihen und Wohlergehen der Menschen, ja aller Geschöpfe in der Gegenwart Gottes ist Gottes großes Hauptanliegen für seine Schöpfung und sollte daher das Hauptziel der Theologie sein."* [73]

Natürlich bedenkt Volf dabei vor allem die akademische Theologie, aber die Frage reicht noch tiefer. Denn die akademische Theologie ist nur der Spiegel der Christen, der Kirche, die ebenfalls diese Orientierung zu verlieren drohen:

> *„In zwei traditionellen Institutionen des systematischen Nachdenkens über das erfüllte Leben – an den Hochschulen und in den Kirche – ist das Interesse an der Erforschung der wichtigsten Frage der menschlichen Existenz auf dem Rückzug."* [74]

Notwendende Erneuerung

Eine Neuorientierung der Theologie orientiert sich an ihrem Ziel, dem Artikulieren der Vision vom erfüllten Leben, von der Wohnung Gottes unter den Menschen:

„Die Menschen und die Welt gelangen zur Erfüllung, wenn sie in Realität das werden, als was sie immer schon gedacht waren, wenn also Gott so über die Welt herrscht, dass Gott und die Welt beieinander ‚wohnen' – oder genauer, wenn Gott seine Wohnung in der Welt nimmt und wenn die Welt Gottes Wohnung geworden ist und sich als solche erfährt." [75] Und das bedeutet für den Dienst der Theologie: *„der Zweck der Theologie besteht dann darin, Menschen zu helfen, Gottes Wohnung als ihre Wohnung zu erkennen und ihnen auf ihrer Reise zu diesem Zuhause zur Seite zu stehen."* [76]

Aber dann hat das auch Folgen für diejenigen, die Theologie betreiben. Das Unternehmen wird zutiefst existenziell. Theolog*in sein heißt dann, diese Vision innerlich zu teilen, zu leben, zu entwickeln.

„Der Glaube ist ein ganzer Lebensstil, und Theologie ist ein Lebensstil des Suchens nach Einsicht und Erkenntnis. Genauer: Sie ist eine Dimension dieses Lebensstils."[77] Das klingt banal, ist aber nicht unumstritten. Und von daher legt Volf nach:

„Eine mangelhafte Über einstimmung zwischen Vision und Leben mindert nicht nur die Glaubwürdigkeit der Theologinnen und Theologen, sie untergräbt auch ihre Fähigkeit, die Vision adäquat zu sehen und zu artikulieren und sabotiert damit ihre Wahrhaftigkeit."[78]

Theologie verlangt deswegen zum einen eine spirituelle Praxis: das betende Denken weitet Theologie in eine Existenz im Angesicht Gottes und zugleich – zum anderen – verlangt Theologie dann auch das Eingebundensein in in die Gemeinschaft der Glaubenden. Das kann nicht anders sein, denn wenn es um die Wohnung Gottes unter den Menschen geht, um das gute Leben, das Leben in Fülle, wird die theologische Visionskraft verknüpft sein mit dem Leben:

„Das Leben, das jeder Theologe zu verkörpern, zu artikulieren und zu erneuern versucht, ist nicht einfach das Leben Christi (an sich; CH), *sondern das Leben Christi, welches das Volk Gottes in der Kraft des Geistes lebt und an die künftige Generation weitergibt. Jede theologische Artikulation durch die verschiedenen Zeiten und Orte hindurch ist verwurzelt in diesem Leib der Gemeinschaft und wird gelebt in der proleptischen Vorwegnahme der großen eschatologischen Schar aus allen Nationen, Stämmen, Sprachen und Völkern (Offb 14,6)."*[79]

So Theologie studieren – wie geht das?

Das sind starke Aufschläge: Wilmer und Volf geben Hinweise auf eine tiefgreifende Neujustierung der Theologie. Sie setzt aufs Neue, wie jede theologische Erneuerung, beim eigenen Leben, bei der eigenen Leidenschaft eines Lebens mit Christus an – sie fragt nach der existenziellen Relevanz für das Leben der Welt – und sie folgt einer Leidenschaft für die Menschen von heute.

Gibt es denn, so ist hier zu fragen, Zugänge zu einer praktischen Verwirklichung dieses Weges? Schon lange bin ich auf der Suche nach einem solchen Weg. Und die anglikanischen Erfahrungen des

Mellitus-College[80], aber auch die Pionierausbildungen in Oxford[81] inspirieren ungeheuer und machen Mut. Gemeinsam mit Kolleg*innen aus verschiedenen Kirchen sind wir sehr entschlossen, diesem Weg zu folgen – nicht im Sinne einer Kopie, sondern im Versuch einer Inkulturation. Es zeigt sich, dass es einen Prozess braucht, der zum einen die existenzielle Dimension des Glaubens in den Mittelpunkt rückt, zum anderen sich aber auch neu daruf fokussiert, worum es bei der Vision des Evangeliums geht. Wie eine solche Theologie funktioniert und wie sie aus der Jüngerschaft wächst, das konnten wir in England beobachten.

Umso spannender war es, bei den Fribourger theologischen Studientagen gewissermaßen der „Grammatik" und „Architektur" dieser Idee nachzugehen. Graham Tomlin, einer der Väter des Mellitus-College und heute Bischof von Kensington, hielt einen spannenden Vortrag, der genau die „Innensicht" dieses Weges – ausgehend von den eigenen Erfahrungen – beleuchtete.[82]

Tomlins Ausgangspunkt gleicht den Analysen Volfs. Er zitiert: *„Something is wrong in mainline theological institutions. We can feel it, we can hear it, we can see it."*[83] Aus dieser Krise heraus will Tomlin neu zu den Basics zurückkehren. Und deswegen fragt er nach dem „telos", dem Ziel der theologischen Ausbildung, und reflektiert dabei die Praxis des Mellitus-College.

Denn was meint „telos"? Im Blick auf die Verwendung des Wortes im Epheserbrief wird schnell deutlich, dass die Gaben, die der auferstandene Herr gibt, und die für die apostolischen, prophetischen, pastoralen und lehrenden Dienste gegeben sind, dazu dienen sollen, dass das Volk Gottes zu einer Reife gelangt. Von daher ist klar: „Das ‚telos' theologischer Ausbildung ist es, die ‚teleiosis', die vollendete Reife des Gottesvolkes, der Kirche, zu ermöglichen."[84] Aber auch das, so Tomlin, ist ja kein Selbstzweck. Es geht um das Leben der Welt: *„Theological education, especially that which is focused on the church's ministers, enables the teleiosis of the church, which in turn enables the teleiosis of the whole creation."*[85] Insofern also die theologische Ausbildung die Reife der Kirche ermöglicht, kann diese als Zeichen und Werkzeug die Reifeprozess der Schöpfung ermöglichen. In diesem Dreischritt bewegt sich das Nachdenken Tomlins.

Und es wird, wie bei Volf, deutlich, dass es letztlich darum gehen muss, wie die Sendung des Evangeliums zu ihrer Vollendung kommen kann.

Nun ist Theologie und das Theologiestudium oft fragmentiert: Theorie und Praxis einerseits, die Vielfalt der theologischen Fächer und ihrer Differenzierungen andererseits machen es schwer. Hinzu kommt aber: auch hier hängt Studium und Existenz engstens zusammen:

„Dann ist nämlich ein fragmentierter Prozess der Ausbildung hoch problematisch. Ich schlage deswegen vor, dass es eines der vordringlichsten Ziele theologischer Ausbildung sein muss, den Studierenden zu ermöglichen, ihr Leben ganzheitlich und integriert zu leben – ein Leben, das ein verstreutes und geteiltes Selbst in Harmonie und Einheit bringt.“[86]

Tomlin beschreibt im folgenden Merkmale einer solchen Ausbildung, und er nennt zuerst „christliche Weisheit". Im Nachspüren biblischer Texte (Kol 1,28) heißt das: es geht darum, zu wissen, was zu tun ist und wie es möglich werden kann, dass die Kirche, das Volk Gottes zur Reife gelangt. Hier geht es nicht zuerst um Kenntnisse und Techniken, sondern um Grundhaltungen des Herzens und des Verstandes, die Zeugnis geben können für das, was heute nötig ist.[87] Das bedeutet vor allem drei Grundqualitäten: zunächst geht es um ein eigenes inneres Verstehen Gottes, das das eigene Leben durchdringt und zugleich reflektiert ist. Dann aber geht es auch um praktische Fähigkeiten, die auf dieses Ziel hinführen. Schließlich aber kann eine solche christliche Weisheit nur im Kontext einer lebendigen christlichen Gemeinschaft gelernt und eingeübt werden. Diese existenzielle Einbindung des Lebens ist zugleich auch die Herausforderung, in der eigenen Nachfolge Christi zu wachsen.[88]

Tomlin beschreibt hier, was ich selbst im Mellitus College erlebt habe. In der Tat ist dieser Ausbildungsweg genau auf diese Merkmale hin ausgerichtet. Immer geht es um eine ganzheitliche Integration des eigenen Lebens mit Christus Und so faltet Tomlin diesen Reifungsweg in vier Dimensionen aus. Natürlich geht es zunächst um eine neue Verbindung zwischen Theologie und praktischen Dienst. In der theologischen Ausbildung, wie sie im Mellitus College entwickelt wurde, gehört die Praxis in einer konkreten Gemeinschaft wesentlich zum theologischen Studium, sie ist kein angelegentliches Praktikum, auch nicht konsekutiv nach den Studien, sondern in einem Theorie-Praxis-Zirkel der Reflexion und des kreativen Ausprobierens. Aber das kann nicht funktionieren, denn: *„Theologie kann nur dann in uns Wurzeln schlagen, wenn sie in die Praxis umgesetzt wird."*[89] Damit ist klar, dass Theologie neu in der Kirche, im Leben des Volkes Gottes verankert werden muss. Tomlin beschreibt aus der Geschichte heraus die Theologie der Väter, aber auch die monastische Theologie als Vorbilder und Ursprünge dieses Weges – die Einrichtung abgetrennter Seminare bleibt hinter diesem Anspruch zurück. Auch universitäre Theologie, vor allem ihre Abgetrenntheit vom Leben des Volkes Gottes, verarmt beide.

Natürlich sind dann auch Gebet und Theologie miteinander zu verbinden. Das war es ja, was mich so nachhaltig in Mellitus beeindruckt hatte: die persönliche Tiefe des Gebets in Gemeinschaft.[90]

Schließlich fügt Tomlin noch die interessante Dimension einer „generous orthodoxy" bei. Es geht darum, die eigene Identität nicht in Abgrenzung zu beschreiben, sondern darum, „evangelisch und katholisch" zu sein.[91] Eine weitherzige Vielfalt der Zugänge zu lieben, einander zu bereichern und zu akzeptieren, gehört zu den großen Herausforderungen, aber auch den Konstitutiva einer postmodernen theologischen Ausbildung.

Dem ist nichts hinzuzufügen. Tomlins Überlegungen unterscheiden sich wohltuend von den dialektischen und populistischen theologischen Grabenkämpfen, die hierzulande zu gerne entstehen. Die Zeit, so zeigen diese Beiträge, ist reif für einen neuen Aufbruch auch der Theologie.

5. Mission neu verstehen – Die theologische Perspektive von Christoph Theobald

Leben zeugende Pastoral! So übersetzen wir hier in Deutschland einen neuen theologischen Ansatz, der aus Frankreich kommt. Bekannt geworden ist er durch Hadwig Müller und Reinhard Feiter, die uns diesen neuen Zugang in ihrem Buch „Frei geben" zugänglich gemacht haben.[92] Es ist schon bemerkenswert, dass die Beiträge dieses Buches aus dem Jahr 2012 schon eine fast zehnjährige Geschichte hatten, die noch länger zurückreicht, Schon zu Beginn des Jahrtausends beschreiben sie ein neues Paradigma.[93] Es löst die Idee des „proposer la foi" ab. „Den Glauben vorschlagen"[94] lebte immer noch aus der Annahme eines grundsätzlich christlichen Europa und war der Hinweis, dass in zunehmend säkularisierten Gesellschaften die mutige und demütige, aber eben auch sprechende Präsenz der Christen am besten der missionarischen Sendung entspricht.

Doch der Horizont des Nachdenkens hat sich verändert. Die praktischen und lebensnahen Erfahrungen in einer neuen gesellschaftlichen Situation haben zu einem tieferen Neubedenken geführt – und gleichzeitig deutlich gemacht, dass sich vor allem die Grundsituation geändert hat. Sie gilt es wahrzunehmen.

Dann wird aber auch deutlich, dass es nicht darum gehen kann, ein bisheriges Gefüge kirchlichen Lebens und ihrer Institutionen zu erhalten, denn auch dieses Gefüge und ihr „institutionelles Programm"[95] gehören zu einer christlich geprägten Gesellschaftformation, die es gar nicht mehr gibt – geben wird.

Was ist eigentlich „Pastoral"?

Sind solche Überlegungen letztlich die eigentliche Herausforderung an die Pastoraltheologie? Ja und Nein! Natürlich brauchen wir eine neue pastorale Theologie, aber zunächst ist erst einmal wahrzunehmen und zu reflektieren, in welcher Glaubenssituation wir Christen heute sind. Mit anderen Worten: einfach zu einem neuen pastoraltheologischen Paradigma wie einer „Pastoral d'engendrement" überzugehen, birgt die Gefahr, den vergangenen Horizont weiter für normativ zu erachten, und den pastoralen Ansatz der französischen Theologie als „Methode" zu mißverstehen und damit gar nicht zu verstehen.[96]

Und deswegen ist es mehr als sinnvoll, den Ursprung dieser Gedanken zu heben. Christoph Theobald, deutschstämmiger Jesuit aus Paris, vielleicht einer der brillantesten Theologen in Frankreich, hat intensiv die Situation der Kirche aus seiner dogmatischen Perspektive bedacht und einen neuen Denk- und Handlungsansatz vorgelegt.[97]

Dabei wird in jeder Zeile deutlich, dass Theobald aus eigener Erfahrung zum neuen Denken kommt. Es ist einfach beeindruckend: Im Hintergrund seiner Überlegungen stehen praktische Erfahrungen gemeinsamer Bibellektüre, gemeindlicher Erfahrungen in Südfrankreich. Man merkt: Die reale Situation der französischen Kirche ist der Ausgangspunkt seiner Theologie.[98]

Natürlich beschreibt Theobald „pastorales Handeln", aber seine ganze Theologie ist programmatisch geprägt vom „Prinzip der Pastoralität", das er in einem tiefen Durchblick als wertvolle Orientierung des II. Vatikanischen Konzils ins Licht rückt. Das „Procedere" theologischer Entdeckungen ist nicht mehr deduktiv: es gibt nicht eine Lehre, die dann auf alle Situationen zu applizieren wäre – das würde dazu führen, dass die kreative Begegnung des Evangeliums mit der jeweiligen Kultur immer nur ein Anwendungsfall einer zeitlosen Lehre wäre. Das II. Vatikanum weist einen anderen Weg:

„Die Pastoral ist nicht etwa eine sekundäre Applizierung einer immer feststehenden Lehre, sondern ist ein interner, konstitutiver Aspekt dieser Lehre selbst, da solche Lehre die Verkündigung als Beziehungsgeschehen zu regulieren hat."[99]

Konkret heißt dies: in einem vielfachen Beziehungsgeschehen des Hörens, Unterscheidens und gemeinsamen Vorangehens versucht das Volk Gottes, die eigene Zukunft zu entdecken. In jeder Generation, in jeder Kultur will und muss das Evangelium neu Gestalt werden: „Die Identität des Christentums ist eine historische, die zwar hinsichtlich der göttlichen Offenbarung ‚ein für alle Mal' gegeben ist – so Dei Verbum 4 – aber gleichzeitig so mit ihren kulturellen Bedingungen verbunden ist, dass sie in jeder neuen Situation neu entdeckt, neu formuliert und neu durchdacht werden muss."[100]

Und klar ist dann auch: Ein solches prozedurales Verständnis führt dazu, dass die Verkündigung und damit auch die Gestalt des Christentums jeweils je neu „angepasst" werden will. Theobald formuliert dicht:

„Das Hin und Her, der Weg vom Wort zum Menschen und von den Menschen zum Wort, das – wie Gaudium et spes 11 zeigt – eine stän-

dige Unterscheidung der Zeichen der Zeit nötig macht, ist es, was das Konzil ‚Pastoralität' nennt."[101]

So entsteht eine immer neue, je angepasste Verkündigung und damit *„…ein jeweils kontextgebundenes und deshalb prozessuales Glaubensverständnis, das sich am Brennpunkt des Evangeliums und der menschlichen Erfahrung (wie es in Gaudium et spes 46 heißt) – in jeder neuen Situation (kairòs) und an jedem neuen Ort (topos) wiederum neu bewähren muss."* [102]

Europa und das Christentum: eine neue Situation

Theobald diagnostiziert knapp und scharf: *„Müssen wir als Katholiken und Theologen – um zunächst nur von uns zu reden – nicht ein neues Verhältnis zu unserem Kontinent finden? Als Menschen in einem ‚Land', das wir zwar gerne bewohnen, das uns aber nicht als Christen gehört? Ein Missionsland eher, in dem wir – wie die ersten Christen – für unseren Glauben um Gastfreundschaft werben müssen? Geht es doch darum, Herzen zu gewinnen und freie Mitbürger davon zu überzeugen, dass im Glauben an das Evangelium ungeahnte Lebenskraft verborgen ist."*[103]

Will sagen: Eine bestimmte, historisch gewachsene Konstellation hat sich vollkommen verändert, und Europa steht vor einer „Auflösung oder Metamorphose" (Edgar Morin) und scheint keine leidenschaftlichen Kräfte des Aufbruchs mobilisieren zu können. Vor allem für das Christentum ist dies eine Herausforderung. Es findet sich eben in einer neuen Situation wieder: es geht nicht darum, ein bestimmtes System zu erhalten, es geht nicht darum, Volkskirchlichkeit weiterzuführen, oder sie wiederherzustellen. Und deswegen müssen Überlegungen jeweils scheitern, die ein „wieder" enthalten: wieder die Leute erreichen, wieder evangelisieren, wiedergewinnen. Darum kann es nicht gehen.

Theobald diagnostiziert zu Recht, dass der christliche Glaube in Europa sich losgelöst hat von der Kultur und in einer schweren Glaubwürdigkeitskrise steckt: die Verkündigung hat den Alltag der Menschen aus dem Blick verloren und der gemeinsame Sockel abendländischer Grundwerte ist verschwunden: man kann an dem „Alten" und „Selbstverständlichen" nicht mehr anknüpfen.

In dieser Perspektive sind die Christgläubigen eine echte Minderheit geworden. Und was für die Weltkirche insgesamt gilt, ist nun auch Normalität in Europa: Die Kirche lebt in der Diaspora. Und damit in einem Deutungsrisiko: in der gewöhnlichen volkskirchlichen Perspektive gilt „Diaspora" als defizitäre Minderheitensituation weniger Bekennender, die eigentlich aufzuheben wäre. Und zugleich riskiert die Diaspora einen ghettohaften Rückzug. Das lässt sich heute durchaus beobachten: die starke Fixierung auf eine liturgischsakramentale Sphäre einerseits und die verstärkte Suche nach fixierbaren Katechismuswahrheiten sind die Rückseite eines chronischen Erfahrungsdefizits des Glaubens.

Aber was ist, wenn „Diaspora" eine heilsgeschichtliche Situation beschreibt, die uns eher ganz neu fragen lässt, wie wir heute Glauben und Kirche leben und verkündigen mitten in einer Welt, die Christus und den christlichen Glauben nie kennengelernt hat? Diaspora wird – so Theobald – dann ganz unbefangen zu einer missionarischen Situation, die der Zeit der ersten Christgläubigen ähnelt: den Glauben gilt es neu einzutragen in das Europa von heute, neu eine Kontextualisierung zu wagen, die mutig und demütig zugleich auftritt.

Hier gilt es dann, von Jesus Christus selbst zu lernen: von seiner spezifischen Weise, Menschen zu begegnen. Theobald spricht hier von Gastfreundschaft. In seinem ganz und gar auf echte Begegnung ausgerichteten Lebensstil schafft Jesus einen „Freiheitsraum" und „schenkt gleichzeitig denen, die ihm begegnen, allein durch seine Anwesenheit und seine Gegenwart wohltuende Nähe"[104]: wohltuend, weil sich für jedermann und auch für die Jünger*innen in diesen Situationen neu erschließt, wer er /sie selbst ist. Dieser neue Lebensraum erlaubt diesen Menschen, ihre eigene Singularität zu entdecken, die bereits in der Tiefe ihrer Existenz verborgen da ist und sich nun plötzlich, in der Begegnung mit dem Mann aus Nazareth, als Glaubensakt artikuliert. Hat sich solches ereignet, können sie ihre Wege gehen.[105]

Was heißt Glauben – Ein ursprünglicher Blick auf die Mission

Wer also heute das Evangelium neu verkünden will, steht in der Geschichte Jesus von Nazareths, steht in der Geschichte der ersten Jünger*innen, die von ihm gesandt sind. Aber dann steht er/sie auch in der Grundhaltung und Grundperspektive Jesu den Menschen gegenüber und versucht, mit ihnen in eine fruchtbare Begegnung zu treten: es geht darum, jenen heiligen Raum der Gastfreundschaft zu eröffnen, in dem der/die Andere sich selbst entdeckt. Und zugleich wird diese Begegnung zu einer staunenswerten Entdeckungsreise. Theobald formuliert brillant:

„Die geistliche Grundvoraussetzung von Mission ist nicht nur die individuelle und kollektive Lern- und Reformfähigkeit, sondern zuallererst das ‚Staunen‘: das Erstaunen Jesu im Lukasevangelium, in seiner Begegnung mit dem Hauptmann von Kafarnaum. ‚Nicht einmal in Israel habe ich einen solchen Glauben gefunden.‘ (Lk 7,9)"[106]

Damit wird ein Grundanliegen Theobalds deutlich, dass sich ihm aus seinen existenziellen Begegnungen erschließt.[107] Ihm ist staunend deutlich geworden, dass „Glauben" zunächst und vor allem ein Grundakt menschlichen Seins ist:

„Jeder Mensch lebt dank seines elementaren Vertrauensvorschusses ... Es handelt sich um einen zum Leben notwendigen Akt, der jedoch nie endgültig vorliegt, sondern bei bestimmten Gelegenheiten und Ereignissen neu, ja ganz neu aktiviert werden muss; es sind immer andere, die diesen Akt in uns erzeugen, ohne allerdings diesen Lebensakt an unserer Stelle setzen zu können: ‚meine Tochter, mein Sohn, Dein Glaube hat dich gerettet‘, lautet der Zuspruch Jesu."[108]

Dieser Grundakt des Menschseins ist es, den Jesus immer wieder „ins Leben kommen läßt" in den Begegnungen, die er mit Menschen hat, die er heilt und aufrichtet, indem er ihnen ermöglicht, ihren Glauben neu zu aktivieren. Diese „Heilung" ist, so wird ja in den Evangelien deutlich, kein wundertätiges Wirken, sondern das Wunder und die Machtfülle Jesu besteht gerade darin, dass der blinde Bartimäus, die blutflüssige Frau und der Gelähmte ihren Glauben an das Leben neu finden – elementares Vertrauen neu investieren.

Theobald spricht hier vom Glauben des „Jedermann", als einer ursprünglichen Grundkonstante, die jeder und jede zum Leben braucht.
Und die ursprüngliche Sendung des Evangeliums und so auch der
Kirche besteht genau darin, Menschen diesen Horizont in Begegnungen zu ermöglichen, die Freiräume der Selbstwerdung sind: „In der
Nachfolge des Jesus von Nazareth sollte sich auch die Kirche umsonst für den Glauben jedermanns interessierten, ob er nun Jünger
Jesu wird oder nie der Kirche angehören wird. Mission kann dann,
in einem ersten Schritt mit Gastfreundschaft identifiziert werden."[109]
„Umsonst" ist hier das Stichwort, in dessen französischen Ursprung
– „gratuit" – die gnadenhafte Absichtslosigkeit aufstrahlt. Wir leben
so gewissermaßen neu die Erfahrung Jesu und der ersten Christen:
viele Menschen begegnen Jesus nur einmal, werden berührt und in
die eigene Tiefe geführt durch die Intensität freier Begegnung – und
sie werden bleibende Sympathisanten, ohne je Jünger*innen zu werden.

Und dieser Schritt ist dann aber nichts weiter als eine tiefe Um-
kehrung des schon beschriebenen Ursprungs des Glaubens. Hier
wendet sich der Blick auf den ermöglichenden Ursprung: „Das Geheimnis zieht mich an, schafft in mir Vertrauen und erlaubt es mir
– in meiner Verwundbarkeit – in Wahrheit ‚ich' zu sagen."[110] Auf diesem Weg wird der Mensch Jünger*in:

*„Die Jünger entdecken, dass ‚das', was sie in der Gegenwart Jesu
‚belebt', jeweils aus der Tiefe ihrer eigenen Existenz auftaucht und so
von ‚Gott' kommt; dem Gott – so kann ich nun umgekehrt formulieren
– der will, dass sein Evangelium gleichzeitig von diesem Nazarener
Jesus stammt und im Inneren derjenigen, die ihm begegnen, als solches
anerkannt wird und Gestalt annimmt."*[111]

Und dieses Geschehen kann etwa Paulus in seinen Briefen immer wieder nur überschwänglich lobpreisen. Es ist eine Gnade, die
nicht „gratis", sondern auch unerwartet ist: „Darum danken wir Gott
unablässig dafür, dass ihr das Wort Gottes, das ihr durch unsere Verkündigung empfangen habt, nicht als Menschenwort, sondern – was
es in Wahrheit ist – als Gottes Wort angenommen habt; und jetzt
ist es in euch, den Glaubenden, wirksam" (1 Thess 2,13). Theobald
bezieht sich immer wieder auf diese gelungene Formulierung, auch

weil seine eigene Erfahrung eines existenziellen Umgangs mit der Schrift sich darin widerspiegelt. Immer dann, wenn Christgläubige oder Zeitgenoss*innen das Evangelium und die heiligen Schriften so lesen, dass sich dann die eigenen Geschichten entschlüsseln, das Leben neu innerlich durchstrahlt wird und Verwandlung beginnt, beginnt ja zugleich ein Prozess des Christwerdens, der Jüngerschaft, als einem nach vorne offenen Abenteuer. Aber das Entscheidende ist ja, dass der Glaube jedes Einzelnen neu in den Mittelpunkt rückt und das Wort der Schrift heute lebenswirksam wird.

Die mystische Mitte des Christentums

Das aber setzt voraus, dass Christgläubige – Menschen also, die von der Umkehr des Glaubens geprägt sind – auch eine neue Sichtweise einnehmen:

„Der in der Diaspora lebende Christ ... nimmt die geistliche Situation seiner Zeitgenossen erst dann richtig wahr, wenn er diese aus seiner unerhörten, durch Christus eröffneten Erfahrung der Intimität Gottes betrachtet, die in ihm auch die Sehnsucht wachruft, das, was er tagtäglich erfährt, mit ,jedermann' zu teilen und das vor allem beim anderen in einer jeweils unerwarteten Gestalt zu erspüren."[112]

So wird klar, dass diese Sichtweise erwächst aus einer tiefen Erfahrung des Ursprungs des christlichen Geheimnisses. Denn, so Theobald:

„Alles hängt davon ab, ob der Christ eine solche ,mystische' Erfahrung macht und ob diese im kirchlichen Leben und in den Gemeinden ermöglicht und von ihren getragen hat ... Jesus bringt uns nicht nur vor Gottes Angesicht wie das die Propheten der Bibel und die des Koran unternommen haben – er gibt uns ,Zugang' zu Gottes abgrundtiefer Intimität, da er sie bereits selbst bewohnt. Hier liegt das alleinige Spezifikum des Christentum."[113]

Theobald führt uns hier, aus theologischer Sicht, auf eine Spur, die sich im Abschreiten der Zeichen der Zeit schon zeigte.[114] Die immer mehr aufscheinende „Architektur" der Begegnung, die sich im Werden neuer Organisationen zeigt, in der neuen partizipativen und radikalen Gleichwürdigkeit neuer Sozialformen, verweist biblisch auf die für Jesus konstitutive Gastfreundschaft freigebender Begegnung. Sie ist ihrerseits gegründet in Gott selbst. Und hier wird deutlich, dass die Gegenwart Gottes im Heute sich zeigt als Beziehungsraum der Gastfreundschaft. Sie ist „heilig", weil es eben nicht nur darum geht, dass Menschen sich für den Anderen öffnen, sondern um jene besondere offene Begegnung, deren Kraft – die Kraft des Geistes – den Anderen und mich selbst verwandelt und zu meiner Reife und Fülle führt.

Mystik ist also hier nicht ein verinnerlichender Rückzug, sondern eine geradezu gegenläufige Bewegung: hin zum Anderen, um mit dem Anderen die Fülle des Lebens zu erfahren. Evangelisierung und missionarisches Handeln heißt dann heute nichts anderes, als diesen Begegnungsraum zu schaffen.[115] Mystik ist Herausgehen in die Begegnung mit dem Anderen, und sie beinhaltet eine neue Lebensweise und einen neuen Blick auf die Zeitgenossen. Sie glaubt an die Möglichkeit Tiefe erschließender Begegnung in Freiheit.[116]

Ekklesiogenesis – Kirche wird

Damit aber ist klar: Es geht um eine andere Mystik. Und insofern sie eine Mystik der Begegnung ist, werden die Christgläubigen von morgen nicht nur Mystiker sein, sondern er und sie werden als solche „hinausgehen."[117]

Theobald stimmt hier ein in den großen Strom anglikanischer Theologie, die ja immer von einer „Mission shaped church" – einer Kirche, die ihre Gestalt gewinnt aus der Sendung – spricht:

„Die Kirche wird sozusagen von ihrer Mission her definiert.. Nur wenn sie missionarisch ,aus sich herausgeht'... realisiert sie sich als Kirche ,plenu actu praesens' – im Akt vollen gegenwärtig Werdens."[118]

Kirche heute, in der Zeit postmoderner Diaspora, ist im Werden. Sie liegt nicht einfach vor, ist schon da und müsste sich dann um Mission bemühen. Es ist genau andersherum.[119] Dort, wo Christgläubige, aus der Erfahrung ihres Hineingenommenseins in die Begegnung mit dem auferstandenen Herrn, sich auf den Weg machen, die Menschen von heute in den gastfreundlichen Raum der Begegnung einzuladen, dort kann Kirche werden: Die Versammlung der Christgläubigen darf und will so ein Begegnungs- und Beziehungs-geschehen in der Welt – genauer ein Ort heiliger Gastfreundschaft sein.

Kern und Stern einer solchen Perspektive ist für Theobald die Charismenlehre des Paulus. Es geht – in der Logik heiliger Gast-freundschaft – dabei eben nicht darum, Menschen und ihre Gaben von vornherein in Funktionen oder Dienste zu vereinnahmen, son-dern geradezu umgekehrt: der Raum der Gastfreundschaft ist ab-sichtslos. Er ermöglicht das Werden und Bewußtwerden des Näch-sten, auf dass er seinen Weg, seine Sendung leben kann.[120]

Damit wird dann auch deutlich, was Ekklesiogenesis, neues Wer-den der Kirche in Gründerzeiten, eigentlich meint:

„Die zu stellende Frage ist, ob die tatsächlich einzubringende ‚Ern-te' – die vom Geist einer Gemeinde oder einer Gesellschaft geschenk-ten Charismen und die zeichenhafte Heilung und Integration der Letzten – überhaupt gesehen wird, aus welchem Blickwinkel sie wahr-genommen wird … Es geht hier jeweils um die pastorale Fähigkeit, sich in ‚Ereignisse' hineinziehen zu lassen, die sich eben dann produzieren, wenn ‚Ernte' also solche wahrgenommen wird …"[121]

Kirche werden – das ist deshalb ein wundervolles und gnaden-haftes Geschehen einer Geburt.[122] Wenn also in der französischen pa-storalen Theologie von einer „pastorale d'engendrement" gesprochen wird, dann geht es immer darum:

„Kirche ‚entsteht' dort von neuem, wo ‚Glaube' erzeugt wird – in signifikanten Begegnungen, in denen das reine Interesse am immer be-drohten ‚Glauben' des Anderen an den Sinne seines Lebens der Raum wird, wo dieser Andere Christus entdecken kann."[123]

Der eigene mystisch-spirituelle Blick muss *„dafür geschärft wer-den, was in den einer Gemeinde, einer Gruppe, einer Lokalkirche ge-schenkten Charismen oder auch in den Ärmsten und Ausgeschlossenen an tatsächlichem Zukunftspotential [vorhanden ist,] und wie dies un-ter der diskreten Führung des heiligen Geistes zusammenfinden und in neuen, sowohl gemeinschaftlichen wie auf die Gesellschaft hin offenen kirchlichen Glaubensformen konvergieren kann."*[124]

Dieser begeisternde Ansatz Theobalds ist ein Schlüssel für die Zukunft. Er eröffnet eine ungeahnte Freiheit, eine ungeahnte gnadenhafte Ohnmacht und verweist auf zukünftige Entwicklungshorizonte, die sich im Konzert und in Konsonanz mit unseren bisherigen Überlegungen erschließen.

Es kommt darauf an, diesen Weg mutig weiterzudenken und von hier aus die eigene Tradition neu zu gewinnen. Das soll im Folgenden geschehen.

IV. ZUKUNFT ZU DENKEN WAGEN – EINE VORSICHTIG MUTIGE RELECTURE GROSSER TRADITIONEN

Was folgt aus all dem? Wenn es nicht darum geht, Systemerhalt zu denken – und es doch irgendwie zugleich darum zu gehen scheint. Welche Denkwege wollen in den Blick genommen und diskutiert werden?

1. Sakramental? Mystisch? – Versuche zu einem neuen Kirchenverständnis

Radikal partizipativ, synodal und vom Evangelium her lebend, leidenschaftlich die Sendung Christi im Blick – so sehnen wir uns nach der Kirche. Und das hat einen einzigen Grund: das ist die Sehnsucht, die in unser Herz hineingelegt ist, das ist der Traum des Lebens. Es gibt keinen anderen Grund, zur Kirche gehören zu wollen.

Und es gibt auch keinen anderen Grund, an ihr zu leiden. Das tun viele – an ihren Strukturen, an ihren Geschichten des Machtmissbrauchs, an ihrer Struktursklerose, an den veralteten pastoralen Paradigmen, an ihrer Binnenfixierung.

Doch wohin führt uns die Kirchenentwicklung, in der Achtsamkeit für die Zeichen der Zeit, im achtsamen Hinhören auf das Evangelium und – wichtig – in den zahlreichen geistgewirkten Aufbrüchen der Gegenwart?

Darum geht es hier. Deutlicher als zuvor möchte ich hier „die Kirche auf den Kopf stellen", die mangelorientierte Fixierung verlassen, die Strukturneurotik hinter mir lassen – und noch einmal tiefer hinschauen auf das Hervorkommen eines neuen Paradigmas. Und dann – ja darum geht es auch – versuchen, die Konsequenzen auch struktureller Art zu ziehen. Aber genau in dieser Reihenfolge. Denn wer die Grundausrichtung beschreiben kann, wer die Ausrichtung beschreiben kann – wird dann auch sagen können, welche Konsequenzen zu ziehen sind.

Überraschungen

Die Erfahrungen und Impulse, die im I. Teil dieses Buches beschrieben wurden, nahmen ihren Ausgang nicht von Neuaufbrüchen in der Kirche. Eigentlich im Gegenteil: Soziologie, systemische Unternehmensberatung, Regisseure, Psycholog*innen, Entrepreneure – die Vielfalt könnte beliebig erweitert werden. Und dennoch stellte sich hier eine Resonanz ein, die überraschend ist.

Ich habe den Eindruck, dass die genialen Gedankengänge, die ich mitverfolgen darf, eine „Mitte" umkreisen, die ihrerseits auch die Mitte des Evangeliums, die Mitte der Offenbarung besser ins Wort bringt als innertheologische Sprachspiele. Und dass auch hier mit Frische und Energie die eigene große Tradition neu gesagt werden kann, in einer Sprache, die möglicherweise nicht zu fachspezifisch ist, sondern der Sehnsucht nach einer Gleichwürdigkeit im Denken entsprechen kann: sie ist erfahrungsgesättigt – und sie ist geistgesättigte Lebenswirklichkeit.

Mich durchfuhr es, als ich Uwe Lübbermann zuhörte: die radikale Partizipationsanmutung, die radikale Konsentkultur weckten geradezu Neid. Wie kann es sein, dass hier eine zweifellos charismatische Gründerpersönlichkeit einen Weg wagt, der doch der Mitte des Evangeliums mehr entspricht, als die mehr schlecht als rechten synodalen Versuche kirchlicher Provenienz? Welche Grunderfahrung macht es eigentlich möglich, dass er sich auf dieses radikale Menschenbild und das radikale Vertrauen in die Gutheit des Menschen einlässt?

Nicht nur ich war geplättet, als wir Mechthild Reinhard erzählen hörten: sie sprach von einem „Feuer", das die gemeinsame Orientierung aller subsidiär selbständigen Einheiten prägt und sie so zur Entfaltung eines Ganzen führt. Und was ist eigentlich die innere Mitte des Resonanzdenkens, das Hartmut Rosa so eindringlich beschreiben kann? Wenn er – in seiner neuen Veröffentlichung – zum Thema von der „Unverfügbarkeit" redet, dann drängt sich hier auf, theologisch an diesem Gedanken weiter zu denken: ist nicht die Rede von der Unverfügbarkeit ein Thema der christlichen Rede von der Gnade?

Die Mitte

„Wo zwei oder drei in meinem Namen versammelt sind, da bin ich mitten unter ihnen" (Mt 18,20) – diese Spitzenaussage christlichen Selbstverständnisses kann anknüpfen an diese Überraschungen, die immer unverfügbare Überraschung bleiben. Ich denke an die Geschichte der Emmausjünger, die ja exemplarisch das Geheimnis der Gegenwart des Auferstandenen beschreiben: eine Gegenwart, die genau auslöst, was – geheimnisvoll und doch so konkret – von den Protagonist*innen beschrieben wird.

Wenn man dem Evangelium, den Briefen und Schriften des Neuen Testaments folgt, zeigt sich eben deutlich, dass auch hier – in ganz anderer Weise – die Jünger*innen Jesu getroffen haben und verwandelt waren von der Erfahrung einer Wirklichkeit, die ihr bisheriges Denken überstieg und doch zugleich erfüllte.

Die Erfahrung des Auferstandenen, die Nähe der Gegenwart Gottes, die Fülle des Geistes, der die Beziehungen veränderte und eine neue soziale wie personale Wirklichkeit hervorkommen ließ – sie ist das innerste Geheimnis des Christentums, und zugleich das innerste Geheimnis dessen, was wir Erlösung nennen: eine Erlösung und Befreiung der Beziehungen der Menschen untereinander, auf dass wahre Gerechtigkeit, Friede und Freude da sein kann.

Wenn also Paulus vom „Leib" (z.B. 1 Kor 12) spricht, wenn er im Galaterbrief davon spricht, dass alle in dieser Wirklichkeit „einer in Christus" (Gal 3,28) sind, wenn er im Kolosserbrief davon spricht, dass sich hier das Geheimnis zeigt, dass seit ewigen Zeiten verborgen, nun aber offenbar sei – dann geht es immer darum, dass offensichtlich erfahrbar und erlebbar wird, was Menschen in ihrem tiefsten Sein ausmacht: die Gegenwart des Geistes Gottes macht eine Existenz wirklich, in der Unterschiedliche, Unähnliche, Milieugetrennte sich als Brüder und Schwester erfahren und so leben können. Die scheinbar „idealisierten" Beschreibungen der Apostelgeschichte geben dann nichts anderes wieder, als jene überraschende und unverfügbare Verwirklichung jenes Geschehen des Miteinanders, das „Licht der Welt" und „Salz der Erde" ist – mithin Ankommen jener Wirklichkeit, die Jesus selbst „Reich Gottes" nennt.

Spiritualität und Mystik – Zugänge

Es ist schon mehr als spannend, dass gerade die Protagonist*innen der gesellschaftlich-sozialen Aufbrüche, die wir beleuchtet haben, sich nicht scheuen, im Zusammenhang ihrer Entdeckungen von Spiritualität und Mystik (etwa bei Richard Rohr) zu sprechen, in einer derart natürlichen Weise, dass es schon wieder erschüttert. Genau hier wird deutlich, dass offensichtlich ein Zugang zur gelebten Wirklichkeit zugleich Horizonte einer Tiefe eröffnet, die umgekehrt, aus christlicher Sicht, sehr oft unterboten werden.

Und das hängt natürlich damit zusammen, dass über lange Zeit christliche Spiritualität und auch die Mystik so stark abgehoben waren von der alltäglichen Wirklichkeit, dass es zur Ausbildung einer inneren Welt kam, die privat und intim geschützt wurde – aber damit auch weltlos zu werden drohte.

Aber sowohl die Aufbrüche einer christlichen Spiritualität unserer Zeit, von Richard Rohr bis hin zu Christian Herwartz, von Chiara Lubich bis Madeleine Debrel, bezeugen einen neuen Zugang zur Mystik: es geht hier nicht mehr um Abgetrenntes, sondern um die Entdeckung der Welt und ihrer tiefgegründeten Beziehungsdynamik, die auch eine neue Art des gleichwürdigen Miteinanders aller Menschen in den Blick rückt: die Gegenwart des göttlichen Geistes befreit zu einem neuen Sehen der Wirklichkeit als einem beziehungsreichen und beziehungsdynamischen Miteinander, das letztlich alle Menschen betrifft, das verwandelnd und erneuernd wirken kann. Mystik meint in diesem Kontext nicht eine weltabgewandte Kontemplation und innerliche Abkehr von der Welt, sondern genau das Gegenteil: das Eintreten in die Welt, die sich zeigt als geistvolle Beziehungswelt, die gelebt werden will.

Die Kirchenlehre des II. Vatikanums beschreibt genau dies als den inneren Kern und als die innerste Identität der Kirche, und wenn zu Beginn des 21. Jahrhundert Papst Johannes Paul II. von einer notwendenden „Spiritualität in Gemeinschaft" sprach, dann war diese prophetischen Ansage der Kirche der Hinweis auf eine neue Form des Zugangs zum Christsein:

„*Spiritualität der Gemeinschaft bedeutet vor allem, den Blick des Herzens auf das Geheimnis der Dreifaltigkeit zu lenken, das in uns wohnt und dessen Licht auch auf dem Angesicht der Brüder und Schwestern im Glauben neben uns wahrgenommen werden muss. Spiritualität der Gemeinschaft bedeutet zudem die Fähigkeit, den Bruder und die Schwester im Glauben in der tiefen Einheit des mystischen Leibes zu erkennen, d.h. es geht um ‚einen, der zu mir gehört', damit ich seine Freuden und seine Leiden teilen, seine Wünsche erahnen und mich seiner Bedürfnisse annehmen und ihm schließlich echte, tiefe Freundschaft anbieten kann. Spiritualität der Gemeinschaft ist auch die Fähigkeit, vor allem das Positive im anderen zu sehen, um es als Gottesgeschenk anzunehmen, und zu schätzen: nicht nur ein Geschenk für den anderen, der es direkt empfangen hat, sondern auch ein ‚Geschenk für mich'. Spiritualität der Gemeinschaft heißt schließlich, dem Bruder ‚Platz machen' können, indem ‚einer des anderen Last trägt' (Gal 6,2) und den egoistischen Versuchungen widersteht, die uns dauernd bedrohen und Rivalität, Karrierismus, Misstrauen und Eifersüchteleien erzeugen.*" (NMI Nr. 43)

Papst Franziskus spricht dies in seinen programmatischen Schreiben Evangelii Gaudium weiter an:

„*Heute, da die Netze und die Mittel menschlicher Kommunikation unglaubliche Entwicklungen erreicht haben, spüren wir die Herausforderung, die „Mystik" zu entdecken und weiterzugeben, die darin liegt, zusammen zu leben, uns unter die anderen zu mischen, einander zu begegnen, uns in den Armen zu halten, uns anzulehnen, teilzuhaben an dieser etwas chaotischen Menge, die sich in eine wahre Erfahrung von Geschwisterlichkeit verwandeln kann, in eine solidarische Karawane, in eine heilige Wallfahrt ...*" (EG 83). Und er führt es weiter: Es hat konkrete Konsequenzen, wenn aus dieser Perspektive heraus die ganze Schöpfung in dieses Licht gerät.

Dieser Zugang zur mystischen Wirklichkeit der Welt führt zu einer „Ökologie", zu einem Leben im gemeinsamen Haus der Schöpfung, wenn gilt: „Nicht, weil die begrenzten Dinge der Welt wirklich göttlich wären, sondern weil der Mystiker die innige Verbindung erfährt, die zwischen Gott und allen Wesen besteht, und so empfindet: Alle Dinge – das ist Gott. Wenn er die Größe eines Berges bestaunt, kann er ihn nicht von Gott trennen und nimmt wahr, dass dieses innere Staunen, das er erlebt, auf den Herrn bezogen werden muss.

„Die Gebirge haben Höhenzüge, sind reichhaltig, weit, schön, reizvoll, blumenübersät und dufterfüllt. Diese Gebirge – das ist mein Geliebter für mich. Die abgelegenen Täler sind ruhig, lieblich, kühl, schattig, voll süßer Gewässer; mit der Vielfalt ihres Baumbewuchses und dem zarten Gesang der Vögel verschaffen sie dem Reich der Sinne tiefe Erholung und Wonne und bieten in ihrer Einsamkeit und Stille Erfrischung und Ruhe. Diese Täler – das ist mein Geliebter für mich." (LS 234).

Kirche als Zeichen und Werkzeug

„Christus ist das Licht der Völker. Darum ist es der dringende Wunsch dieser im Heiligen Geist versammelten Heiligen Synode, alle Menschen durch seine Herrlichkeit, die auf dem Antlitz der Kirche widerscheint, zu erleuchten, indem sie das Evangelium allen Geschöpfen verkündet (vgl. Mk 16,15). Die Kirche ist ja in Christus gleichsam das Sakrament, das heißt Zeichen und Werkzeug für die innigste Vereinigung mit Gott wie für die Einheit der ganzen Menschheit." (LG 1)

Das ist eine bekannte Formulierung des II. Vatikanums, einer der Spitzensätze des kirchlichen Selbstverständnisses. Es erscheint herausfordernd und neu im Blick auf die bisherigen Überlegungen. Denn Kirche, so könnte man sagen, erscheint als sie selbst nur dort glaubwürdig, wo diese Dynamik und Mystik der Beziehungen gelebt werden. Dann wird nämlich deutlich, dass hier etwas aufleuchtet, was im Grunde erlöste Wirklichkeit der Welt mitten in den Herausforderungen der Unerlöstheit und der Ambivalenz menschlichen Lebens ist. Dort aber, wo dies geschenkhaft gelebt wird, geschieht – nach außen offen und nicht vereinnahmbar – Verwirklichung des Evangeliums. Dort wird allen Menschen zuteil, was ihnen schon zuteil ist: die Einheit als Beziehungsgefüge der Liebe – die eigentliche Wirklichkeit dieser Welt.

Es ist spannend zu erleben, dass an dieser Stelle wir Christen Lernende sind. Es macht – wir haben es im ersten Zwischenspiel gesehen – deutlich, dass die Erfahrungen der Prophet*innen, der Mystiker*innen wie etwa Mechthild Reinhard oder Hartmut Rosa die Identität des Evangeliums neu formulieren helfen. Und zugleich sind sie mehr als herausfordernd: denn sie machen deutlich, wie weit die Konsequenzen für die eigene Erneuerung gehen müssen.

Denn wenn radikale Partizipation und das Prinzip der Gleichwürdigkeit, die entschiedene Resonanzorientierung und die Erfahrung selbstorganisierter kleiner Gemeinschaften, die einerseits die Talente und Gaben jeder einzelnen Person ins Leben bringen und andererseits zum Werden einer menschenwürdigen Welt wirksam beitragen, wenn dies alles prophetisch und charismatisch mitten im Heute aufscheint, wird es Zeit, Kirche in diesem Sinne neu zu verstehen, zu gestalten und zu leben. Das Evangelium kommt hier als Impuls von außen, um die eigene Tradition der innersten Mitte des Reiches Gottes und der Kirche neu zu verstehen und zu leben.

2. Hierarchie und Struktur: nichts als Verantwortung für den Ursprung

Es war P. Zulehner, der mir diesen Horizont aufgerissen hatte: In einem Vortrag zitierte er ein unbekanntes Buch des amerikanischen Organisationsforschers Martin F. Saarinen,[125] der den Lebenszyklus von kirchlichen Organisationen skizzierte: Der Anfang wird durch eine Vision gesetzt, um die sich eine Gemeinschaft bildet. Die Gemeinschaft reift – es entstehen Programme, und schließlich entsteht eine Administration. So kommt die Gemeinschaft zu ihrem Höhepunkt. Danach geht's abwärts. Die Vision kommt abhanden, Programme werden eingestampft – in dieser Zeit, so Saarinen, feiert man Jubiläen. Schließlich löst sich die Gemeinschaft auf. Aber was bleibt, das ist – bis zum Ende – die Administration. Dieser Zyklus kann sich natürlich immer wieder erneuern, mit neuen Visionen – aber auch mit neuen Strukturen?

Und wie heilig sind diese Strukturen? Wie unveränderbar? Dies wird ja häufig suggeriert – gerade im Blick auf die Kirche. Vielleicht muss man unterscheiden lernen, zwischen gewachsenen und meist an gesellschaftliche Paradigmen angepasste Strukturen und der „Sache" selbst. Und wieder die Frage: was braucht es eigentlich wirklich an Strukturen? Welche sind „wesentlich"?

Geld für den Selbsterhalt?

Szenenwechsel 2019: im Urlaub besuche ich die fantastische Stadt Split. Ein alter Jupitertempel im großartigen Ensemble des diokletianischen Palastes wurde in der frühen Christianisierung zum Baptisterium, das bis heute erhalten ist. Ich schaue in das Taufbecken – und ich sehe … Geld. Als magische Spende, als Verwechselung mit dem Trevibrunnen? Aber ich erinnere mich zu sehr an die Diskussionen, die wir in den vergangenen Jahrzehnten in unserem Bistum führten. In der Tat, seit dem Jahr 2003, in dem unser Bistum vor der „Insolvenz" stand, stehen Finanzprojektionen im Vordergrund. Apokalyptische Szenarien erfüllten sich nie, aber umgekehrt muss man wirklich stolz sein auf die Arbeit der Fachleute, die eine finanzielle Stabilisierung des Bistums erarbeitet haben. Chapeau! Dennoch – all dies geschah vor einem Hintergrundbild. Es ging tendenziell und immer wieder um den Selbsterhalt der Organisation der Kirche. Na klar, dahinter steckt auch eine Vision. Natürlich. Aber diese Zukunftsvision erschöpft sich darin, kleiner zu werden – als Organisation, aber vor allem geht es darum, die Handlungsfähigkeit im Rahmen des gewachsenen Strukturgefüges zu erhalten. Und ja, natürlich geht es darum, die Sendung des Evangeliums weiterzubringen – aber das wird wie von selbst verknüpft mit dem volkskirchlichen Zusammenhang, der seit 60 Jahren in Auflösungserscheinungen steckt – ein Klimawandel größten Ausmaßes.

Und deswegen höre ich auch in diesem Jahr die Echos eines alljährlichen Rituals: die Zahl der Kirchenaustritte ist besorgniserregend (Langendörfer), was kann man bloß dagegen tun? Und wer hat Schuld, wenn mehr Katholiken als Protestanten austreten? Und was ist, wenn die Kirchensteuern sinken? Die Freiburger Universität macht daraus ein Geschäft. Professor Raffelhüschen wird durch die Diözesen gereicht wie ein Prophet: im Jahr 2060 wird Deutschland halb so viel Christgläubige haben – im Jahr 2050 werden sich die Einkünfte durch Kirchensteuer halbiert haben. Was kann man da machen? Eigentlich nur zwei Dinge: die Taufquote erhöhen, die Austrittsquote verringern. Und das könnte man doch hinkriegen! Mit mehr Öffentlichkeitsarbeit, besserer Qualität der Taufen, Messen etc. Und vor allem: durch relevante Beziehungen und einen relevanten Glauben ... Und ja: wenn endlich die Hauptberuflichen mehr Hausbesuche machen, dann wird bestimmt alles besser.[126]

Geht's noch? Es geht immer noch! Das Interesse am Selbsterhalt wirkt zuweilen wie ein ambivalenter Tanz um das goldene Kalb. Ist es wirklich so, dass wir Kirche in klassisch gewachsenen Gemeinden für eine Grundnorm des Evangeliums erachten? Geht es wirklich darum, die bisherigen Strukturen zu optimieren, dass sie noch bis 2070 halten? Wird Gleichberechtigung in der Ämterfrage die Kirche in die neue Zeit bringen? Wieviel Schuldzuweisungspopulismus wollen wir noch pflegen? Wieviel abschätzig lächelnde Theologie brauchen wir noch?

Es geht um mehr! Aber vielleicht wird das erst erkennbar, wenn es bestimmt so nicht mehr weitergeht, wie wir es zur Zeit noch locker schaffen! Die grundlegende Idee wird vielleicht erst dann deutlich, wenn vieles zusammengebrochen ist – und dies aber nicht zum Untergang der Sendungsgemeinschaft des Evangeliums geführt hat. Wieviel ist zeitgebunden – und vor allem: mit welcher Grundidee sind wir unterwegs?

Andere Fragestellungen

Wenn es nicht mehr darum geht, sich selbst zu erhalten – wenn das Interesse überhaupt nicht mehr darin besteht, ein System zu erhalten, eine Struktur, eine Gestalt, weil es darum nie gehen kann, dann stellen sich ja dennoch Fragen. Kann man eigentlich sinnvoll, und wenn ja: wie, über Hierarchie und Ämterstrukturen sprechen? Welche Strukturen sind eigentlich wesentlich? Und könnte es gelingen, solche Grundstrukturen loszulösen von den Bildern, die sich scheinbar unlöslich mit diesen Grundbegriffen verbunden haben? Genau das möchte ich versuchen!

Denn das Bild der letzten Jahrhunderte (vielleicht seit Konstantin, vielleicht seit dem Sündenfall) belastet extrem. Und das umso mehr, als es immer noch alltägliches Lebensgefühl ist: es geht um Macht, es geht um oben-unten; es geht um Profis und Laien, es geht um Hirt und Herde, es geht um Hierarchien, die unhinterfragbar sind und die sich hinter heiligen Texten verbergen.

Aber die Vision ist ja eine andere. Das Evangelium eröffnet einen Raum der Gleichwürdigkeit, das Reich Gottes verheißt Gerechtigkeit, Freude und Frieden im Heiligen Geist. Und Jesus Christus selbst ist sehr sensibel für Machtstrukturen, die sich schon bei seinen Aposteln einschlichen: „Bei euch soll es nicht so sein ...".

In den kleinen Zeitdiagnosen, die wir mit Frederic Laloux und Stefan Merath vertiefen konnten, wurde deutlich, dass es notwendig, aber nicht einfach ist, andere Leitungsverständnisse zu eröffnen. Und die Sensibilität dafür ist wachsend – und ja, das muss man sagen, hier wirkt sicher Gottes Geist.

Aber dann stellen sich die Fragen ja erst Recht. Wenn man die Geschichte der Kirche für die Zukunft schreiben will, von diesem Entwicklungshorizont aus, in welchen Horizont rückt dann – jenseits der ungeeigneten Bilder- und Erfahrungswelten – die Idee von Hierarchie und amtlichen Strukturen? Und was braucht es – vom Evangelium aus gelesen – davon für die Zukunft?

Hüter*innen des Ursprungs?

Hierarchie hatte und hat nur diesen Sinn: und das steckt im Wort, das eben nichts von heiliger Herrschaft hat, wenn man es von der eingefrästen Bilderwelt löst. Es geht um den heiligen Anfang, und hier trifft sich die urchristliche Erfahrung mit den Überlegungen von Saarinen. Denn der Ursprung jeder Gemeinschaft hat mit einer Vision zu tun – und diese Vision ist vom Evangelium her das Reich Gottes, eine Wirklichkeit, die immer schon zugegen ist, geschenkt und erlösend und befreiend zu uns gekommen:

„Jetzt freue ich mich in den Leiden, die ich für euch ertrage. Ich ergänze in meinem irdischen Leben, was an den Bedrängnissen Christi noch fehlt an seinem Leib, der die Kirche ist. Ihr Diener bin ich geworden gemäß dem Heilsplan Gottes, um an euch das Wort Gottes zu erfüllen. Er ist jenes Geheimnis, das seit ewigen Zeiten und Generationen verborgen war – jetzt aber seinen Heiligen offenbart wurde. Ihnen wollte Gott kundtun, was der Reichtum der Herrlichkeit dieses Geheimnisses unter den Völkern ist: Christus ist unter euch, die Hoffnung auf Herrlichkeit" (Kol 1,24–28).

Paulus bezeichnet sich als „Diener", und hier taucht das Wort auf, dass durch die lebendige und weiterhin gegenwärtige Bildergeschichte ein heftiges Kopfkino ermöglicht. Wie oft ist der Dienst nur ein ideologisches Wort für Herrschaft. Das ist wahrzunehmen. Aber dennoch muss es ja nicht zwingend so sein. In der Rede vom Dienst steckt eine Unausweichlichkeit und letztlich auch eine Ohnmacht. Paulus will ja gar nicht herrschen und kann es nicht: aber er sieht sich „gefangen" von der Grundwirklichkeit, die ihn ergriffen hat – es ist seine persönliche Unausweichlichkeit, seine persönliche Berufung, dieser Wirklichkeit um jeden Preis zu dienen, denn sie ist das Evangelium:

„Obwohl ich also von niemandem abhängig bin, habe ich mich für alle zum Sklaven gemacht, um möglichst viele zu gewinnen. Den Juden bin ich ein Jude geworden, um Juden zu gewinnen; denen, die unter dem Gesetz stehen, bin ich, obgleich ich nicht unter dem Gesetz stehe, einer unter dem Gesetz geworden, um die zu gewinnen, die unter dem Gesetz stehen. Den Gesetzlosen bin ich sozusagen ein Gesetzloser geworden – nicht als ein Gesetzloser vor Gott, sondern gebunden an das Gesetz Christi –, um die Gesetzlosen zu gewinnen. Den Schwachen bin ich ein Schwacher geworden, um die Schwachen zu gewinnen. Allen bin ich alles geworden, um auf jeden Fall einige zu retten. Alles aber tue ich um des Evangeliums willen, um an seiner Verheißung teilzuhaben." (1 Kor 9,21–24).

Wer die Geschichte der Apostel mitgeht, dem wird auffallen, wie wenig es hier um Macht geht, zumal sie sich – seit der Emmauserfahrung – dem Geheimnis ausgesetzt sahen, einerseits mitten in der Gegenwart des Auferstandenen mitgeführt zu werden, ausgesetzt einem Geheimnis, das sie immer über ihre Grenzen führte. Und wenn die Apostel in Apostelgeschichte 6 betonen, sie wollten beim Dienst am Wort und bei den Gebeten bleiben, dann geht es zum einen darum, in dieser Gegenwart des Ursprungs zu bleiben – zum anderen weist die Art und Weise der Lösung der Leitungsfragen wie auch die Erfahrungen des Apostelkonzils auf „Grundstrukturen" hin, die allerdings immer nur einen Grund haben: den Ursprung zu halten und gemeinsam zu entdecken, was es heute heißt, aus diesem Ursprung zu leben.

Von daher würde sich auch neu erschließen, was Apostolizität und apostolische Sukzession eigentlich bedeuten können: auch hier geht es dann nicht darum, eine Machstruktur zu erhalten, sondern es geht schlicht darum, den Ursprung zu hüten und ihn in der jeweiligen Gegenwart als Ur-Sprung zu erhalten: als Raum der Gegenwart des Auferstandenen, in dem die Wirklichkeit sich erschließen kann als Traum der Menschlichkeit, die die ganze Welt betreffen soll.

Dann könnte auch einsichtiger werden, wie dieser Hüter*innendienst verknüpft ist mit dem Dienst an den Sakramenten – und was eigentlich in diesem Sinn „Ordination" heißen muss. Dies gilt es zu entfalten.

3. Himmel – Herrgott – Sakrament: vom Geschenk des Himmels immer neu ergriffen werden

Nein, es war schrecklich. Ich erinnere mich heute noch – an die Vorlesungen über die Sakramente. In Rom hatten wir den sagenumwobenen Karl Josef Becker SJ, der uns die Grundvorlesung zu den Sakramenten bot. Alles war richtig – aber damals verstand ich nicht, was es mit unserem Leben als Kirche zu tun hatte. Denn wir studierten die Geschichte des Verständnis der Sakramente im Blick auf das Konzil, das sich intensiv mit Sakramenten befasst hatte: das Konzil von Trient, das – ja! – unsere Praxis und Erfahrung bis heute wesentlich prägt.

Und natürlich war der Anlass polemisch: es ging um die Protestanten und ihre „falsche" Sakramentenlehre und deswegen musste das Konzil neu lehren, was Sakramente sind.

Dass es sieben sind, zum Beispiel, und das verstand man dann in Zukunft so, dass es keine anderen gäbe. Dass es wichtig ist, dass diese Sakramente gültig sind: und also fiel der Fokus auf die notwendigen Bedingungen der Gültigkeit: da muss ein Priester sein, da muss die richtige Materie sein, und die richtigen Worte müssen ausgesprochen werden. Da geht es darum, dass es eine Transsubstantion der Elemente von Brot und Wein gibt – wer das glaubt, ist katholisch. Die Protestanten glauben das ja nicht ... Und natürlich: das Evangelium, das Wort Gottes, ist kein Sakrament ...

Die Folgen kann man bis heute besichtigen und erleiden. Aber interessant ist es ja, dass gerade die Ökumene mit der Orthodoxie, mit den protestantischen Kirchen, aber auch die liturgischen Erneuerungsbewegungen und vor allem die theologische Erneuerung durch die Theologie der Väter ja gerade eine erneuerte Sicht auf Sakramente warfen[127] und im II. Vatikanum zu einer Erneuerung dieses Verstehens führten, die sich – 70 Jahre später – immer noch nicht durchgesetzt hat.

Schwere Folgen

Die Folgen dieser Nichtrezeption sind weitreichend: Hauptsache, die Messe wird gefeiert; Hauptsache einer macht's. Hauptsache, der Priester tritt auf. Hauptsache, es wird gepredigt. Entscheidend ist nicht, wie die Gemeinschaft mitfeiert – denn es geht ja um eine Messpflicht. Auf diese Weise konnte man Kommunionkurse und Firmkurse über Generationen durchziehen, ohne dass geklärt werden musste, worum es eigentlich geht – und Ersatzkatechismus wurde unterrichtet. Und vor allem: das passte zu einer Kirche, die Machtstrukturen entfaltete: die Messe in Latein war unverständlich für alle anderen – und der Priester kontrollierte die Teilnahme an der Sonntagspflicht. Mit den Sakramenten war jetzt Macht verbunden. Nicht Gottes Macht, sondern die seiner Diener, die die Macht Gottes bewachen zu müssen meinten.

Und die Folgen sind schrecklich: aus dem Sakrament der Versöhnung wurde zuweilen ein Verhör (und manchmal viel Schlimmeres), die Ehevorbereitung wird zum Ort, an dem Priester ihre Rechtgläubigkeit demonstrieren; wiederverheiratete Geschiedene fühlen sich ausgeschlossen – trotz anders lautender lehramtlicher Aussagen. Und Eltern, Jugendliche und Kinder fiebern bei den Kursen der Erstkommunion oder Firmvorbereitung auf den Moment, in denen die Bedingungen des Kurses formuliert werden (all das gibt es evangelisch auch!). Und ja – dann gehe ich in die Sakristei, um die Messvertretung zu feiern – und da fragt die Sakristanin: „Wie hätten sie es gern? Jeder macht es hier anders ..."

Natürlich ist das nicht überall so. Und ganz gewiss gibt es auch einfühlsame Gespräche und wunderbare Trauliturgien. Und das ist großartig. Aber genau hier ist nachzuforschen. Denn genauso wahr ist, dass es einen anderen Zugang zu den Sakramenten braucht.

Ein anderer Zugang

Das spannende Zuhören auf die Zeichen der Zeit und der Versuch, Aufbrüche der Kirche genau wahrzunehmen, haben zu einem neuen und „inneren", einem „mystischen" Verstehen der Kirche geführt: Ja, es wurde deutlich, dass „Kirche" sich nicht anders verstehen lässt als ein großes Geschenk der fühlbaren, der erfahrbaren Gegenwart des „Himmels" mitten in unserer Welt – einer Gegenwart, die verbindet und gleichzeitig mit Energieströmen ausstattet, die in die Welt über alle Grenzen hinausreichen. Es geht um die Entdeckung einer unverfügbaren Wirklichkeit.

Und diese ist ein Geschenk. Und wir haben dann sehr intensiv gefragt, wie diese Wirklichkeit zu fassen ist, um die letztlich alles kreist. Sie ist ja der einzige Grund, dass Menschen sich auf das Christsein einlassen, und auf die Erfahrung des Kircheseins. Denn diese Erfahrung löst immense Resonanz aus, ist offensichtlich tief im Herzen des Menschen, von Anfang an.

Und die Sakramente? Die Grundfrage in diesem Zusammenhang ist doch, wie sich diese unverfügbare Wirklichkeit des Himmels, der Resonanz, der Gegenwart Gottes immer wieder neu schenkt, wenn doch – das ist klar – sie kurze Haltbarkeitsdaten kennt: die Gegenwart Gottes ist ja immer nur im Jetzt erfahrbar.

Wir werden darüber im Kontext der Notwendigkeit von Ordination und Priesterweihe nachdenken, denn das hat auch Konsequenzen, gerade im Kontext der Frage nach Hierarchie und Struktur. Es geht ja – bei all dem – immer nur darum, dass sich das unverfügbare Geschenk der Gegenwart Gottes ereignet, das die Gemeinschaft der Kirche ja zuallererst lebendig werden lässt, und dieses Geheimnis wirklich ins Leben bringt.

Das Leben feiern

„Sakramente sind Selbstvollzug der Kirche" – ein theologischer Lehrer, der mir 2014 an der Gregoriana einen neuen Zugang zu den Sakramenten schenkte, öffnete mir den Blick für eine Erfahrung, die ich in den vergangenen Jahren immer wieder erleben durfte. In der Tat: Dort, wo Liturgien gefeiert werden, die von vielen mitgetragen werden, an denen Menschen innerlich beteiligt sein können, in denen die rituellen Zeichen und Handlungen mitgefeiert werden, dort „geschieht" das Geheimnis der Gemeinschaft, der Gottesgegenwart, der Kirche. Und – das ist das Spannende –, das spüren alle und bringen es dann zum Ausdruck. Das ist deswegen nicht verwunderlich, weil es die ersehnte Grundwirklichkeit des Menschen anrührt: verbunden zu sein und sich entfalten können; in Beziehungen sein, die freisetzen, weil sie Liebe sind; Energie spüren, aus der wir leben können mit anderen.

Ob es Beerdigungen sind, ob es gelungene Erfahrungen von Segensfeiern sind, Martinsumzüge, Weihnachtsfeiern, gelungene Firmungen und Eheschließungen: „Wenn das Kirche wäre, wenn es immer so wäre …", das höre ich dann, und es spricht eine Grundsehnsucht aus, die hinausreicht über die Frage, ob man einer Institution angehören mag, Kirchensteuer zahlt …

Sakramente neu verstehen

Es mag ja sein, dass die Kirche im Tridentinischen Konzil jene sieben Sakramente beschrieben hat, die in der Erfahrung der Christgläubigen und dem Nachdenken über diese Erfahrungen (so müsste man Theologie beschreiben können) jene Vollzüge und Handlungen sind, in denen die unverfügbare und heilende Gegenwart der Einheit und des Friedens, des Reiches Gottes erfahrbar wurde. Und klar, in diesen Feiern kann das gewiss erfahrbar werden. Und in diesem Sinne halte ich die Rede von den Sakramenten für eine inklusive Rede, und eben nicht exklusiv: nicht nur da, wo wir sie feiern, geschieht das Ereignis der Offenbarung der tiefsten Wirklichkeit unseres Seins, aber eben da in bewusster Dichte.

Aber – und das ist hier zu ergänzen – nicht auf dem Horizont, der sich seit Trient als Strukturkarikatur der Sakramente durchsetzte: es geht um mehr. Es geht um die Feier einer Gemeinschaft, das gemeinsame Beten, das Teilen des Lebens, das gemeinsame Hören, das gemeinsame Fürbitten, das Teilen der Gaben – und in diesem Feiern geschieht Verwandlung, „Transsubstantion".

Denn ja. Auch das hatte Trient ja reduziert: natürlich geht es bei der Eucharistiefeier – der dichtesten Vollzugsgestalt dieser Dynamik („Quelle und Höhepunkt des gesamten kirchlichen Lebens", sagt die Theologie und hat auch recht), um die Verwandlung der Gestalten von Brot und Wein, aber das hatte nur ein Ziel: es geht immer – immer! – um die Verwandlung derer, die in dieser Feier sind: um die Gemeinschaft der Unähnlichen, um die Gegenwart des Auferstandenen und die Kraft, die darin steckt.

Das Wort und der Segen

Was sich also in einer so gelebten und gefeierten Eucharistiefeier als „Sakrament" zeigt, ist ein Vollzug, der mich und uns verwandelt, begeistert, erneuert, eint. Aber dann – und das ist wichtig – spielt sich das eben nicht nur in eucharistischen Feiern ab.

Ich erfahre das in vielen liturgischen Feiern, und vor allem dann, wenn wir – im Geist Gottes verbunden – das Evangelium miteinander teilen: die vielfältigen Formen bilden kleine Liturgien, die genau die gleiche sakramentale Grunderfahrung machen lassen. Und wie oft habe ich erlebt, dass Segensfeiern, ja einfache und kontextuelle Liturgien, Wallfahrten oder – für mich zutiefst passend – die Psalmengottesdienste in Taizé genau diese sakramentale Dimension in sich bergen.

Der Kontext ist der Schlüssel

Liturgische Feiern – hochoffizielle wie kontextuelle – sind sakramental, weil sich in ihrem Vollziehen genau der Himmel ereignen kann, genau die Unverfügbarkeit und Resonanz des Miteinanders, das Feuer der Sendung, die ja das Ziel der Wege Gottes mit uns Menschen sind.

Aber genau der Zugangsweg ist der Schlüssel. Und hier geht es immer um den Kontext. Ich erinnere mich an Messen, die mich schaudern ließen: was immer hier auch gemacht, zelebriert wurde, es war ohne Kontext: keiner sang mit, keiner war „da" – es war alles richtig und alles falsch. Und ich erinnere mich an Schülergottesdienste, die objektiv Messen waren, aber die Schüler*innen keinen echten Zugang hatten – außer dass sie die Stunde irgendwie mitmachten.

Das ist genau das Problem. Wir denken immer noch tridentinisch. Aber es geht um das tiefste Geheimnis unserer Wirklichkeit, das sich in liturgischen Vollzügen ereignen will. Und natürlich kann ich die äußeren Koordinaten beschreiben, aber habe damit noch nichts geschenkt bekommen.

Worum es vielmehr gehen muss: wie können liturgische Feiern so dem Kontext der Menschen, die sie feiern, entsprechen, dass sie das Geheimnis des Lebens feiern und von ihm ergriffen werden, damit es für sie Höhepunkt und Quelle, Quelle und Höhepunkt sein kann? Sakramente also sind jene Vollzüge der Gemeinschaft, in denen sich das ereignet. Die Kirche spricht auch gerne von Sakramenten und Sakramentalien, sie spricht von liturgischen Feiern, von Volksfrömmigkeit. Man kann – mit Recht – so unterscheiden. Das nimmt aber nichts davon, dass in all diesen Vollzügen sich die Fülle dieses Geschenks ereignen kann – unverfügbar ersehnt und erlebt.

4. Weg mit den Verschwurbelungen – Kirchliche Berufung neu verstehen

„Eine Berufung haben" – wie oft bin ich in den vergangenen Jahrzehnten mit diesem Thema, auch als Regens, konfrontiert worden: junge Männer erzählten mir, warum sie Priester werden wollten.

Und in der Tat war es nicht einfach: Wie soll man eine Berufung feststellen, oder auch nicht feststellen, wenn man den Menschen, der vor einem sitzt, gar nicht kennt? Bestenfalls gelingt in einem ersten Gespräch ein Hinschauen auf die menschliche Grundwirklichkeit von Kandidaten – und auf seine Authentizität.

Und in der Tat – dieses erste Gespräch, bei dem schon mehr als 60% der Kandidaten kein „Go" bekamen, ist erst der Anfang gewesen. Denn natürlich gab es weitere Phasen des Assessment: in manchen Diözesen gibt es weitere Gesprächszusammenhänge: einzeln, in Gemeinschaft und mit Psychologen – allerdings wird einfach nicht transparent, was genau denn die Berufung zum ordinierten Dienst ist, welche Kriterien dafür transparent gesetzt werden.

Das ist eine weitere Herausforderung, die sich dann durch das System der Priesterausbildung zieht: in den Priesterseminaren soll ja diese Berufung wachsen und reifen. Aber nur in den seltensten Fällen geschieht dies wirklich ...

Gravierende Problemstellungen

Es ist mehr als verwunderlich, wie ratlos und visionsbefreit über die Ausbildung der Priesteramtskandidaten diskutiert wird. Ein wenig wirkt das Ganze wie ein Spiegel der Systemdiskussionen der letzten Jahre, die die gesamte Kirche in Deutschland (und nicht nur dort) betreffen. Ich erinnere mich an Diskussionen um die Frage, wie groß ein Seminar sein muss, damit es eine sinnvolle Ausbildungsgestalt haben könnte. Ich erinnere mich an Diskussionen, die in keiner Weise qualitative Perspektiven der Priesterausbildung in den Blick rückten – sie galten als gesetzt. Dabei hinkte das Gefüge bereits an allen Enden. Die Dynamik des Miteinanders in den Seminaren führte oft zu einer binnenorientierten Perspektive: die Frage nach richtig und falsch, nach liturgischer Korrektheit, nach der Orthodoxie wurden zu dogmatischen Streitarenen, die mit der Zukunft der Kirche nichts zu tun hatten. Stattdessen stand die akademische Theologie irgendwie weit weg von einer echten kirchlichen Praxis, Zusammenhänge wurden nicht erkennbar – und entsprechend ging es häufig darum, die akademischen Lasten zu überstehen.

Noch viel schlimmer: Die Praktika waren abgekoppelt vom systematischen Nachdenken der Theologen, der Zusammenhang zwischen der Praxis des Volkes Gottes und der akademischen Theologie nicht erkennbar.

Weiterhin: Immer mehr musste man sich fragen, wer sich eigentlich für die Ausbildung verantwortlich zeichnet. Denn tatsächlich war und ist keine orientierende Linie zu erkennen zwischen der diözesanen Entwicklung, der Perspektive des Seminars, der akademischen Orientierung vielfältiger Kirchlichkeit und der digitalen Dimension: Wie viele Seminaristen werden geprägt durch vor allem konservative YouTube Videos und Informationskanäle?

Ich erinnere mich an meine eigene Ausbildung, die in die 8oer Jahre zurückreicht. Damals sagte ein weiser Spiritual (es war Pater Willi Lambert SJ) im Germanicum: „Alles, was sie in der Ausbildung machen, gilt später „x1000". Das war schon damals ein prophetisches Wort. Schon damals fragte ich mich wie heute, ob die Art und Weise des Miteinanders im Seminar tatsächlich Berufungen reifen lassen kann. Denn es gibt in den Seminaren keine gemeinsame Leitperspektive von Verantwortlichen und Auszubildenden.

Ein befreundeter Regens formulierte das bissig: „Der Regens ist der natürliche Feind des Seminaristen". Damit war die Perspektive deutlich. Es gab und gibt ein Machtgefälle, das nicht transparent ist. Nach welchen gemeinsam vereinbarten und überprüfbaren Kriterien wird die Kirchlichkeit und der missionarisch-pastorale Impetus des Seminaristen in den Blick genommen? Blieb und bleibt nicht die Sorge, man würde sehr subjektiv beurteilt? Führt das nicht zum Versteckspiel?

Ein letzter Akzent in diesem schwierigen Horizont: wie groß auch immer eine Kommunität ist – es geht nicht um die Frage ihrer Größe, sondern um die Qualität der Gemeinschaft und das Zeugnis einer Gemeinschaft. Und hier muss man deutlich sagen, dass die negativen Kontrolldynamiken und die Art von Gemeinschaft in keiner Weise korrigiert wurden. Das Zusammensein einer Seminaristengemeinschaft wäre eine Chance, etwas von der Grundwirklichkeit des Miteinanders zu lernen, von der die Zeichen der Zeit nicht nur heute (s.o.) sprechen. Aber ganz ehrlich: davon lässt sich wenig in Seminaren erleben. Im Gegenteil. Angesichts dieser gravierenden Problemstellungen kann die Frage nach der Größe von Kommunitäten nur als nebensächlich gelten. Es stellen sich Grundfragen, die gerade auch das System der Seminarausbildung als gescheitert erkennen lassen. Ohne die Beantwortung dieser Grundfragen lässt sich auch die Ausbildungsfrage nicht mehr angemessen beantworten.

Berufungen neu denken!

Dass jemand – Frau oder Mann, verheiratet oder nicht – zum Menschsein gerufen ist, dass er oder sie einen Anruf Christi erfahren hat, auf den er oder sie antwortet und sich auf den Weg des Christwerdens macht, das ist ein persönlicher Weg, eine persönliche Berufung, die – in jedem Fall – auch eine begleitende Gemeinschaft von Personen braucht. Und diese zutiefst persönliche Berufung kann niemand „von außen" abweisen. Hier gilt, dass diese Berufung das Wesen der Person betrifft, ihr innerstes Geheimnis.

Das gilt aber so nicht für kirchliche Berufungen. Sehr deutlich wird dies im Kontext der Liturgie der Priesterweihe. Ich erinnere mich sehr gut an ein verblüffendes Gespräch mit einem Kirchenrechtler. Wir sprachen über die Berufungsfrage. Da sagte er – so nüchtern können es nur Kirchenrechtler: „Eine Priesterberufung ist dann eine Berufung, wenn der Bischof den Kandidaten in der Liturgie der Priesterweihe zum Priester erwählt …" Ich musste schlucken und nachdenken.

Nicht so oft, aber doch ziemlich oft, habe ich diesen Vorgang erlebt: Zunächst wird der Kandidat aufgerufen, dann tritt er – mit Bereitschaftserklärung – nach vorn. Darauf folgt eine entscheidende Frage:
„Glaubst du, dass er würdig ist?" – *„Das Volk und die Verantwortlichen wurden befragt – und ich bezeuge, dass diese ihn für würdig halten – Mit Gottes Hilfe erwählen wir (!) diesen Mitbruder zum Priester".*
Dieser kleine und zugleich große Dialog verlangt einiges Nachdenken: denn zum einen wird deutlich, dass offensichtlich die Frage nach der Echtheit der Berufung in den Dienst von anderen, und vor allem vom Volk, bezeugt werden muss. Und die Frage heißt dann ja: Wie kann das Volk Gottes eine solche Würdigkeit der Berufung verifizieren? Und zum anderen ist die Rolle des Bischofs intensiv

zu bedenken. Das „Wir" ist kein Plural majestatis: Er wird hier zum Sprecher des Volkes.

Da dies aber kein formaler Akt ist, sondern liturgisches Handeln und so immer Ausdruck des Selbstverständnisses der Kirche, die sich in diesem Handeln vollzieht, stellt sich ganz entscheidend die Frage, wie dann also ein Zeugnis für die Authentizität und Würdigkeit des Berufenen entsteht.

Vom Volk Gottes her denken

Eine „kirchliche" Berufung ist keine „klerikale" Berufung. Es geht immer um die Frage, wie im Lebenskontext der Gemeinschaft der Kirche Berufungen geschehen und entdeckt werden können. Wer „Kirchlichkeit" mit der Institution, der Struktur, den Ämtern verwechselt, der wird hier also in die Irre geführt. Das allerdings ist leicht möglich angesichts einer Praxis, die genau dies scheinbar in den Vordergrund rückt.

Wie könnte es denn anders gemeint sein? Die Erfahrungen des Mellitus College in London und des komplexen Auswahl- und Assessmentverfahrens der anglikanischen Kirche haben mich sehr überzeugt (s.o.). Daraus ergäben sich einige wichtige Konsequenzen. Vor allem und zunächst sind die Kriterien einer kirchlichen Berufung von vornherein transparent. Auf der Website der anglikanischen Kirche lässt sich nachlesen, welches diese Kriterien sind.[128]

Deutlich wird dabei, dass die Kriterien von vornherein eine klar missionarische und partizipativ-innovative Kirchenvision in sich tragen. Durch die Vielfalt der Kriterien und die vielen Unterfragen wird hier sichtbar, welches kirchliche Hintergrundbild, welche leitende Vision prägend ist. Damit wird schon eines deutlich: kirchliche Berufungen können nicht erwachsen aus einer abstrakten Kirchlichkeit oder einer sterilen dogmatischen Ekklesiologie – sie sind immer eingebunden in die aktuelle Sendungsorientierung der Kirche von heute.

In diesem Sinne von Berufung zu sprechen, macht also nur Sinn, wenn es nicht einfach um eine spirituelle Intimität und deren Überprüfung geht. Vielmehr geht es um ein vielpolig ausgelegtes Geschehen. Natürlich muss ein*e Kandidat*in, auch selbst spüren können, dass ein kirchlicher Dienst „mein Ding" ist, mein Weg – aber das reicht nicht aus. Berufung im kirchlichen Sinn ist nur konstitutiv ein persönliches Geschehen. Es ist vielmehr eingebunden in eine konkrete Kirche und in eine konkrete Zeit: wenn in der katholischen Kirche deswegen von „Inkardination" gesprochen wird, ist genau damit jene konkrete Einbindung in ein bestimmtes Volk Gottes an einem bestimmten Ort in einer bestimmten Zeit mit einer bestimmten Vision gemeint – abstrakte Berufungen unabhängig von Ort und Zeit sind eine ideologische Konstruktion. Und man kann sich nicht auf Kirchlichkeit berufen, wenn man nur eine zeitlose Kirchlichkeit und Orthodoxie meinen sollte.

Deswegen scheint es mir entscheidend, dass im Kontext der anglikanischen Kriterien nie nur gefragt wird, ob jemand sich berufen fühle – sondern vor allem auch, ob die Gemeinschaft, aus der er/sie stammt und in der er/sie lebt und bekannt ist, dies auch so sieht. Und deswegen finde ich es so bemerkenswert, dass der Vorgang des „Assessment" für mögliche kirchliche Berufungen (ordinandi) sich über einen Zeitraum von 18 Monaten erstreckt: zunächst in der eigenen lokalen Gemeinschaft, dann auf der Ebene der Ortskirche, schließlich gemeinsam auf der Ebene der Kirche von England. Diese inkulturierte und visionsorientierte Perspektive scheint mir wesentlich, wenn wir in Zukunft sinnvolle Reifeprozesse kirchlicher Berufungen anzielen.

Ausbildungen neu denken

Was würde das konkret für die Ausbildungswege kirchlicher Berufungen bedeuten? Zweifellos sind auch hier die Herausforderungen groß. Und das liegt ganz deutlich daran, dass es hier eine mutige Revolution braucht, um sinnvolle neue Wege zu gehen. In einer hochinstitutionalisierten Kirche wie der in Deutschland und im deutschsprachigen Raum provozieren solche Überlegungen allerdings.

Rufen

Zunächst und vor allem stellt sich hier die Frage, wie denn überhaupt ein Berufungsgeschehen zu denken und zu gestalten ist. Der bisherige Weg orientierte sich an der nicht haltbaren These, dass kirchliche Berufungen vor allem persönliche Berufungen Einzelner seien. Es braucht hier eine grundlegendere Überlegung. Zum einen stellt sich die Frage, wie in einer postmodernen Kirchenformation Orte gemeinschaftlichen Lebens gefunden werden können, wo in einem Miteinander die Potentiale von Menschen sich entfalten können und ein Raum des Rufens entstehen kann.

Eine „Praxis des Rufens" setzt Räume gelebten Lebens, des Sich-Kennens, des Miteinander-Wachsens voraus. Ich erinnere mich hier gerne an ähnlich klingende Erfahrungen aus Bonn, Poitiers und Afrika. Besonders hat mich das Gespräch mit einem Priester aus Tansania beeindruckt. Er erzählte, wie in seiner Ortpfarrei, die sehr viele ländliche Gemeinden umfasst, Katechist*innen gefunden werden. „Ich selbst kümmere mich nicht um die Berufungen. Die Leute vor Ort „kennen" einander und kennen so auch mögliche Kandidat*innen für den Dienst der Katechist*innen. Sie unterstützen auch die ganze Familie, bis zu drei Jahre, damit diese ausgebildet werden können". Ich erinnere mich auch an die Erfahrung aus Poitiers. Im Nachdenken darüber, wer in der lokalen Gemeinde in einem Stadtteil Poitiers' Verantwortung übernehmen könnte, fiel der Blick der Anwohner*innen auf den eben pensionierten Stadtdirektor. Der konnte sich zunächst nicht vorstellen, einen solchen Dienst zu tun – bis ihn andere mit ins Team holten und begleiteten ...

Ganz ähnliches zeigte sich auch in Bonn[129], als der Pfarrgemeinderat im Blick auf das Team lokaler Verantwortungsträger einen Hotelier anfragte, „rief". Der war völlig überrascht, aber es geschah genau das, was ein solches Rufen ausmacht: er fing an zu weinen, weil er damit überhaupt nicht rechnen konnte, und fühlte sich tiefer gefragt, tiefer gerufen – und musste sich neu fragen, welches sein Weg vor Gott sein könnte.

Diese kleinen Hinweise machen deutlich: es braucht den Mut zum Rufen, aber das wird nur in Kontexten gelingen, wo man sich kennt. Eine der größten Herausforderungen besteht nun darin, eine Kultur des Rufens zu entwickeln. Denn nach meinem Empfinden sind in Verbänden und Gemeinschaften, manchmal auch in Gemeinden solche Räume des Rufens gegeben. Nur. Wer ruft? Welche Gemeinschaft hat gelernt zu rufen? Mein Eindruck ist, dass es in

Verbänden, bei Ministranten, in Schulen, an den Universitäten viele Gelegenheiten gäbe. Allein – es fehlen Rufende, es fehlt eine Kultur des Rufens.

Räume des Rufens

Nun wäre in unserem Kontext auch neu zu fragen, wie etwa in Jüngerschulen, Summerschools oder Pilgertouren für engagierte Christgläubige, für junge Erwachsene, für geeignete Menschen ein Raum des Rufens gestaltet werden könnte. Denn nur dort, wo ein Raum der Resonanz entsteht (Rosa), in dem Talente und Begabungen sichtbar werden und Persönlichkeit und Leidenschaft sich entwickeln kann (Reinhard), wird „Rufen" möglich. Das setzt aber auch auf dieser Ebene eine Kultur des Rufens voraus: ein echtes Interesse an der persönlichen Entwicklung von Menschen, eine Begabung und Freiheit zum Rufen – Menschen, die rufen können.

Dazu braucht es aber dringend eine gemeinsam verständigte Kriteriologie der Eignung, wie sie etwa in der anglikanischen Kirche vorliegt. Und hier wird deutlich, dass wir neu ernstnehmen müssen, dass Kirchenentwicklung und Berufungspastoral engstens zusammenhängen. Denn noch einmal ist zu sagen und zu unterstreichen: Es gibt keine abstrakten Berufungen, sondern das Rufen hängt eng mit der konkreten Sendung in einem konkreten Kulturraum zusammen.[130]

Berufung bewahrheiten: Ausbildung und Studium vernetzen

Ich möchte hier in Frage stellen, ob tatsächlich ein akademisches Studium und eine Ausbildungsdauer von bis zu 8 Jahren dem pastoralen und kirchlichen Dienst angemessen sind. Ich halte die Idee eines pastoralen Bachelorstudiengangs für sinnvoll und nachvollziehbar. Akademische Theologie ihrerseits verlangt natürlich andere Kriteriologien, aber mir geht es hier um kirchliche Berufungen im missionarischen Dienst.

Auch hier ist die enge Verknüpfung zwischen Studium und Praxis im anglikanischen Modell von St. Mellitus nach meinem Empfinden vorbildhaft. Nicht umsonst hat sich dieser Studienort inzwischen zum größten Studienort (mit mehr als 300 Studierenden) entwickelt.

Im Unterschied zu anderen Studienstätten ist hier eine vielfältige Staffelung der Studienintensität möglich. Kandidat*innen können sowohl intensiv in drei Jahren auf einen Bachelor hinarbeiten – und auch engagierte Freiwillige können in Abendkursen theologische Zurüstung erfahren.

Zugleich geschieht – und das ist in unserem Zusammenhang wichtig – hier eine enge Verknüpfung aller Studierenden mit einer lebendigen Lebenswirklichkeit einer Gemeinde oder kirchlichen Gemeinschaft, in der er/sie einerseits in einem Team mitwirkt und seine/ihre Talente einbringen kann – und in der andererseits die „Resonanz" der Gemeinschaft wirksam wird: Berufung kann bewahrheitet werden oder nicht.

Diese pastoralen Gehversuche sind aber kein Praktikum, sondern ein „learning on the job", als zeitlich begrenzte Anstellung. Und sie spielen dann im Studium eine wichtige Rolle, weil sie hier mit der zu studierenden pastoralen Theologie verknüpft und in Coachinggruppen evaluiert werden. Über diese Perspektive theologischer Bildung muss weiter nachgedacht werden.

5. Ordination neu denken

Die Priesterweihe ist der umstrittendste Ort des Paradigmenwechsels, den man in der Kirche zur Zeit aufspüren kann. Hier fokussieren sich die Themen, um die es in der Kirche heute geht. Sie sind Legion, und sie sind alle relevant.

Das Nachdenken um die Ordination ist zum einen verknüpft mit der Diskussion um den klerikalen Machtmissbrauch; es steht im Raum, – so beschreibt es die MHG Studie – dass klerikale und hierarchische Strukturen unter Männern einen Raum eröffnen, in dem Verbrechen vertuscht wurden und werden. Das lässt an mafiöse Strukturen denken.

Zugleich stellt sich angesichts der kleiner werdenden Zahl von Kandidaten und Priestern die Frage, wie in Zukunft die Eucharistiefeiern in den vielen Gemeinden gefeiert werden sollen. Nun kann darüber trefflich diskutiert werden, ob und inwiefern ein „Priestermangel" vorliegt. Immer ist diese Diskussion, die ja auch weitere kirchliche Berufe betrifft, dann verkürzt, wenn es lediglich darum gehen sollte, ein bisheriges Gestaltungsgefüge einer Versorgungskirche zu erhalten. Und das ist mehr als nur die Quote von Hauptberuflichkeit auf Mitgliederzahlen – es spiegelt ein Kirchenbild, das letztlich nicht dem Anspruch des II. Vatikanums standhält. Mehr Hauptberuflichkeit, mehr Pfarrpersonen führen nicht zwingend zu mehr Lebendigkeit der Kirche und zu ihrer Vielfalt.

Umgekehrt stellt sich damit aber eine andere Frage: Wie sind eigentlich kirchliche Entwicklung und Ordinationsverständnis miteinander verknüpft? Ich vertrete deswegen die These, dass eine abstrakte Betrachtung von Zahlen ohnehin nicht weiterhilft. Klar ist jedenfalls: Zukunftsentwicklungen der Kirche beginnen nicht beim ordinierten Amt.

Und damit stoßen wir auf den Glutkern der Diskussion: ob nämlich auch Frauen dieses ordinierte Amt wahrnehmen sollen. Die Diskussion ist eigentlich geführt. Während auf der einen Seite lehramtlich argumentiert wird und damit die Ordination von Frauen ausgeschlossen scheint (und die Argumente klingen nicht stark), ist auf der anderen Seite spätestens seit Christiane Florins Weiberaufstand scheinbar alles klar: Es gibt keinen wirklichen Grund, Frauen nicht zu ordinieren.

Beide Argumentationen aber überzeugen mich dennoch nicht. Denn beide Argumentationsstrecken sehen Macht in der Kirche in einem Oben-Unten-Gefälle verfasst, und kämpfen um Positionen in einem angestammten Bild kirchlichen Lebens – und letztlich auch um den Erhalt eines hierarchischen Machtgefüges und einer bestimmten Kirchengestalt. In dieser wechselseitigen Gegenabhängigkeit, die emotional und polemisch extrem aufgeladen ist, sehe ich keinen Fortschritt. Solange die Fragen nicht radikaler gestellt werden, solange sie im Rahmen einer Bestandsdiskussion bisheriger Gestaltwerdungsprozesse der Kirche gesehen werden, scheint mir die Frage nach dem ordinierten Amt unterboten zu sein. Es geht in dieser Frage um erheblich mehr.

Das wird auch an anderer Stelle deutlich: Weder evangelische noch katholische Kirchen werden in absehbarer Zeit genügend Kandidat*innen für das geistliche Amt finden, wenn es darum gehen sollte, bisherige Gemeindestrukturen zu erhalten. Das gilt eben für beide Kirchen, und wer mit jungen Menschen, Frauen wie Männern, spricht, die ihr Theologiestudium abgeschlossen haben: viele können sich schwer vorstellen, ein bestimmtes Gefüge kirchlichen Lebens zu bedienen. Das kann nicht verwundern, denn viele entstammen in keiner Weise den Mustern real existierenden Gemeindechristentums.

Im Blick auf eine zukünftige Kirchenentwicklung legt sich deswegen ein anderer – fundamentalerer – Argumentationsgang nahe.

Kirchenentwicklung: Eine Hommage an Fritz Lobinger

Fritz Lobinger treffe ich zum ersten Mal im Jahr 2002. Es ist der Beginn einer echten Freundschaft. Doch Lobinger steht ja nicht zuerst für Ordinationsfragen – ich lerne ihn kennen im Kontext kirchlicher Entwicklungsprozesse. Denn in Lateinamerika, in Afrika und Asien hatte sich nach dem II. Vatikanischen Konzil ein Kirchenentwicklungsprozess ereignet, der Leitstern unserer eigenen Entwicklung werden sollte: es ging und geht darum, Kirche radikal kontextuell zu entfalten. Was genau meint das? Zunächst – und das haben wir schon angesprochen – löste sich ja das Bild kirchlichen Lebens von einem klassischen und hierarchisch-machvollen Ansatz einer Versorgungskirche. Kirche aber, so leben es viele Ortskirchen weltweit, geschieht da, wo Menschen – Frauen wie Männer – vor Ort das Geheimnis des Evangeliums leben: die Gemeinschaft, die sich gründet in der Gegenwart des Auferstandenen und von dort ihre konkrete Sendung entdeckt. Die Idee der Small Christian Communities ist genau diese: wie leben Christinnen und Christen miteinander für und mit den Menschen in ihrem Umfeld die Sendung Christi.

Was Fritz Lobinger und Oswald Hirmer systematisch entwickelten, waren Bausteine eines solchen Weges, der zunächst auch mit dem Verlernen eines allseits bekannten klerikalen Modells zu tun hatte: der Ansatz bei der Taufwürde, die gleichwürdige Partizipation im Wort Gottes durch das Bibelteilen, die Entfaltung der Dienste aus den Talenten aller – all dies verweist auf eine Grundperspektive des Kircheseins, die zugleich auch je zielgenau eine Kontextualisierung im Dienst an den Menschen, im Leben mit den Menschen und ihren Nöten bedeutet.

Und diese Kirchenentwicklung, die sich in kirchlichen Basisgemeinden vollzog, hat eine gewichtige Konsequenz: die verantwortliche Leitung der Basisgemeinden liegt in der Hand der Menschen vor Ort, die – auf Zeit – kirchlich beauftragt werden, Verantwortung wahrzunehmen.

Dieses Modell einer „partizipativen Kirche" ist kein Mangelmodell: es geht – und das wurde in den vergangenen Jahrzehnten deutlich – um ein Ernstnehmen der theologischen Reformulierung der kirchlichen Tradition, wie sie sich im II. Vatikanischen Konzil ereignete. „Partizipation" wurde zum Leitwort, denn eine solche Kirchengestalt lebt aus der Überzeugung, dass Gott selbst den Menschen in ihrer gemeinschaftlichen Konfiguration an seinem Leben teilgibt, an seinem nährenden Wort, an seiner Sendung, an seiner Verantwortung für die Welt.

„Teams of Elders"

In diesem Zusammenhang erinnere ich mich sehr gut, wie Fritz Lobinger sehr konsequent an seinem Ordinationsmodell arbeitete. Er dachte einfach konsequent weiter: Könnten nicht die Teams der Verantwortlichen als Teams ordiniert werden? Paul Zulehner hat dies in einer gemeinsamen Publikation mit Fritz Lobinger schon 2003 in den Fokus gerückt.[131] Und angesichts der Resonanz des Themas im Kontext der anstehenden Amazonassynode hat Zulehner noch einmal zusammengefasst, worum es Fritz Lobinger und ihm eigentlich geht.[132]

Lobinger sprach und spricht von „Ältestenteams"[133] und meint damit, dass bewährte Personen, die Gemeindeleitung als Ausdruck einer partizipativen Kirchenentwicklung wahrnehmen, auch ordiniert werden könnten, damit sie im Kontext und vor Ort – und für eine bestimmte Zeit – den sakramentalen Dienst wahrnehmen könnten. Diese Perspektive scheint in doppelter Weise auch offen zu sein für die postmoderne europäische Entwicklung. Auf der einen Seite öffnet sie den Horizont einer Kirchenentwicklung, wie sie sich z.B. in meinem Bistum Hildesheim seit einigen Jahren abzeichnet. Angesichts der immer geringer werdenden Zahlen von Priestern im klassischen Modus haben viele Diözesen den Weg einer lokalen Kirchenentwicklung entdeckt, der ja letztlich in den Erfahrungen der basiskirchlichen Entwicklungen und den Entdeckungen des II. Vatikanums gründet.

Es ginge also darum, die Vision einer Kirche der Zukunft zu gestalten, die nicht allein auf Selbsterhalt bisheriger gemeindlicher Strukturen aus ist.[134] Es geht um eine Verflüssigung und Vervielfältigung gewachsener und neuer Kirchenformen, die aber eine gemeinsame Grundarchitektur kennen: immer geht es darum, dass das Leben der Gemeinschaft in der Nachfolge der Sendung Jesu im jeweiligen gesellschaftlichen Kontext sich weiter entfalten und entwickeln kann.

In den letzten Jahren habe ich im ökumenischen Miteinander viel über die „fresh expressions of church" gelernt. Auch hier geht es – unter postmodernen und nachchristlichen Bedingungen der Diaspora – um einen Schritt sendungsorientierter Kirchenentwicklung – „mission shaped church" heißt hier das Stichwort.[135] Auch hier stellte sich die Frage, wie in solchen innovativen Gemeinden die Ordinationspraxis geschehen könnte – und klar war auch hier, dass Pastorinnen und Pastoren aus der Erfahrung des Gründens heraus ordiniert werden könnten.

Lobinger hat sich – in verschiedenen Beiträgen – kritisch dazu geäußert, dass Einzelne zu Gemeindeleitern ordiniert werden könnten. Er befürchtet – und wohl mit Recht –, dass hier ähnliche Fixierungen stattfinden könnten wie im klassischen Versorgungsmodell, und auszuschließen ist dies in der Tat nicht.

Die Erfahrungen aus Afrika, Asien und Lateinamerika, aus Modellen wie Poitiers und auch der anglikanischen Kirche zeigen, dass die Perspektive Lobingers Zukunft haben kann. Dann aber rücken andere Fragen in den Vordergrund. Denn selbstverständlich werden die ordinierten Lokalpresbyterien mindestens im europäischen Raum, aber nicht nur dort, aus Frauen und Männern bestehen – die Frage der Frauenordination könnte sich also so hier klären lassen.

Viel wichtiger aber erscheinen andere Fragestellungen: wie kann in Gemeinschaften und Gemeinden, in gewachsenen und neuen kirchlichen Entwicklungsformen ein Entwicklungsprozess gestaltet

und begleitet werden, der zum Verlernen alter Bilder führt und frei-
legt, wie Christgläubige aus ihrer geistlichen Identität gemeinsam
Verantwortung tragen können für das Leben der Kirche vor Ort?
Wie kann die Dialektik und Professionshierarchie von Hauptberuflichkeit und Ehrenamt überwunden werden? Wie kann also so ein
letztlich machthierarchisches Gefälle aufgelöst werden?

Zulehner hat mit dem Dogmatiker P. Neuner und Altbischof F.
Lobinger ein spannendes Thesenpapier verfasst, das diesen Hintergrund sehr schön ausleuchtet.[136] Denn klar ist ja, dass eine solche
Kirchenentwicklung, die zur Ausbildung lokaler Presbyterien führt,
auch das Bild von Professionalität und Hauptamt verändert. Gleichzeitig wird Ordination als Sakrament neu zu verstehen sein. Ebenfalls wird es nötig, das Verständnis von Hierarchie neu zu fassen. In
diesem Buch werden dazu erste Versuche gewagt.

Schon im Blick auf die Ordination der Leitungsteams hatte Lobinger die Frage zu klären, wie Hauptberuflichkeit und Ordination von
Priesterseminaristen in diesem Kontext zu stehen kommen.

In seinen Überlegungen erwägt Lobinger immer wieder die Erfahrungen, die er in den Small Christian Communities weltweit erlebt hat und in seinem Bistum Aliwal North gestaltet hat. Sie äh-
neln sich sehr. Die wenigen Priester, die in diesen Diözesen agieren,
handeln anders als im Versorgungskontext klerikaler europäischer
Kirchen[137]: es geht um die Begleitung und Förderung der Charismen
– es geht darum, alles zu tun, damit die Gemeinschaft vor Ort sich
selbständig in der Spur des Evangeliums entwickeln kann. Auf diese
Weise zerbricht das Bild der Versorgung – es geht um begleitende
Unterstützung, um Bildungsprozesse und um einen Dienst an der
Einheit in der ganzen Kirche.

Die Priorität des Zurüstens

Klar ist: „Personae probatae", die die selbstbewusst und spirituell
gegründete Gemeinschaft „beruft", können ordiniert werden. Der
Vorgang selbst ist verknüpft – und das haben wir in Südafrika erlebt – mit einem interessanten Begleitprozess. Dort, wo Gemeinden
ihre Berufenen dem Bischof vorschlagen und dieser sie akzeptiert,

geschieht dann eine Zurüstung für diesen Dienst. Klar ist ja, dass diese Teams auch eine theologische Grundbildung und eine pastorale Zurüstung brauchen – klar ist aber auch, dass ihr Dienst im Wesentlichen ehrenamtlich geschieht.

Schon daran lässt sich erkennen, welche Wandlungsprozesse in Gang zu bringen sind, welche Kirchenentwicklung anzustoßen ist. Die Begleitung und Zurüstung lokaler Presbyterien liegt in der Tat in der Verantwortung all jener, die auf diese Aufgaben durch Berufung, Ausbildung und Ordination/Beauftragung vorbereitet sind.

Kirchliche Beauftragungen, aber auch kirchliche Berufungen werden ja ebenfalls ihren Ausgang in gelebter kirchlicher Wirklichkeit nehmen. Zu fragen ist in der Tat, welche Form ein diözesanes Presbyterium annehmen wird. Im Kontext des weiter oben beschriebenen Zusammenhangs von Berufung und Ausbildung wäre ja zu klären, ob zölibatäre wie nichtzölibatäre Männer und Frauen zugerüstet werden könnten, diesen Dienst an den lokalen Presbyterien zusammen mit dem Amt des Bischofs zu leisten.

Weltkirchliche Herausforderungen und lokale Entwicklungen

Sehr realistisch beschreibt P. Zulehner den Entwicklungsweg, den diese Ideen in den kommenden Jahren nehmen könnten. Es wird einerseits deutlich, dass im Kontext der Kirchenentwicklung, wie sie sich im deutschen Sprachraum vor allem in Gebieten starker Diaspora zeigt, aber auch in den Kirchen Lateinamerikas und Afrikas, die Ordination von bewährten Frauen und Männern ein sinnvoller erster Schritt ist, Kirche partizipativ zu gestalten. Andererseits muss auch noch sehr viel darüber nachgedacht werden, wie diese Umformatierung sich auswirkt auf das Verständnis von diözesanen Presbyterien und ihren Bischöfen. Langfristig ist hier weiter darüber nachzudenken, wie Ordination, Hierarchie und Sakramentalität zu fassen sind – kurzfristig ist intensiv daran zu arbeiten, welche spezifischen Aufgaben die gewachsenen Formen des Presbyteriums und hauptberuflicher kirchlicher Sendung haben. Das erweist sich als zentrale Frage. Sie führt zurück auf die Überlegungen am Anfang dieses Abschnitts. Denn die Frage nach Berufung in ein hauptberufliches Amt in der Kirche, als Priester oder in einer pastoralen Sendung, gründet zum einen in lebendigen missionarischen Gemeindeformen, zum anderen in der jeweiligen pastoralen Orientierung einer Ortskirche.

„Wir wollen eine nichtklerikale Kirche ..."

Im Sommer 2018 durfte ich teilnehmen an einem theologischen Seminar in Santa Cruz della Sierra (Bolivien), dass im Rahmen eines großen missionarischen Kongresses Lateinamerikas stattfand. Die Worte eines venezolanischen Weihbischofs klingen mir bis heute im Ohr. Im Kontext der bevorstehenden Amazonassynode formulierte er ganz deutlich diesen Satz: „Wir wollen eine nichtklerikale Kirche!" Mit den Überlegungen Zulehners und Lobingers, den weltkirchlichen Erfahrungen aus England und vor allem aus Südafrika und den Philippinen, sowie den ersten Früchten lokaler Kirchenentwicklung habe ich versucht, den Entwicklungshorizont abzustecken, der auch für unseren Kontext vorstellbar ist.

Es wäre spannend, wenn auch die synodalen Prozesse in der deutschen Kirche, wenn die oft polarisierten und zuweilen populistischen Diskussionen, die immer wieder in alten Paradigmen verhaftet bleiben, diese neue Weite einer nichtklerikalen Kirche atmen könnten. Und es wäre spannend, wenn die Theologie aus dieser erfahrungsgesättigten Perspektive heraus die eigene Tradition neu denken könnte. Eine echte Herausforderung, die anzunehmen wäre.

6. Priesterweihe einfach neu sehen lernen – Ein erster Zugang

Wie genau könnte man denn dann Ordination – das „Sakrament des Ordo", die „Priesterweihe" – neu und nicht klerikal denken? Wir haben ja schon intensiv über die Frage nachgedacht, wie es zu Berufungen kommt – und wie diese dann ausgebildet werden könnten. Wir haben schon darüber nachgedacht, wie in Zukunft lokale Teams ordiniert werden könnten, wenn bewährte Frauen und Männer als „personae probatae" entdeckt werden, sich darauf vorbereiten und dann für eine bestimmte Zeit den Auftrag bekommen, den Dienst der Leitung wahrzunehmen.

Auch hier brechen Fragen auf, die das Grundgefüge der katholischen (und nicht nur der katholischen) Tradition betreffen. Warum braucht man überhaupt jemanden – Mann, Frau, ein Team – für die Leitung der Gemeinde, für die Feier der Eucharistie, für die Verkündigung des Wortes? Kann das nicht jede*r? Warum reicht es nicht aus, dass jemand einfach gewählt wird? Wozu braucht es eine Priesterweihe?

Ein kurzer Rückgriff: Vom Geheimnis des Kircheseins

Immer wenn heute von Kirchenentwicklung gesprochen wird, kann es leicht zu einem bremsenden Effekt kommen. Es wird nämlich von besorgten Profitheologen immer wieder mahnend eingeworfen, dass Kirche ja nicht einfach ein Entwicklungsprojekt sein kann – sie ist einfach für Umgestaltungen nicht so verfügbar, wie dies ein Verein, eine Gruppe oder irgendeine soziale Bewegung ist. Dahinter steckt die Angst, dass der Ursprung der Kirche – der heilige Ursprung – vergessen wird. Kirche ist eben nicht einfach eine Organisation, sie ist nicht einfach eine weltliche Institution. Sie ist mehr. Immer wird dann in diesem Zusammenhang von der „heiligen" Kirche gesprochen – und unterstrichen, dass diese Kirche eine „sakramentale Struktur" habe und behalten müsse. Nun wird diese Rede nicht richtiger, wenn man sie ständig wiederholt, und sie wird auch nicht verständlicher, wenn man Codewörter wie „heilig" und „sakramental" verwendet und sie nicht weiter so beschreiben kann, dass sie verständlich würden. Dann wirken sie nämlich klerikal, will sagen: Man gerät leicht in ein missbrauchsfähiges Machtgefüge des Wissens, in dem einige es wissen, andere – Dümmere? Laien? – aber nicht.

Umgekehrt gilt aber auch: Es wäre auch dumm, und viel zu oberflächlich, die große theologische Tradition als überholt anzusehen. Denn so wenig wir dumm sind, so wenig waren es die Christgläubigen der Vergangenheit. Immer wieder neu gilt also die Herausforderung des „aggiornamento", der Verlebendigung und Neuaussage der Wahrheit im Heute.

Genau das war und ist ja das Anliegen des Buches, und genau hier gilt es, die bisherigen Fäden noch einmal aufzugreifen: die Zeichen der Zeit, die wir im Licht des Evangeliums versucht haben zu deuten (Teil I), verweisen zusammen mit den nach vorne weisenden Erfahrungen einer neuen Kirchlichkeit (Teil II) auf eine neue (und doch ganz ursprüngliche) Grunderfahrung des Kircheseins: das unverfügbare Geheimnis der Gemeinschaft der Kirche ist ja, dass Menschen in einem neuen – nicht gemachten – Raum des Miteinanders und der dynamischen Resonanz sich zusammengefügt wissen, in der Gegenwart des auferstandenen Christus. Genau das aber meint die Rede von der Heiligkeit der Kirche: die Gegenwart der göttlichen Wirklichkeit, die Gegenwart des Geistes Gottes, die Menschen verwandelt und erneuert, in eine Gemeinschaft, die menschlich erträumt, aber nicht erreichbar scheint. Sie eröffnet eine Dynamik der Beziehungen zwischen Unähnlichen, sie erfüllt den Traum von Zugehörigkeit und persönlicher Entfaltung, sie ist das Feuer und sie ist das, was soziologisch als Resonanzraum beschrieben werden kann.

Dieses Geheimnis ist ihr Ursprung – und schon in diesem Wort wird eine Dynamik sichtbar. Es ist nämlich nicht habbar und vorhanden, sondern schenkt sich immer wieder dort, wo dieser Geist des Lebens Menschen in seinen verwandelnden, verbindenden und begeisternden Bann schlägt. Genau das aber meint die Rede von der sakramentalen Grundstruktur: egal, welche Gestalt die Kirche annimmt und angenommen hat durch die Zeiten – ihre Identität liegt darin, dass sich dieses Geheimnis ereignet und erlebt wird. Und dieses Geheimnis ist letztlich ein Geheimnis der Teilhabe am göttlichen Leben selbst: denn Gott ist selbst ein Beziehungsgeschehen der Liebe – in der Tradition formuliert: es geht um das Leben der Dreifaltigkeit.

Der Dienst am Geheimnis

Mir ist in den vergangenen Jahren ein Text des II. Vatikanums wichtig geworden, der diesen Zusammenhang auf den Punkt bringt. Das Konzil beginnt sein Nachdenken über die Kirche mit einer tiefen Reflexion über das Geheimnis des Kircheseins, ihrer Sakramentalität: in ihr ereignet sich immer wieder zeichenhaft und wirksam diese

Wirklichkeit unter Menschen – und damit wird sie, mutig formuliert, Ikone der Dreifaltigkeit. Dabei zeigt sich von Anfang an dieses Geheimnis im neuen Volk Gottes, in der Gemeinschaft derer, die vom Geist Gottes erreicht sind. Sie alle sind voll des Geistes, sie alle gehören zum Raum der erlösten Beziehungen, sie alle haben Anteil an diesem Geheimnis göttlicher Gegenwart – und das Spannende ist: Nach außen kann diese Gemeinschaft keine Grenzen ziehen, ist sie doch ausgelegt auf das Leben aller Menschen, der ganzen Schöpfung.

Aber, wie gesagt, dieses Geheimnis ihres Ursprungs will immer wieder neu sich ereignen, es will immer wieder neu werden. Wer kann dies tun? In diesem Zusammenhang spielt dann die Ordination eine wichtige Rolle. Lumen Gentium, die schon erwähnte Kirchenkonstitution, formuliert diesen Zusammenhang sehr konzis:

„Um Gottes Volk zu weiden und immerfort zu mehren, hat Christus der Herr in seiner Kirche verschiedene Dienstämter eingesetzt, die auf das Wohl des ganzen Leibes ausgerichtet sind. Denn die Amtsträger, die mit heiliger Vollmacht ausgestattet sind, stehen im Dienste ihrer Brüder, damit alle, die zum Volke Gottes gehören und sich daher der wahren Würde eines Christen erfreuen, in freier und geordneter Weise sich auf das nämliche Ziel hin ausstrecken und so zum Heile gelangen." (LG 18,1)

Wer ist der Hirt?

Das Grundbild macht uns Schwierigkeiten: das Bild vom Hirten, das Bild von der Herde. Das Bild vom „Guten Hirten" klingt gewohnt und routiniert, aber vor allem bringt es Bilder eines Oben und Unten in den Blick. Zu schnell und zu gewohnt wird hier ein klerikales Bild aufgerufen und fixiert. Aber gerade dann versteht man es falsch. Richtig lesen kann man diese Rede vom Hirten nur dann, wenn man eben den dramatischen biblischen Horizont mitliest, der etwa (und nicht nur) im Buch Ezechiel aufgerufen wird:

„Menschensohn, sprich als Prophet gegen die Hirten Israels, sprich als Prophet und sag zu ihnen, den Hirten: So spricht GOTT, der Herr: Weh den Hirten Israels, die sich selbst geweidet haben! Müssen die Hirten nicht die Schafe weiden? Das Fett verzehrt ihr und mit der Wol-

159

le kleidet ihr euch. Das Mastvieh schlachtet ihr, die Schafe aber weidet ihr nicht.

Die Schwachen habt ihr nicht gestärkt, das Kranke habt ihr nicht geheilt, das Verletzte habt ihr nicht verbunden, das Vertriebene habt ihr nicht zurückgeholt, das Verlorene habt ihr nicht gesucht; mit Härte habt ihr sie niedergetreten und mit Gewalt. Und weil kein Hirt da war, zerstreuten sie sich und sie wurden zum Fraß für alles Getier des Feldes, als sie zerstreut waren. Meine Schafe irren auf allen Bergen und auf jedem hohen Hügel umher und über die ganze Erdoberfläche sind meine Schafe zerstreut. Doch da ist keiner, der fragt, und da ist keiner, der auf die Suche geht. Darum, Hirten, hört das Wort des HERRN:

So wahr ich lebe, Spruch GOTTES, des Herrn: Weil meine Schafe zum Raub und meine Schafe zum Fraß für alles Getier des Feldes wurden – denn es war kein Hirt da – und meine Hirten nicht nach meinen Schafen fragten, sondern die Hirten sich selbst geweidet und nicht meine Schafe geweidet haben, darum, ihr Hirten, hört das Wort des HERRN:

So spricht GOTT, der Herr: Siehe, nun gehe ich gegen die Hirten vor und fordere meine Schafe aus ihrer Hand zurück. Ich mache dem Weiden der Schafe ein Ende. Die Hirten sollen nicht länger sich selbst weiden: Ich rette meine Schafe aus ihrem Rachen, sie sollen nicht länger ihr Fraß sein. Denn so spricht GOTT, der Herr: Siehe, ich selbst bin es, ich will nach meinen Schafen fragen und mich um sie kümmern. Wie ein Hirt sich um seine Herde kümmert an dem Tag, an dem er inmitten seiner Schafe ist, die sich verirrt haben, so werde ich mich um meine Schafe kümmern und ich werde sie retten aus all den Orten, wohin sie sich am Tag des Gewölks und des Wolkendunkels zerstreut haben. Ich werde sie aus den Völkern herausführen, ich werde sie aus den Ländern sammeln und ich werde sie in ihr Land bringen. Ich führe sie in den Bergen Israels auf die Weide, in den Tälern und an allen bewohnten Orten des Landes. Auf guter Weide werde ich sie weiden und auf den hohen Bergen Israels wird ihr Weideplatz sein. Dort werden sie auf gutem Weideplatz lagern, auf den Bergen Israels werden sie auf fetter Weide weiden. Ich, ich selber werde meine Schafe weiden und ich, ich selber werde sie ruhen lassen – Spruch GOTTES, des Herrn. Das Verlorene werde ich suchen, das Vertriebene werde ich zurückbringen, das Verletzte werde ich verbinden, das Kranke werde ich kräftigen.". (Ez 34,2–16)

Mit anderen Worten: Es gibt eine schlechte Erfahrung mit „Hirten", die zu einem radikalen Neuansatz führt. Wenn es einen Hirten gibt, dann ist es Gott selbst. Er selbst ist es, der handelt. Und genau das ist die kritische Unterstreichung auch des konziliaren Textes. Hirt ist und bleibt immer Gott selbst. Und nur aus dieser (sakramentalen!) Perspektiven lassen sich auch Ordination, Amt und Dienst lesen – sie sind hochideologisch besetzt.

Und sie tauchen auch im Konzilstext auf: „Amt" und „Dienst". Beides meint eigentlich dasselbe, und lässt sich im Deutschen kaum angemessen wiedergeben, ohne umgangssprachlich falsch verstanden zu werden. Amt klingt amtlich und bürokratisch, Dienst klingt ideologisch nach Machtverschleierung, vor allem wenn dann noch von „heiliger Vollmacht" die Rede ist: Gerade in Zeiten der Missbrauchsdebatte braucht es hier einen genaue Betrachtung – damit nicht ein falsches Vorverständnis diesen Text zu einem Zeugnis klerikaler Machtideologie macht.

Auf dem Hintergrund meines Versuches, das Geheimnis der Kirche auszuleuchten, wird in diesem Text aber etwas gänzlich anderes gesagt (das zweifellos klerikal ausgestaltet wurde, aber nicht muss).

Christus bleibt der einzig Handelnde, so wäre der erste Hauptsatz zu formulieren. Anders ausgedrückt: kein Mensch kann aus eigener Kraft dieses Geheimnis hervorbringen. Es geht nicht um Fähigkeiten und Gaben, die dies ermöglichen könnten: nicht magische Kräfte, nicht überzeugende Redefähigkeit, nicht machtvolle Leitungstalente sollen wirken, sondern Christus will wirken.

Christus handelt dabei aber durch Menschen, die in seinem Dienst stehen und die er einsetzt. Von „ministeria" ist die Rede, übersetzt mit dem Begriff des Dienstamtes. Und gemeint ist ein merkwürdiges Gefüge: zum einen verändert dieser Dienst nicht die Gleichwürdigkeit aller – sie sind alle weiterhin Brüder und Schwestern –, zum anderen aber soll in ihrem Handeln Christus selbst handeln, damit alle Kirchen Leib Christi sein können, ihrer Sendung folgen, und die Fülle des Lebens erlangen. Die „sacra potestas" will also in diesem Kontext genauso wenig einer Überordnung von Macht reden, wie die Rede vom Dienst klerikale Machtkonstellationen verschleiern will hinter demütigen Worten. Es geht darum, diese „sacra potestas" richtig zu verstehen: hier handelt Christus selbst.

„Dem Wesen nach verschieden"

Dieser Horizont wird in der Kirchenkonstitution schon vorher ausgeleuchtet: *„Christus der Herr, als Hoherpriester aus den Menschen genommen (vgl. Hebr 5,1–5), hat das neue Volk „zum Königreich und zu Priestern für Gott und seinen Vater gemacht"* (vgl. Offb 1,6; 5,9–10). Durch die Wiedergeburt und die Salbung mit dem Heiligen Geist werden die Getauften zu einem geistigen Bau und einem heiligen Priestertum geweiht, damit sie in allen Werken eines christlichen Menschen geistige Opfer darbringen und die Machttaten dessen verkünden, der sie aus der Finsternis in sein wunderbares Licht berufen hat (vgl. 1 Petr 2,4–10). Daran schließt das Konzil an:

„Das gemeinsame Priestertum der Gläubigen aber und das Priestertum des Dienstes, das heißt das hierarchische Priestertum, unterscheiden sich zwar dem Wesen und nicht bloß dem Grade nach. Dennoch sind sie einander zugeordnet: das eine wie das andere nämlich nimmt je auf besondere Weise am Priestertum Christi teil."

Im Grundsatz will dieser Text genau jene hierarchische Klerikalisierung verhindern, die in der Praxis und im Bewusstsein der Kirche weithin vorhanden ist: er beschreibt zum einen die Gleichwürdigkeit aller Christgläubigen, die als unverfügbare und geschenkte Gemeinschaft in dieser Welt wirken – aber zu ihrem Selbstwerden braucht es ein Handeln, einen Dienst, der den heiligen Ursprung – die Geschenkhaftigkeit dieser Wirklichkeit ermöglicht: es geht nur und ausschließlich um das Ziel, dass alle sich als Kirche erfahren und ihre Sendung leben.

Darum also Ordination …

Ich kenne viele glaubwürdige und begabte Christgläubige, die das Evangelium verkünden und bezeugen, die in kreativer und tiefgehender Weise Liturgien gestalten, und die Gemeinden gemeinsam mit anderen leiten – und es ist unbedingt nötig und erforderlich, dass möglichst viele Christgläubige in diesen ihren Gaben gefördert und begleitet werden: denn es ist Aufgabe des ganzen Volkes Gottes, das damit die Gegenwart und Sendung Christi lebt und bezeugt.

Und genau dafür braucht es Ordination, weil es hier nämlich nicht um die Gaben und Talente allein geht, sondern um die Ermöglichung dieser Perspektive. Von Anfang an wurden hierfür „Älteste" bestellt: Es geht nicht darum, dass sie es besser können als andere, es geht nicht darum, dass sie hierarchisch übergeordnet werden sollen. Es geht vielmehr um die Vergegenwärtigung des Ur-Sprungs, des Geheimnisses des Kircheseins selbst, das nur Christus selbst wirken kann. Es ist seine Macht, die wirkt. Und in der Leitung der Kirche, in der Feier der Eucharistie, in der Verkündigung des Wortes soll deutlich werden, dass Christus selbst handelt und somit Kirche sein kann.

Die „Ordination" dient also diesem Handeln und Wirken Christi, damit das Evangelium von allen bezeugt wird: „Das ist auch heute nach ökumenischer Übereinkunft zwischen den christlichen Kirchen der Hauptsinn des Ordo: Ordinierte sichern die Evangeliums-Spurtreue jener gläubigen Gemeinschaft, in welcher der Ordinierte lent und der er amtlich dient."[138] Mit anderen Worten: Es braucht die Ordination, damit dieser Ur-sprung gegenwärtig ist und damit das Geheimnis des Kircheseins wirksam bleibt. Das ist ihr wesentliches und konstitutives Fundament. Zulehner unterstreicht:

„Aufgabe des Ordo ist es nicht, den Kirchenmitgliedern ihre ureigenen Aufgaben abzunehmen. In der Priester- wie in der Dienstleistungskirche bestand teilweise und besteht auch heute noch diese Versuchung. Die Priester fungieren gleichsam als ,Charismenschwamm' und nehmen die breit verteilten Charismen der Mitglieder der gläubigen Gemeinschaft in sich auf. Sie sind für alles verantwortlich. Als sie in der Zeit der Auflösung der ,christentümlichen Gesellschaft' sich mit immer mehr Aufgaben konfrontiert sahen, begannen sie, die Aufgaben ,an Laien zu delegieren'. Aber sie haben damit den Laien nur ,zurückgegeben', was sie ihnen vorher ,weggenommen' haben."[139]

Letztlich dient also die „Ordination" nur einem Ziel· dem Geheimnis der Wirksamkeit des Evangeliums durch alle Christen.

Wichtig ist und bleibt allerdings die Frage, unter welchen Bedingungen – auch in evangelischen Kirchen – die Rede von der Ordination und der Hierarchie so stark machtlogisch besetzt werden konnte. Und umgekehrt: Was muss passieren, damit dies nicht so leicht passiert?

Kirche (auch hier) auf den Kopf stellen ...

In den vergangenen Jahren hat mich sehr beeindruckt, dass im Erzbistum Poitiers sehr konsequent auf die Zeitbegrenzung der „équipes d'animation" geachtet wurde: Leitungsaufgaben im Team konnten nicht länger als sechs Jahre wahrgenommen werden. Das birgt – ganz im Sinne unseres Nachdenkens – viel Weisheit in sich: denn das setzt frei und fordert heraus, dass immer vom ganzen Volk Gottes und seiner Verantwortlichkeit her gedacht wird. Und es relativiert Leitungsaufgaben.

Kein Wunder, dass es hier sehr viel Widerstand gab, kein Wunder aber auch, dass Bischof Albert Rouet hier kein Pardon kannte. Denn in der Tat: hier bilden sich gerne neue Machtgefälle, auch aus delegierender Bequemlichkeit.

Mir war schon damals aufgefallen, dass diese Zeitbegrenzung eigentlich ja für alle kirchlichen Beauftragungen gilt: nicht für das Engagement an sich, sondern für „Aufgaben im Namen der Kirche".

Wie aber wäre dies im Falle der Ordination von Teams zu sehen? Fritz Lobinger, mit dem ich über diese Frage einmal sprach, konnte sich nicht vorstellen, dass Ordination zeitbegrenzt gelten könnte. In der Tat beschreibt die große theologische Tradition das Sakrament des Ordo als „unterzerstörbares Prägemal".

„Aber es ist doch denkbar", so überlegte Bischof Michael Wüstenberg – sein Nachfolger in Aliwal – in einem Gespräch, „dass diese Teams, die Ordinierten, nur für eine bestimmte Zeit einen Auftrag vom Bischof bekommen." Es wäre also zu unterscheiden die Ordination einerseits, und die konkrete Aufgabe in einer Gemeinschaft andererseits. Ein spannender Gedanke, der viele Wege eröffnet – aber auch viele Fragen.

Im Hintergrund stellen sich natürlich weitergehende Fragen: Schon Lobinger und Zulehner hatten die Ordination von „lokalen Presbyterien" eingebunden in diözesane Presbyterien und Bischöfe, die weiterhin in anderer Weise Verantwortung für die Ortskirche tragen würden, und auf andere Weise gefunden würden als die zu ordinierenden Teams. Wir sind auf einem Weg der Entwicklung, der dies ermöglichen könnte. Und brauchen Mut, diese Zukunft anzugehen.

7. Episkopé und Sendung neu gestalten – Ein Zugang zu einem diözesanen Presbyterium

Wir haben über Berufung neu nachgedacht. Und es wurde deutlich, dass „Rufen" einen Raum im Gottesvolk hat, der voraussetzungsreich ist. Es braucht Gemeinschaften, in denen Glauben wachsen und sich bewähren kann, in denen Gaben und Talente ans Licht kommen. Dann aber – so wurde klar – ist Rufen ein „Resonanzgeschehen" in der Gemeinschaft und zugleich natürlich im Inneren der Gerufenen. Und in diesem „Zwischen" und „Innen" ist es wohl Gottes Geist, der ruft.

Die Erfahrungen aus England, das umfangreiche Assessmentgefüge, aber auch das gelungene Ineinander von Praxis und Theologie konnten inspirieren. Wir haben dann auch bedacht, dass solche Berufungsvorgänge begleitet werden sollten durch Schulen der Jünger*innenschaft, durch Begleitung und Ausbildungsvorgänge.

Ideen zu einem neuen Setting theologischen Studierens, wie sie theoretisch Miroslav Volf bedachte – und die praktisch entfaltet sind etwa im Mellitus College in London – können Wege eröffnen, jenseits der zu flachen Rede vom Priestermangel Ordination und Priesterweihe neu zu bedenken – gerade auch im Blick auf die Ideen, die sich im Kontext weltkirchlichen Nachdenkens über Presbyterien vor Ort ergeben. In der Tat, entwickelte Gemeinden entdecken „personae probatae" – und von hier aus darf nach anderen Formen der Ordination zum sakramentalen Dienst geschaut werden.

165

Einen Schritt weitergehen … Gemeinden, neue Gemeinschaftsformen, fresh expressions of church

Die Vielfalt und die Werdeprozesse der Kirche in ihren vielfältigen Formen verlangen immer wieder die Verwurzelung im Ur-Sprung, im Geheimnis der göttlichen Gegenwart. Und wir haben versucht, die Bedeutung der Sakramente und des sakramentalen Denkens zu vertiefen. Gemeinschaft, Zugehörigkeit, Verwandlung in eine neue Wirklichkeit – das ist die Grundwirklichkeit des Geschenks göttlicher Gegenwart, hervorragende Gegenwart des Ursprungs, die sich in der Feier der Taufe und der Feier der Eucharistie am dichtesten ereignet. Der drängenden Frage nach dem Dienst an diesem Geheimnis waren die Denkversuche zu örtlichen Presbyterien gewidmet.

Aber es bleibt ja noch eine Frage. Wir haben in der Kirche ja eine gewachsene Gestalt episkopal geordneter Ordinations- und Dienstgestalten. Wie wird sich diese weiter entwickeln können? Und wozu dient sie?

Vielleicht hilft ein kurzer Blick auf die Situation: „Priestermangel" ist eine gerne gewählte Chiffre für eine mindestens im deutschsprachigen Raum ambivalente Situation. Denn von diesem Mangel kann man ernsthaft zur Zeit nur sprechen, wenn man den Blick auf eine Weiterführung bisheriger versorgungsorientierter Volkskirchlichkeit richtet. Zur gleichen Zeit muss man sagen, dass dieser „Mangel" seit den 60er Jahren durch eine intensive Bemühung um hauptberufliche Theolog*innen und Religionspädagog*innen kompensiert werden sollte – mit der Folge, dass man – im Rahmen des bisherigen Gefüges – weiterhin im Risiko der Verlängerung eines klerikalen oder professionellen Oben-Unten-Gefüges steht. Neben der starken Binnenorientierung im Blick auf das oben-unten Verhältnis zwischen Klerus und Berufsgruppen unterblieb darüber hinaus eine echte Perspektive, wie denn genau diese Dienste dem erwachsen werdenden und erwachsenen Gottesvolk in seiner Selbstkompetenz und Eigenständigkeit dienen müssten.

Ein Rollenkaleidoskop

Mit der Bildung immer größerer Verantwortungsbereiche für diö-zesan gesandte Priester und Hauptberufliche wird deutlich, dass offensichtlich die innere Logik des Dienstes eine andere Perspek-tive nahelegt. Es geht eben nicht einfach darum, die sakramentale Dimension für eine Gemeinschaft ins Leben zu bringen – es geht offensichtlich um ein tieferes Verstehen der inneren Logik dieses Dienstamtes. Man könnte sagen: der Dienst des Diözesanpriesters und der Hauptberuflichen wird „episkopaler".

Die Ortskirchlichkeit steckt schon lange in der „Architektur" pastoraler Dienste. Und das hängt am Kirchenverständnis: die Kir-che in ihrer Fülle muss sich katholisch nicht in einzelnen Orden, in einzelnen Pfarreien oder Initiativen darstellen. Nicht eine einzelne Wirklichkeit ist das Ganze, sondern die Ortskirche als ganze vermag die Vielfalt des Kircheseins in den Blick zu rücken.

Am ehesten gilt dies noch für die Pfarrei. Aber das wäre nur dann verstehbar, wenn Pfarrei nicht gleichgesetzt wird mit einer Pfarrge-meinde, die eben häufig nicht die mögliche Weite des Katholischseins imaginiert, sondern eher die Enge einer bestimmten Gemeindeform. Gleichwohl wäre, angesichts der geringer werdenden Zahlen von Hauptberuflichen und Priestern, diese Verengung zu überwinden: die Pfarrei wäre ein kleines Abbild der Ortskirche, die ja dem Bischof anvertraut wäre. Und wäre sie dann auch umfangreich, gilt es, nicht von einer Gemeinde zu denken, sondern einer Vielfalt unterschied-licher kirchlicher Wirklichkeiten: jede Pfarrei reflektiert eine mixed economy of church, reflektiert die „Katholizität" der Kirche.

Aber genau das verändert die Aufgabe der weniger werdenden Hauptberuflichen, der geringer werdenden Priester. Es verändert die Aufgabe, aber vielleicht rückt damit deutlicher in den Blick, dass es bei diesem Dienst, bei diesen Diensten um eine tiefe Teilhabe an der Aufgabe des Bischofs geht, und nicht zuerst um eine lokale Leitungs-aufgabe.

Das verfängliche Hirtenbild

Immer wieder, auch in neueren Veröffentlichungen, wird der amtliche Dienst als „Hirtenaufgabe" beschrieben. Höchst missverständlich, wie wir weiter oben beschrieben haben. Denn natürlich liegt es nahe, im Bild von Hirt und Schafen ein Machtgefüge zu sehen. Was immer man ideologisch damit anstellen kann, niemand darf jene klar machtkritische Perspektive übersehen, die mit diesem Bild verknüpft ist – das Buch Ezechiel spricht es deutlich an (Ez 34,10–15) und gibt das „Vorzeichen" auch für diözesane Dienstämter.

Die franziskanische Hirtenrede

Will sagen: das episkopale Amt und mit ihm alle von ihm ausgehenden Sendungsämter sind in diese kritische Klärung hineingenommen. Und das stellt Fragen: wie kann die allgemeine Machtversuchung, die in die DNA des Menschen eingeschrieben ist (vgl Gen 3), gerade dann, wenn es um machtvolle Positionen geht, eingehegt werden – noch besser: wie muss ein episkopaler Dienst verstanden werden?

„Mit dem Volk Gottes gehen: vor ihm, um den Weg zu zeigen, mitten unter ihm, um seine Einheit zu stärken und hinter ihm, um sicher zu stellen, dass keiner auf der Strecke bleibt, aber vor allem, um seinem Gespür für neue Wege zu folgen" – so formuliert es Papst Franziskus in mehreren Zusammenhängen. Und schon hier wird in einfachen Worten deutlich, worum es bei den episkopalen Diensten gehen muss.

Einfach formuliert: hier steht zuerst und vor allem das „mit": Es ersetzt das „Oben", und verändert damit das leitende Bild: Es geht um eine Augenhöhe, um eine Wechselseitigkeit, einen gemeinsamen Weg, der in sich birgt, dass es immer wieder neue Konstellationen und Herausforderungen gibt.

Dieses „mit" faltet Papst Franziskus dreifach aus. Eine zentrale Aufgabe besteht darin, das Volk zu orientieren. Ja, es braucht Führung und Orientierung, es braucht Vision und Richtung, sonst verkommt das Volk. Man kann das leicht besichtigen.

Doch hier geht es – und das wird schnell sichtbar – nicht um eigene Visionen. Gerade das Bischofsamt hat die Aufgabe, den Ursprung neu in die Gegenwart hineinzubringen: wie wird das Evangelium heute verkündet werden können? Das ist die jeweilige Orientierung, die nicht auf Systemerhalt zielt, sondern auf den Weg des Volkes Gottes – das ist ja das leitende Bild.

Zugleich ist das „mit" aber auch ein radikales „mitten unter ihnen". Interessanterweise verbergen sich hier wichtige theologische Perspektiven: Die Einheit zu stärken, das ist eigentlich die herausragende Aufgabe, eine sakramentale Aufgabe; es gilt ja, das Volk Gottes immer wieder aus dem Ursprung wachsen zu lassen: durch die Verkündigung, durch die Feier der Sakramente – besonders der Eucharistie, und durch die Einbindung in die Gesamtheit der Kirche. Gerade diese Herausforderung wird prägender: wir plädieren in diesem Buch für eine Dezentralisierung der Kirche, für eine Vervielfältigung der Orte des Lebens der Kirche, die zu einer inkulturierten Diversifizierung führen muss – aber genau dann zeigt sich, worin die Aufgabe eines ortskirchlichen Amtes besteht: im Einbinden der vielen Initiativen in eine wachsende und lernende Kirche, die sich ihrem Ursprung, dem lebendigen Christus, verbunden weiß.

Papst Franziskus aber faltet das „mit" auch in einem „hinter" aus. Und auch darin verbergen sich Wesensmerkmale kirchlicher Verantwortung: Zum einen wird klar, dass der „Hirtendienst" auch immer wieder verweist auf die Sendung: es geht um die Option für die Armen, oder besser: es geht um alle Menschen. Je mehr Gemeinschaften sich bilden, desto leichter wird es sein, dass sich Exklusion einstellt. Es gehört wesentlich zur Aufgabe des Amtes, immer wieder kritisch diesen Sendungsaspekt einzubringen. Es ist diese Sendungsorientierung, die verhindern kann, dass das Volk Gottes „feste Burgen" baut und damit „aus der Bewegung" kommt – es geht aber in jeder Zeit darum, die Zeichen der Zeit zu entdecken.

Und so steckt in diesem „hinter" auch jene synodale Unterscheidungsdimension, die wir intensiv reflektiert haben. Sie hat hier noch einmal eine wichtige Pointe: das „Neue" gilt es nicht hervorzubringen – das Neue bringt auch nicht das Amt. Vielmehr ist der amtliche Dienst verantwortlich dafür, die charismatische Dimension der Kirche und die Neuheit des Geistes ins Licht zu rücken. Der „sensus fidelium" kommt aber so am besten synodal ins Spiel, in einer „Unterscheidung der Geister", die zur Grundkultur der Kirche gehört, und für dessen Initialisierung der amtliche Dienst steht.

Wenn immer wieder von „Leitung" als dem Wesensmerkmal des amtlichen Dienstes gesprochen wird, dann ist dies richtig: aber hier geht es eben nicht einfach um ein „oben und unten", sondern das Amt steht dafür, dass es Christus selber ist, der sein Volk leitet. Anders lassen sich biblische Texte und auch die dogmatische Tradition nicht lesen. Es wird eben deutlich, dass dieses Dienstamt nicht umsonst sakramental verfasst ist: das bedeutet doch nichts anderes, als dass es hier eben nicht einfach um starke Leitungspersönlichkeiten gehen soll, sondern um solche, die genau dies auch existenziell leben.

Ein herausfordernder Vorschlag

Nun wird vielleicht deutlich, warum wir so intensiv an den Fragen von Berufung und Weihe gearbeitet haben, und welche Bedeutung die Kirchenentwicklung für die Bereitstellung lokaler Presbyterien hat.

Dies gilt dann nämlich noch einmal intensiver für die Frage des bischöflichen Amtes, und aller, die im Dienst des Bischofs als Priester und bewährte Theologi*nnen einen Dienst am Volk Gottes auf dieser Ebene leisten sollen.

Es wird deutlich: zum einen setzt auch diese Überlegung an der Frage an, wie man denn erkennen kann, dass jemand für einen solchen verantwortungsvollen und demütigen Dienst geeignet ist. Es setzt zum einen voraus, dass diese Personen ihren eigenen Weg als Christgläubige inmitten des Volkes Gottes gegangen sind – und somit erkennbar für alle wird, dass sie eine solche Eignung haben. Egal wer – aber auf diözesaner Ebene kommt der Berufung, dem Assessment, der Reife der Persönlichkeiten eine herausragende Bedeutung zu.

Von daher werden solche Dienste immer tief eingebunden sein in die Erfahrung des Volkes Gottes vor Ort. Denn was „bewährte Personen", Frauen wie Männer, mitbringen, um ihre Eignung zu belegen, ist nicht nur etwa die Gestaltungslust, die spirituelle Berufungsempfindung, sondern eine Glaubwürdigkeit gereifter christlicher Existenz sowie Gaben und Talente, die das Volk Gottes braucht.

Das können durchaus auch junge Menschen sein, aber hier würde ich dafür plädieren, dass das Volk Gottes solche jüngeren Menschen zunächst mit ihren für wichtig erachteten Kompetenzen in den Dienst ruft. Solche pastoralen Mitarbeiter*innen des Bischofs stehen in seiner Sendung und sind in der Lage, in bestimmten Feldern diesen Dienst zu tun.

Sich darin zu bewähren, und hier glaubwürdig Christus zu bezeugen, das wäre für mich die Voraussetzung, über eine Priesterweihe im uns gewohnten Rahmen nachzudenken. Das müssen keine Theologen sein, sondern zunächst und vor allem haben sie sich bewährt in der Sendungsgemeinschaft mit ihrem Bischof, alles dafür zu tun, dass das Volk Gottes vor Ort wachsen kann.

Ziemlich sicher werden Menschen „hervorragen", die das Volk Gottes vorschlägt, als Priester auf diözesaner Ebene Dienst zu tun. Diese Art der Bewährung wird dazu führen, dass Priester (Priesterinnen? Zölibatär? Verheiratet?) erst „später" berufen und geweiht werden.

Zu fragen ist in diesem Kontext dann in der Tat, wie viele solcher Personen es braucht, damit ein Bischof seine gesamtkirchliche und ortskirchliche Sendung gestalten kann.

All das hätte massive Konsequenzen: Priesterseminare in der klassischen Gestalt bräuchte es nicht mehr, Berufsgruppen erwiesen sich als rückwärtsgewandt – es ginge darum, Menschen zu entdecken, die mit ihren Gaben und Professionen der Ortskirche dienen. Jede weitere theologische Qualifikation, die es dann bräuchte, verlangt eine katholische und lokale Theologie zugleich, erfahrungsgesättigt und existenziell. Erfahrungen, wie sie im Mellitus College gemacht werden können und Überlegungen zu einer neuen Form der theologischen Ausbildung können diese Überlegungen ins Leben bringen.

8. Notwendende Räume des Erlebens und Verstehens freilegen

Wir Menschen wollen lernen, wir haben Wissenslust und Neugier. Im Normalfall ist das so. Und das gilt gerade und besonders auch dann, wenn wir das Paradigma einer gewohnten Berufs- und Volkskirchlichkeit verlassen und uns darauf einlassen, dass Menschen berührt werden und sich dann auf den Weg des Wachsens begeben wollen. Aber wie?

Es braucht einen neuen Zugang zum Glaubenswachstum, und einen neuen Zugang, den Glauben zu verstehen. Und der hängt damit zusammen, dass der christliche Glauben eng verknüpft ist mit der Erfahrung jenes Raums des Miteinanders, der wechselseitigen Beziehungen, der begeisternden Gegenwart des Auferstandenen.

Storytelling …

Wer die Geschichte von Emmaus in diesem Zusammenhang neu lesen möchte, der findet reichlich Spuren von diesem Ansatz: Menschen, die gemeinsam auf dem Weg sind, sich erzählen, was sie wirklich bewegt, ihre Fragen teilen – und die Erfahrung eines Resonanzraums machen, in dem der Geist Gottes wirkt: die Schrift erschließt sich in neuer Tiefe, eine Theologie entsteht.

In den vergangenen Jahrzehnten hat dies auch meine Glaubenserfahrung geprägt – von Anfang an: mit Menschen in einer Erzählgemeinschaft sein, miteinander austauschen, was uns bewegt, die Schrift lesen – all das steckte hinter der Grunderfahrung meiner Glaubensentdeckung: immer ging es um „small communities", in denen der Austausch von Erfahrungen neue Perspektiven eröffnete und auch neue Fragen weckte.

Der Aufbruch neuer geistlicher Bewegungen in der katholischen und evangelischen Kirche, das Werden von Freikirchen, die pastorale Entwicklung in Lateinamerika, Asien und Afrika lebt von dieser Grundarchitektur: das Teilen der Erfahrungen des Lebens, das Hören auf die Schrift und die überraschend begeisterte Erfahrung, dass ich mehr verstehe, mehr ergriffen werde, und noch mehr verstehen will.

Wenn deswegen in den letzten Jahren das „Storytelling" als Weg in den Blick rückte[140], so lassen sich hier dieselben Grundelemente entdecken: Es geht um eine Biographiearbeit, die dem eigenen Ursprung auf der Spur ist, die das eigene Feuer neu entdeckt und mit anderen teilt – und wird diese Erfahrung dann ins Licht des Wortes Gottes, in kontextuelle Liturgien, in Erzählgemeinschaften des Glaubens gestellt, dann beginnt eben nicht nur eine neue „Befindlichkeitsrunde", sondern es geschieht etwas Neues ...

Erfahrungsgesättigte Theologie ...

Es entsteht eine neue Weise der „Theologie", die aus der Erfahrung wächst. Und das ist spannend – gerade im Blick auf die Menschen, die Schritt für Schritt eintreten wollen in das Geheimnis des christlichen Glaubens, zu dem sie sich berufen wissen. Diese umkehrende und ergreifende Erfahrung will erzählt werden, will ergriffen werden als Geheimnis, will als Wirklichkeit verstanden werden.

Das ist eigentlich die „erste Theologie": dass im Erzählen der Geschichten des Lebens, die Einsicht in die Wirklichkeit Gottes mitten in der Welt, mitten unter den Menschen „wahrer" und „wirklicher" wird. Es ist eine existenzielle Notwendigkeit, zu verstehen, was man erlebt – und es setzt kein Studium voraus, wohl aber Räume, in denen es möglich wird, zu verstehen, was einen ergriffen hat. Es ist eine Theologie, die aus dem Hören der Schrift lebt, aus dem Feiern der Liturgie und die dann möglich macht, die eigene Tradition neu zu fassen, zu formulieren.

Dafür braucht es „Lehrer*innen" – aber nicht in dem Sinne, dass diese ihre Kenntnisse „zum Glauben vorlegen", sondern miteingebunden sind in diesen Weg des gemeinsamen Lernens. Die hohe Kunst der Begleitung, des Übersetzens ist hier gefragt: eine Demut des gemeinsamen Hörens, eine Demut, die Tradition in den Lebensraum des Miteinanders einzutragen, eine Demut jener Liebe, die Hebammenkunst ist. Wie man Menschen finden kann, die das „lernen" und „können"? Wer kann Lehrer*in des Glaubens werden, wenn nur „einer" unser Lehrer ist?

Bildungswege gehen

Zu den Konstruktionsproblemen heutiger theologischer Bildung gehört es, dass theologische Bildung getrennt ist von der Glaubensexistenz. Dann wird theologische Bildung abstrakt, nicht relevant – und umgekehrt eine Sache von Fachleuten. Es gehört zu den großen Dramen der theologischen Wissenschaften, dass sie den Kontakt zu den Lebensprozessen des Volkes Gottes fast vollkommen verloren haben und sich tendenziell selbst als akademische Metawissenschaft verstehen, die mit dem Glauben kaum etwas zu tun haben muss. Entsprechend gab und gibt es auch eine theologische Bildungslandschaft, die nicht systemrelevant zu sein scheint: man kann, wenn man will, alle möglichen Seminare besuchen, und sehr gerne sehr abstrakt diskutieren – aber irgendwie ist alles voneinander getrennt: Spiritualität wird ebenso Sache von geschulten Experten wie Theologie – und die Pastoral darf beides hinter sich lassen.

In einer zukünftigen Kirche wird die konsonante Bildung das Werden der Christgläubigen immer existenziell Herz und Verstand einbeziehen, und damit konstitutiv einen Wegprozess beschreiben, der nicht aufhört. Und das ist mehr als natürlich – integrales Wachsen ist natürlich.

Aber was bedeutet das konkret? Das Grundmodul des gemeinsamen Teilens von Glauben und Leben zeigt sich – so sahen wir – als Grundform der Theologie. In der Tat bleibt das Erzählen, das Zuhören, das Entdecken der Schrift die Grundperspektive, von der her ein „intellectus fidei", ein Nachdenken in der und über die eigene und geteilte Glaubensexistenz, gelingen kann.

Es wird aber gerade dann, wenn in diesen Räumen des Miteinanderlernens, immer deutlicher Potential, Charismen und Sendungen der Einzelnen ins Licht rücken, auch eine neue Lernlust in Gang kommen: wer immer Verantwortung übernimmt, wer immer seine Gaben einbringt, wird auch mehr verstehen wollen, wird – im Hören und Teilen des Wortes Gottes – die eigenen Ur-Sprünge erforschen wollen. Im Gleichklang.

Die Alpha-Logik

Die Entstehung einer theologischen Schule für Christgläubige in der anglikanischen Gemeinde Holy-Trinity-Brompton kann hier bezeugen, was auf diesem Weg geschieht. Denn natürlich waren schon die Alphakurse, die oft am Anfang eines gemeinsamen Weges des Christwerdens standen, ein Ineinander von Glaubenssuche, Glaubensteilung und Storytelling. Aber je mehr Menschen dann ihren Weg im Leben des Glaubens entdeckten, desto „dringender" wurde die Sehnsucht, das Leben, das in einem geboren worden war, noch tiefer zu verstehen. So entstand dann zunächst eine „Schule für theologische Bildung", die aus den Erfahrungen schöpfte und so die Tradition der Kirche in einer neuen Weise erschloss.

In ähnlicher Weise vollzog sich der Entwicklungsweg auch im Erzbistum Poitiers: die Erfahrung von örtlichen Gemeinden und ihrer neuen Gestalt, die Bildung von „équipes d'animation"– all das führte ja zur Idee einer konsonanten Bildung, die die lokalen Erfahrungen zusammenbrachten mit der großen Tradition der Kirche von Poitiers.

Das bedeutet also: Die Grundperspektive einer Erzählgemeinschaft führt wie von selbst dazu, dass eine Neugier auf die Ur-Sprünge, auf die große Tradition wächst. Allerdings wird hier deutlich, dass die jeweils größere Lernneugier immer geknüpft bleibt an den Lebenszusammenhang einer teilenden Gemeinschaft. Entsprechend braucht es Räume, die diese neue Form des Lernens auch ermöglichen und gestalten.

Von den Anglikanern lässt sich dies lernen: Wenn neue Formen des Kircheseins eine Pioniertheologie verlangen, braucht es eine neue Ausbildungsform, die die Tradition der Kirche neu relevant werden lässt aus dieser gemeinsam gemachten Erfahrung. In ähnlicher Weise gilt dies auch für Erfahrungen, die im nächsten Schritt von Holy Trinity Brompton gemacht wurden: Die Entstehung des Mellitus College ist deswegen so spannend, als hier der Lebenskontext der gelebten Kirche, die Spiritualität und die Theologie, die sich daraus entfaltet, und das Miteinander der Studierenden konsonant sind. Stimmig.

Wie beginnen …? Ein Traum

Ja, ich habe einen Traum. Und er beginnt ganz klein. Er beginnt damit, dass Gelegenheiten und Räume eröffnet werden, in dem Menschen ihre christliche Grunderfahrung miteinander teilen können. Ich bin mir sicher, dass dies auch in manchen Gemeinden passieren kann, aber zunächst wäre das eine Aufgabe, die in verschiedenen

Formaten zu gestalten wäre: regelmäßige Pilgertouren durch das Bistum, die ein solches Miteinander ermöglichen; Summercamps und Ferienakademien, die ermöglichen, dass Menschen miteinander ihren Glauben teilen, miteinander leben und ins Gespräch kommen über ihre eigenen Erfahrungen.

So kann auch eine neue Theologie geboren werden. Eine Theologie, die verwurzelt ist in den Erfahrungen gelebten Lebens, und die sich von hierher einen neuen Zugang zur eigenen Tradition, zum eigenen Ursprung erarbeitet.

Und dann dreht sich die Frage nach einer akademischen Theologie neu. Denn auch sie will neu geboren werden, und wird dafür auch sterben müssen in ihrer bisherigen Konstellation: ist es wirklich denkbar, dass sie neu wird ohne Formen gemeinsamen Hörens, gemeinsamen Teilens?

Ganz gewiss braucht es eine akademische Theologie, aber ganz gewiss nicht abgetrennt von einer lebendigen Glaubenserfahrung in Gemeinschaft. So etwas träume ich aber nicht allein. Es ist mehr als überraschend, und gewiss auch ein Zeichen der Zeit, dass in der Krise der universitären Theologie auch viele neue Versuche wachsen, Theologie aus der gelebten Erfahrung des Glaubens und des Kircheseins zu gestalten.

Es wird eine andere Theologie sein. Sie wird ökumenisch sein, sie wird gegründet sein in der Schrift und im Leben der Menschen. Sie wird überraschend aktuell sein, überraschend politisch – vor allem aber wird sie nicht so binnenfixiert und isoliert sein, sondern Antwort auf die Lernlust des Volkes Gottes. Davon träume ich …

Ach ja! Die Lehrer*innen …

Und woher kommen die? Ich bin überzeugt, dass es diese Persönlichkeiten schon gibt. Denn überall da, wo Anfänge gemacht worden sind – in Summerschools, in Kursen zu fresh X, in Sommerakademien – haben sich Talente und Gaben schon gezeigt: und so braucht es Geduld, aber auch die zielstrebige Suche nach Menschen, die zum einen ihren eigenen Glauben vom Ur-Sprung her neu entdeckt haben – und die den Weg des gemeinsamen Lernens lustvoll gehen wollen. Sie gibt es!

9. Das Werden der Christen: vom Ende einer Illusion

Ich mag nicht so gerne die Argumente verfolgen, die die alljährlichen Austrittszahlen kommentieren. Zuviel Empörung über die Kirchen, die ihrerseits sehr beunruhigt sind; zuviel shame and blame, nach dem Motto: haben wir schon immer gesagt. Wenn die Kirche partizipativer wäre, wenn die Hierarchie nicht so machtvoll wäre, wenn wir mehr Beziehungen suchen würden, wenn wir besser kommunizieren würden ...

Das stimmt alles – wie auch stimmt, dass die Wirkungsgeschichte des Evangeliums heute in überraschender Weise weitergeht, aber eben nicht als lineare Fortsetzung des bisherigen. Ich finde es merkwürdig, dass Erneuerung eigentlich immer nur dazu führen soll, eine bisherige Gestalt zu bewahren und zu verschönern. Mir fehlt jegliche Vision in solchen Überlegungen.

Mir kommt es ein wenig so vor, als gäbe es eine latente Sehnsucht nach der gleichzeitig traumatischen Vergangenheit, und ein ängstliches Schauen auf die Zahlen eines strukturierten Gefüges, das man andererseits gar nicht erhalten wissen möchte. Die Vergangenheit war nicht besser, im Gegenteil: wir leben im Jetzt, und sind immer wieder herausgefordert, aufzubrechen, hinter uns zu lassen, was gewachsen war.

Können wir uns darüber verständigen, dass es kein Interesse am Selbsterhalt der derzeitigen institutionellen Verfasstheit und dem Gesamtgefüge kirchlicher Konfiguration geben muss, die doch ihrerseits einer Gesellschafsform verpflichtet ist, die selbst im tiefgreifenden Wandel ist?

Was kommt nach dem Sterben?

Genau diese Frage führte zum II. Vatikanischen Konzil. Schon vor 70 Jahren war erkennbar, dass selbstverständlich ererbte Zugehörigkeit und Eingebundenheit in einem sozial kontrollierten Milieuchristentum keine Zukunft hat. Und dennoch: die Parameter sind seitdem immer noch dieselben. Es geht um den sonntäglichen Gottesdienst, es geht um die Frage, wie sehr man sich in bestimmten Kontexten engagiert, es geht um die Frage, wer denn dazugehört und wie. Und letztlich geht es auch um Geld: Taufbereitschaft und Austrittsquote müsste man verändern, und siehe da: dann wäre alles wieder gut.

Das kann nicht ernstgemeint sein? Doch, ist es. Und es liegt vielleicht daran, dass die Angst vor radikaler Veränderung zu Recht sieht, dass es hier ein radikales Sterben gibt. Und nein – das möchte keiner erleben. Und es mutet an, als würden wir lieber länger sterben, als auferstehen.

Das eigentliche Problem liegt aber vielleicht genau da: Ohne Ahnungen der Zukunft wirkt diese Zukunft wie ein zu gefährliches und unkalkulierbares Land. Und eigentlich ist es ganz einfach: Es geht darum, hinzuschauen auf das Werden von Christgläubigen und Kirche, wie es sich zur Zeit ereignet – ohne Vorbehalte, ohne Angst, aber mit Neugier. Das ist angemessen: denn in der Tat stehen wir mitten im Sterben. Das dauert länger, je länger wir es aufhalten – aber: gleichzeitig können wir ein Neuwerden erleben, mitten in den Ruinen dysfunktionaler Volkskirchlichkeit.

Und das ist spannend für die, die nicht die Vergangenheit oder eine erwünschte Verlängerung volkskirchlicher Restgegenwart möchten, sondern den Mut haben, sich einzulassen auf das Wirken des Geistes. Mit anderen Worten: mit einem Blick des Glaubens, der österlich blicken kann. Und der nicht Strukturen und Systeme erhalten will, sondern bereit ist, sich beschenken zu lassen.

Und ja: es braucht den Mut, nicht auf den Selbsterhalt eines kirchlichen Systems zu schauen, sondern darauf, wie Menschen heute die Wohnung Gottes unter den Menschen – das Geschenk seiner Gegenwart, das Reich Gottes, erfahrbar werden lassen. Und Kirche ... käme erst danach.

Pilger und Konvertiten[141]

Die These von Danièle Hervieu-Léger hat auch 20 Jahre später nichts an ihrer Radikalität verloren, im Gegenteil. Genau so ist es – mit allen Konsequenzen: Menschen sind zum einen – und das ist der größte Teil – auf den Wegen ihres Lebens, sie suchen, sie finden immer mal wieder – und das ist letztlich nicht machbar. Die

Unverfügbarkeit macht jede Vorgabe dysfunktional. Es kann nicht verwundern, dass Menschen aller Generationen sich nicht mehr messen lassen mit den Kriterien von gestern. Es kann nicht verwundern, dass Menschen sich entscheiden, irrelevantes aus ihrem Leben herauszuhalten.

Es kann aber auch nicht verwundern, dass Menschen sich intensiv mit ihrem Glauben auseinandersetzen, es kann nicht verwundern, dass sie nach dem Besten Ausschau halten, was sie finden können – und dafür klassische Zuschreibungen verlassen.

Was meine „Gemeinde" ist, wo ich meinen Zugang zur Spiritualität finde – und welche das ist: all das entscheiden wir selbst, mit hoher Selbstbestimmung, mit allen Risiken, mit aller Freiheit. Und all dies ist nicht raum- und zeitbeständig. Es richtet sich nach Rhythmen meines Lebens, es kann sich durch Umzüge ändern – und es ändert sich durch unvorhersehbare Impulse und Begegnungen.

Und das geschieht heute nahezu in allen Biographien. Dies geschieht in meiner Biographie, dies geschieht in der Biographie meiner Mutter – aber es macht eines deutlich: alle klassischen Parameter können so nicht mehr gelten. Wir stehen vor einer neuen Typenlehre des Christseins – und das hat Auswirkungen auf alle Wirklichkeiten des Kircheseins.

Werden

Es ist – wie oft – Christoph Theobald, der in der Reflexion seiner Erfahrungen ein neues Licht vom Ur-Sprung des Evangeliums in unsere Zeit hineinleuchten lässt. Theobald hat in seiner Praxis der gemeinsamen Schriftlesung immer wieder die Erfahrung gemacht, wie unterschiedliche Menschen sich in sehr spezifischer Weise in Verbindung mit dem Evangelium bringen. Und das lässt sich selbst im Blick auf die Erfahrungen Jesu neu in unsere Zeit hineinlesen.

So wie Menschen Jesus im Evangelium begegnen, die eigentlich oft nur einmal seine Botschaft wahrnehmen, in ihrem Glauben Heilung erfahren, so beschreibt Theobald diese Menschen, die grundlegend glauben als „Söhne und Töchter der Seligpreisungen": Ja, sie sind Glaubende, sie sind Menschen, die das Evangelium an sich und in sich erfahren – aber sie kommen und gehen in diesem Glauben im Blickfeld des Evangeliums. Andere machen sich auf den Weg, als Jünger*innen – als diejenigen, die sich mit Jesus auf den Weg machen, und ihr Leben umkehren: sich einlassen, weil sie berührt wurden, unausweichlich. Und schließlich entdeckt Theobald in den „Apostol*innen" jene, die diese Botschaft weitertragen wollen ... Hier geht es nicht um Bewertungen, nicht um Fixierungen in bestimmte „Stände" des Glaubens, hier geht es nur um würdigende und wertschätzende Beobachtungen der existenziellen Entwicklungsprozesse. Aber klar ist auch, dass in allen diesen Beobachtungen sich eine Dynamik niederschlägt: alle diese Menschen sind auf ihrem Weg, auf dem Weg, zu werden, wer sie sind.

Herausforderungen eines neuen Blickes

Wenn es nicht mehr darum geht, die Menschen in die Kirche zu ziehen; wenn es nicht mehr darum gehen kann, neue Mitglieder zu finden; wenn nicht die Hauptsorge darin besteht, Geld zu sammeln, um eine Institution zu erhalten – und wenn es auch nicht mehr darum geht, neue Ehrenamtliche zu finden, dann öffnet sich der Blick.

Es geht dann nämlich darum, Räume freizulegen, in denen die unverfügbare Resonanz Gottes erklingen kann, in denen die Liebe erfahrbar wird, die unbedingte Gastfreundschaft, die liebevollen Blicke und Beziehungen. Und all das gratis durch jene, die selbst ergriffen sind von der Kraft dieser Gegenwart.

Dann wird verständlich, welche großen Chancen die gegenwärtige Transformation des Christentums birgt. Denn ohne große Pläne und Projekte könnte es einfach darum gehen, die vielfältigen Orte des Dienstes, die Kindergärten und Schulen, die Krankenhäuser und Einrichtungen, die Beerdigungen und Hochzeiten, Taufen und Feiern zu dem werden zu lassen, was sie zutiefst und wesentlich sind: Räume der Begegnung, der Offenheit für das Geheimnis des Zwischen.

Darauf kommt es an: dass sie sind, was sie zutiefst sind – Orte seiner Gegenwart. Wie intensiv lässt sich das erleben, bei Wallfahrten und Pilgertouren, in der Gastfreundschaft, in der Offenheit und Kontextualität einer Taufe, einer Segensfeier. Eigentlich ist alles das schon da und möglich. Und die Resonanz auf diese Erfahrungen bestätigt all dies.

Aber man muss Bewertungen und Unterscheidungen samt der ihnen zugrundeliegenden wertenden Bilder von Kirche und Gemeinde sterben lassen. Und wir brauchen eine neue Katholizität, eine „generous orthodoxy", wie die Anglikaner fein formulieren: anstatt eines populären und polemischen Absprechens der wahren Katholizität gebührt es sich, die Früchte zu bestaunen, die so unterschiedliche Erfahrungen wie die „Mehr"-Konferenz, die Wallfahrten nach Medjugorie, die 72-Stunden-Aktion, die Verbandsarbeit, die Messdienerwallfahrt nach Rom, die Reisen nach Taizé oder so viele andere Erfahrungen hervorbringen.

Unterschiedliche Kulturen katholischen Zeugnisses und Lebens und unterschiedliche Erfahrungszugänge gehören wesentlich zu dieser vielfältigen Entwicklung.

Es zeigt sich dabei dann aber auch, dass es nicht ein „zu wenig" an Zugängen und Kontaktmöglichkeiten des Evangeliums gibt. Eher zeigt sich eine andere Herausforderung.

Zum Apostel berufen?

Christ*in werden ist ein Prozess. Ein Prozess des lustvollen Lernens, der neuen Perspektiven, der vertiefenden Umkehrwege. Und die eigentliche Frage für die Zukunft wird sein, wie Menschen der Raum des Wachsenkönnens eröffnet wird. Genau das ist in der Vergangenheit zu wenig geschehen. Die Rahmungen der Volkskirchlichkeit machten deutlich: die eigentlichen Christen sind Ordensleute und Priester – und das andere ist das Volk, sind die Laien, die ja auch nicht viel mehr machen müssen, als zu hören, den Glauben anzunehmen, die Vorschriften einzuhalten. Darum braucht man ja ihnen auch nicht mehr als das beizubringen.

Diese Zeiten sind vorbei. In einer dynamischen Entwicklung, die um die Mitte des unverfügbaren Raums der Gegenwart Gottes inmitten seines Volkes kreist, wird es nötig und wichtig, Menschen auf ihrem Weg Räume zu eröffnen, in denen sie tiefer ihren eigenen Glauben erfahren, bedenken und vertiefen können – und ihre Berufungen wahrnehmen können, um Apostol*innen des 21. Jahrhunderts zu werden.

Und es zeigt sich, dass es hierfür Orte braucht, an denen Menschen, vornehmlich junge Menschen, hineingeführt werden in das Leben des Christseins – und in das Verstehen der Tradition. Genau solche Orte sind am Entstehen. Erfahrungen von christlichen Orientierungsjahren, in der Jüngerschule im Gebetshaus Augsburg oder etwa der Home-Basis in Salzburg[142] deuten die Richtung an: was für evangelikale Freikirchen schon immer galt und normal ist, wird in Zeiten postmoderner Diaspora zur Grundfrage des Christwerdens: welche Orte, welche Zeiten, welche Gemeinschaften nötig werden, damit Christen intensiv geprägt werden können vom Geist des Evangeliums – und ihren Glauben aus dieser Nachfolge heraus verstehen lernen. Es gehört zu den unbedingten Prioritäten der kommenden Jahre, solche Orte und Wege des Christwerdens zu gestalten und zu entwickeln.

10. Für ein gutes Leben – Ein neues Bild der „Pfarrei"

Es geht nicht mehr um die Frage, wie alle eingebunden werden können in eine Pfarrgemeinde. Es geht nicht um die Frage, ob sie alle zu einem Gottesdienst am Sonntag (am besten um 10h!) kommen sollten – oder sich in Pfarrgemeinden engagieren. Nein, mit Partizipation ist das nicht gemeint. Und es geht auch nicht darum, dass Engagement im Glauben gemessen wird daran, ob sich jemand in einer Gruppe, einem Gremium engagiert. Auch das nicht.

Umdenken muss man das Verständnis von der Pfarrei – und sich zunächst fragen: worum geht es eigentlich? Und welchen Sinn macht dann noch die Struktur der Pfarrei und was bedeutet sie?

Worum es eigentlich geht …

Es geht um den Ur-Sprung, um jene ursprüngliche Erfahrung, die in leidenschaftliche und unausweichliche Berufung führt: dass Menschen in der Kraft des Geistes antworten auf die Freude und Hoffnung,

Trauer und Angst der Menschen, besonders der Armen – wie es das Konzil sagt – und dadurch das Reich Gottes erfahrbar wird und die Erfahrung jenes Miteinander sich als Kirche kristallisieren kann.

Es geht also darum, dass an den verschiedenen Orten, in den verschiedenen Gemeinschaften und Netzwerken, sich das Leben des Evangeliums, das gute Leben der Menschen, sich entfalten kann. Und so wachsen neue Gemeinschaftsformen, aus der Kraft des Evangeliums und des Geistes, entwickeln sich klassische Gemeinden, Gebetsgemeinschaften, Netzwerke – in großer Selbstorganisation, in Selbstverantwortung, aufblühend und sterbend.

Hinzuzudenken sind die vielen Einrichtungen, sind Kindergärten, Beratungsstellen, Wallfahrten, Krankenhäuser, Verbände, Bewegungen – überall wird eine bunte „Mixtur", ein „Mischwald", eine „mixed economy of churches" entstehen, je nach den Kontexten und Herausforderungen der Zeit und des Ortes. Und immer geht es darum, dass die Erfahrung dieser Sendungsgemeinschaften Räume des „guten Lebens", die Erfahrung gelebter Menschlichkeit, des Friedens und der Gerechtigkeit freilegen, wirksam werden lassen.

Solche Räume sind – schon heute – grundlegend ökumenisch, sie sind „ohne Grenzen", suchen das Miteinander mit allen Kräften, die aus demselben Geist zusammenwirken wollen. Hier spiegelt sich dann die Weite des Reiches Gottes, die Reichweite jenes „Geheimnisses", das die Welt leben, gut leben lässt.

... und was es bedeutet

Kein Zweifel, das ist ein völlig anderes Bild kirchlichen Lebens. Es schaut vom Leben her, von den Menschen, von der Sendung – und von den Geisteskräften und Geistesgaben der Menschen. Es schaut von den Ur-Sprüngen der Menschen her, von der gemeinschaftsbildenden Kraft der Sendung, von den „communities", den kleinen oder großen, die sich entwickeln, die aber auch zu Ende gehen können. Denn darum ging es schon immer: man braucht ja nur auf das Evangelium schauen, auf die berühmten Sendungsreden Jesu, in denen er seine Jünger*innen auf den Weg schickt: überall dort, wo „Resonanz" des Evangeliums entstand, dort entstanden Gemeinschaften – überall dort, wo Paulus Menschen traf, denen „der Herr das Ohr öffnete", entstanden Orte des Lebens. Und wo nicht, da nicht. Das ist natürlich viel „liquider", viel provisorischer als gewohnt.

Mich hat in den vergangenen Jahren immer wieder beeindruckt, wie die Gemeinschaft von Taizé genau dies aufgriff: sie lädt Jugendliche ein, „provisorische Gemeinschaften" zu bilden. Für ein paar Wochen zusammenzuleben, mitten in den sozial herausgeforderten Stadtteilen großer Metropolen, das Evangelium zu teilen, mit den Menschen zu leben.

Mich hat aber auch beeindruckt, dass solche Gemeinschaften klein oder groß sein können, stärker geprägt von der Leidenschaft für Flüchtlinge, oder aber einfach mit Leidenschaft für Kinder und Eltern, dass sie kleine lokale Gebetsgemeinschaften sein können – all das wächst, wenn es wachsen darf und ermutigt wird.

„Flächendeckend"?

Und es löst die Perspektive einer universalen Versorgungs-Kirchengemeinde auf, in der alles auf eine Gemeindegestalt zielt und alle integriert werden müssten. Es löst die schräge Rede von der flächendeckenden Pastoral auf, über die dann – immer noch – klerikal-institutionell gesprochen wird: „Die Kirche zieht sich aus der Fläche zurück". Der Hintergrund dieses Bildes ist klar: alle sind ja irgendwie eingebunden durch die Taufe in die Kirche vor Ort, und deswegen ihr zugeordnet: Taufen und Beerdigungen, Trauungen und Erstkommunion, Firmung und alles wird für die Mitglieder organisiert – und es wird kontrolliert. Eine solche „Flächendeckung" organisiert eine Pastoral für die Mitglieder, will sie aber auch verpflichten. Ganz einfach etwa so:

„Die Leute fahren doch auch zum Supermarkt, da können sie doch auch 20 km zur Messe der Pfarrei fahren" – „Wir müssen doch alle versorgen" – „Ich habe doch ein Recht darauf, dass mich der Pfarrer oder wenigstens (!) die Gemeindereferentin beerdigt" – „Wenn hier kein Hauptberuflicher mehr ist, dann ist hier keine Kirche".

Gut gelernt, gut eingeprägt, aber ein Bild der Versorgungskirche, die dann natürlich flächendeckend „für" die Mitglieder da sein muss

(*„Im Übrigen: Wir haben ja die Kirchensteuer bezahlt ...")* Wenn nun
„die Katholiken machen, was sie wollen", wenn nun eine selbstorga-
nisierte und in die Welt offene Konfiguration der Kirche wächst, hat
dann die Rede von der Pfarrei noch einen Sinn? Klar ist: neue Formen
und gewachsene Gemeindeformen stehen dann nicht in irgendeinem
Konkurrenzverhältnis, sondern sind Ausdrucksformen gelebter Prä-
gungen. Klar ist auch: niemand „wandert ab", „geht weg", wenn er
oder sie sich anderen Gemeinschaftsformen zuwendet. Klar ist aber
auch: die erschreckende Blindheit klassischer Kirchengemeinden, die
weder Chancen noch andere Orte entdeckt, die schon da sind und in
denen Menschen sich engagiert auf das gute Leben des Evangeliums
einlassen – sie braucht eine deutliche Blickweiterung.

Subsidiär und sakramental

Braucht es deswegen keine Pfarreien mehr? Haben Pfarrgemeinden
eine höhere Normativität als andere Formen des Kircheseins? Für
wen macht die Pfarrei einen Sinn? Ganz klar: in der vergangenen
Zeit kontrollierbarer und überschaubarer volkskirchlicher Kulturen – und das ist keine Erfahrung, die vor den 2. Weltkrieg zurückreicht – sollte die Kirche vor Ort monokulturell die Gemeinde sein.
Und Bewegungen und Verbände, Gemeinschaften und Initiativen,
die sich nicht einordneten oder – o Graus! – neu entstanden, waren
tendenziell nicht so katholisch, ja vielleicht sogar sektiererisch, wenn
sie nicht der Kultur entsprachen, die vor Ort geprägt worden war.
      Diese Verkleingärtnerung der Kirche am Ort machte dann eine
sehr milieugebundene Volkskirchlichkeit zur Grunderfahrung – obwohl Kirche immer „weiter" war. Wenn sich nun diese unkatholi-
sche Verengung wieder weitet und öffnet, dann stellt sich die Frage,
welche Sinngestalt „Pfarrei" haben kann – immerhin ist das die ba-
sisnahe kirchliche und auch juridische Grundstruktur der katholischen Kirche.
      Aber hier muss man genau hinschauen: Kirchliche und institu-
tionelle Strukturen haben – auch und gerade im Kirchenrecht – etwas zu tun mit den Rechten der Christgläubigen: denn damit die
Sendung leidenschaftlich gelebt werden kann, damit die Kraft dafür

da ist, die eigene Berufung und Sendung zu leben, braucht es Unterstützung und Kraft. Das Kirchenrecht argumentiert hier nicht pastoral, als ob die Pfarrei ein Sammlungsort wäre, der das Ergebnis der (hauptamtlich-klerikalen) Sammlungsbemühungen wäre – es geht um eine andere Perspektive: Die Menschen, die von Christus ergriffen und berührt sind, bilden (ohne dass sie dazu irgendwelche Aktivitäten oder Pflichten erfüllen müssten) die eine Kirche an diesem Ort. Christus hat dieses Volk gesammelt, es ist „sein Leib", gegeben in die Welt, damit das Evangelium überall bezeugt wird und die Welt das „Salz" und „Licht" geschenkt bekommt, damit das gute Leben in Fülle gelebt werden kann.

Dann aber wird klar: es gibt die „Pfarrei" als institutionelle Wirklichkeit nicht als Geldverwaltungsort (das gehört auch dazu), nicht als „Struktur", sondern als den Raum, in dem allen (allen!) das Evangelium so verkündet wird, dass sie dem lebendigen Wort Gottes begegnen können (genau das meint „amtliche" Verkündigung) und durch dieses Wort verwandelt handeln können. Es ist der Raum, in dem die sakramentale Wirklichkeit der Gegenwart des Herrn geschenkt wird – und damit der Herr selbst, Christus, sein Volk führt und begleiten kann.

Das „institutionelle" Profil der Kirche hat also einen subsidiären Charakter: es geht um die Erfahrung, dass der Geist immer wieder neu einbrechen kann und so die Menschen stärkt. Darauf haben sie ein Recht, auf jenen Christus, mit dem sie unterwegs sind zum Ziel, dem himmlischen Jerusalem.

Indem ich das so formuliere, ist klar, dass damit zum einen eine große Freiheit formuliert werden soll: es geht nicht mehr um die monolithische Versorgungskirche, es geht nicht mehr um eine bestimmte Sozialgestalt, sondern es geht darum, Geist und verwandelnde Kraft frei zu geben, damit die unterschiedlichsten Sozialgestalten, die unterschiedlichsten Berufungen und Sendungen ins Leben kommen können.

Das bedeutet vor allem für die Verantwortlichen, die in der Sendung des Bischofs stehen – Hauptamtliche, Priester sind gemeint –, dass sie vor allem dazu da sind, den Dienst an der Sakramentalität der Kirchenentwicklung zu tun: in der Verkündigung, in der Feier der Sakramente – immer im Wissen darum, dass dies ermöglichen soll, dass die Sendung der Kirche, die Sendung des Volkes weitergehen kann. Genau das feiern wir ja als Quelle und Höhepunkt, daraus leben wir, wenn wir Eucharistie feiern: den Ur-Sprung unseres Lebens, damit wir uns mit genügend Kraft senden lassen können. Das könnte entlasten: weil es dann nicht mehr so sehr ums Machen, um pastorale Ideen ginge, sondern um einen ganz anderen Stil der Verantwortung, einen anderen Stil der Leitung, dessen Elemente wir schon sehen konnten.[143]

Einssein: gemeinsam auf dem Weg sein

Dieser Dienst ist aber auch ein Dienst an der Einheit der ganzen Kirche. Deutlich wurde ja, dass in dieser Vielfalt wachsenden und sich verwandelnden Lebens der Kirche auch immer wieder deutlich wird, dass all dies geprägt ist von der Gegenwart des einen Christus. Diese Gemeinsamkeit der Vielen ist ja die Grunderfahrung des Evangeliums: ein Leib in Christus sein – das ist die Herausforderung. Darunter geht es nicht: denn „katholisch" sein ist immer konkret, eingebunden in eine weltkirchliche Gemeinschaft – auf Augenhöhe. Dafür zu sorgen, das ist eine wesentliche und eine „sakramentale" Aufgabe. Es geht immer wieder darum, dass das Volk Gottes entdecken kann, auf welchem Weg Gott sein Volk begleitet.

Daran wird deutlich, worin in dieser episkopalen Perspektive der Dienst der Einheit besteht: dafür zu sorgen, dass wir gemeinsam die rufende Stimme des Herrn hören. Je mehr Vielfalt entsteht, je mehr das Evangelium eine „mixed economy" hervorbringt, desto mehr braucht es Orte und Räume, in denen alle gemeinsam entdecken können, welchen Weg der Herr weist.

Das ist ein geistliches Geschehen. Davon sprechen schon die ersten Erfahrungen der frühen christlichen Gemeinden. Wenn etwa die Apostel das Volk versammeln, damit eine Lösung für die hellenistischen Witwen gefunden werden kann (Apg 6) – oder wenn, weitaus folgenreicher, die Erfahrungen der „Heidenchristen" beim

187

Apostelkonzil gedeutet und entfaltet werden wollen (Apg 15). Synodalität heißt die Ausdrucksform dieser dynamischen Wegsuche des Volkes Gottes. Das ist nicht nur die gesamtkirchliche Herausforderung – darum geht es wesentlich und sakramental an der Basis. Und das ist in der Tat eine der wichtigsten Aufgaben derer, die das Volk Gottes ruft, damit sie den Dienst der Leitung wahrnehmen.

Nachspiel

Taizé: Das Ganze im Fragment

Ich knie auf meinem Gebetshocker. Neben mir eine junge Niederländerin. Sie ist ganz vertieft in das Buch eines Sufimeisters. Wir warten auf den Beginn der Messe in Taizé – mit 3000 anderen Menschen, vor allem jungen Menschen. Diese Eucharistiefeier am Ende der Woche, die wir alle in Taizé verbracht haben, ist wirklich „Höhepunkt und Quelle" – so empfinde ich es hier wie an keinem anderen Ort. Diese schlichte Feier hat es in sich, sie zeigt noch einmal wie in einem Spiegel, wie wir hier gelebt haben. Selten habe ich erfahren, wie der Vorsteherdienst so wenig klerikal ausgestaltet ist. Selten lässt sich Partizipation aller so deutlich erfahren – selten steht Gott so sehr im Zentrum, und ist in seiner unfassbar ergreifenden Gegenwart erfahrbar. Und die wesentliche Kraft der Wandlung. Kein Wunder, dass ich weine.

Und so wie die Messe am Sonntag in Taizé den Höhepunkt feiert, ist sie doch auch Quelle: die Begegnung mit dem Auferstandenen, die mich wieder nach Galiläa führt, in mein Galiläa – hier zu dem Buch, das ich nun zu Ende schreibe, und in mein Bistum, dass mitten in tiefen und fruchtbaren Wandlungsprozessen steht.

Immer dann, wenn ich Tage in Taizé verbringe, verdichtet sich die Wirklichkeit. Der mystische Kern, Grund und Ursprung des Christseins der Zukunft, den wir in den Erfahrungen und Gedanken umkreist haben, die möglichen Zukunftswege, die wir angedacht haben (nicht aus- und fertiggedacht!), sie alle spiegeln sich in der Erfahrung in Taizé.

Eine Woche lang Ekklesiogenesis, eine Woche lang eine Tiefe zwischen Menschen, die sowohl in der Stille wie im Hören, im Feiern wie beim Essen erfahrbar wird, ein unsichtbares Netz knüpft und bebildert, was wir ersehnen, wenn wir uns nach der Zukunft ausstrecken: die Stadt, das Zusammenleben, in dem Gott so lebendig erfahrbar wird.

Die Schrift! Wie nirgendwo so dicht scheint mir das Hören möglich. Was im 1. Thessalonischerbrief als Jubelwort des Paulus festgehalten ist, wird hier Erfahrung:

„Darum danken wir Gott unablässig dafür, dass ihr das Wort Gottes, das ihr durch unsere Verkündigung empfangen habt, nicht als Menschenwort, sondern – was es in Wahrheit ist – als Gottes Wort angenommen habt; und jetzt ist es in euch, den Glaubenden, wirksam" (1 Thess 2,13).

In Taizé wird aber genau jene postmoderne Wirklichkeit einer missionarischen Kirche sichtbar, die Christoph Theobald so deutlich beschrieben hat[144]: Nicht mehr Mitgliederlogiken beherrschen das Feld, sondern eine heilige Gastfreundschaft, die Menschen unterschiedlichster Glaubensüberzeugungen einen Raum des Selbstwerdens eröffnet: Menschen, die einmal kommen und beeindruckt sind von der intensiven Wochengemeinschaft, die sich hier bildet, der Leichtigkeit, dem Vertrauen zueinander, der Praxis des wechselseitigen Annehmens und Aushaltens. Und zugleich werden Menschen hier zutiefst berührt und von Sympathisant*innen zu Jünger*innen. Der Raum der Gemeinschaft, der sich hier als „Zelt" provisorisch aufschlägt, ermöglicht dies – und ermöglicht auch das tiefere Hineinwachsen in die Christusnachfolge.

Es ist beeindruckend, wie einfach, wie selbstverständlich und klar, aber auch wie provisorisch hier Gottes Wohnung unter den Menschen erwächst. Es ist eine „Kirche der Gastfreundschaft", die dennoch ermöglicht, dass alle gemeinsam sie tragen. Nirgendwo hat es mich so beeindruckt, wie viele Menschen sich einlassen auf eine Trägerschaft. Es würde anders nicht funktionieren, als dass möglichst viele mitwirken am Aufbau dieses Lebens vor Ort: Essen und Hygiene, Sauberkeit und Fahrdienste, alles jede Woche in die Hände jener Gemeinschaft gelegt, die dort ist.

Irgendwie war es deswegen kein Wunder, dass der diesjährige Brief von Frère Alois von Gastfreundschaft handelt – sondern eben ein Spiegel, der genau jene Überlegungen ins Licht rückt, die das Heute des Weges unserer Kirche beschreiben.

Und ich schaue zurück, auf die vielen Freunde und Freundinnen, auf die vielen Begegnungen, ohne die dieses Buch nicht gewachsen wäre. Das sind so viele – an vielen Orten. Aber ich fühle, dass in den vergangenen Jahren immer mehr Menschen mitleben und mitdenken, mit aufbrechen. In der Tat ist eine Zeit vorbei, in der man geneigt war, eine vergangene Kirchengestalt zu bewahren. Gott führt uns weiter, er wandelt und erneuert, er räumt Wege frei, er bringt zum Tod und zum Leben.

Allen möchte ich danken. Und alle möchte ich einladen, weiter mitzudiskutieren, mit ins Gespräch zu kommen über den Weg, den Gott mit uns gehen will.

Taizé, 11. August – Fest der heiligen Klara

Anmerkungen

1 Vgl. hierzu meinen Versuch C. Hennecke, Glaube mit Vision – 7 kraftvolle Impulse für dein Leben, Gütersloh 2018.
2 So in einem Interview, siehe: https://blog.derbund.ch/berufung/index.php/35027/35027/ (abgerufen am 10. Juni 2019).
3 Ebd.
4 Ebd.
5 Ebd.
6 So im Interview mit den Kommunikationslotsen (abgerufen am 10.7.19): https://kommunikationslotsen.de/interview-mit-uwe-luebbermann/
7 Vgl. http://wiki.premium-cola.de/kollektiv/kunst (abgerufen am 22. Januar 2020).
8 Näheres bei www.systelios.de
9 Vgl. den Vortrag „Gesundheit ist (k)eine Leistung. Impulse für (m)ein hypnosystemisches Grundverständnis" beim Symposium „Würde und Mitgefühl in Psychotherapie, Beratung, Organisationen und Gesellschaft" vom 29. September bis 01. Oktober 2017 in Heidelberg, CD beim Auditorium Verlag.
10 Vgl. zum folgenden Mechthild Reinhard 2 x 2 = Grün: Vertrauen ins Vertrauen als hypnosystemische Kernkraft für menschenwürdige (Selbst-)Organisationen, in: J. Zwack/E. Nicolai (Hg.) Systemische Streifzuge – Herausforderungen in Beratung und Therapie, Göttingen 2014, 282–320.
11 Ebd., 292.
12 Ebd., 313.
13 Sie verweist auf R. Rohr, Reifes Leben – eine spirituelle Reise, Freiburg 2011.
14 M. Reinhard, 2 x 2 = grün, a.a.O., 298.
15 Ebd., 313.
16 Zum folgenden F. Laloux, Reinventing organizations, München 2015.
17 Ebd., 57.
18 Ebd., 62.
19 Ebd., 64.
20 Ebd., 65.
21 Jos de Blok, Gründer von Buutzorg, ebd., 65.
22 Ebd., 80.
23 Ebd., 110.
24 Ebd., 144.
25 Ebd., 200.
26 Vgl. Klaus Hemmerle, Thesen zu einer trinitarischen Ontologie, Einsiedeln 1992. Zuletzt ders., Leben aus der Einheit, München 2018.
27 Wer es prägnant will, der lese die Kurzfassung der Resonanztheorie bei H. Rosa, Unverfügbarkeit, Salzburg 2018.
28 Es ist für mich mehr als erstaunlich und auch wiederum nicht, wie schwer sich wissenschaftliche Philosophie und Theologie mit der Resonanztheorie tut. Vgl. J. P. Wils (Hg), Resonanz, Im interdisziplinären Gespräch mit Hartmut Rosa, Baden-Baden 2019; T. Kläden/M. Schüssler (Hg.), Zu schnell für Gott? Theologische Kontroversen zu Beschleunigung und Resonanz, Freiburg 2017;

D. Hörsch/H. H. Pompe (Hg.), Resonanz. Sehnsuchtsort für Theologie und kirchliche Praxis, Berlin 2019.

29 Ich habe das zu beschreiben versucht in meinem Buch: Glaube mit Vision, Gütersloh 2018.

30 Vgl. C. Hennecke, Eine Pastoral der Auferstehung, in B. Aretz/M. Hembrock (Hg.), Wilfried Hagemann – Mann des Dialogs, München 2018, 131–148; C. Hennecke, Die Dynamik des Auferstandenen. Theologisches Nachdenken über die Auferstehung Roms, in: Das Prisma 30 (2018), 52–61.

31 So mündlich in seinem unveröffentlichten Vortrag.

32 S. Merath, Dein Wille geschehe. Führung für Unternehmer. Der Weg zu Selbstbestimmung und Freiheit, Offenbach ²2017.

33 Ebd., 472f.

34 Ebd., 475.

35 Ebd., 480.

36 Ebd., 483.

37 Vgl etwa die beeindruckenden spirituellen Grundmuster einer Veränderung, wie sie die Hotelkette Upstalsboom in ihrer Führungskultur beschreibt. Vgl. https://www.der-upstalsboom-weg.de/der-upstalsboom-weg/unsere-werte/ (abgerufen am 22. Januar 2020) und den entsprechenden Videoclip bei Youtube: https://www.youtube.com/watch?v=culjElgNTmw&t=547s. (abgerufen am 22. Januar 2020).

38 Siehe F. Laloux, in: https://www.youtube.com/watch?v=VbxBeAWATi8 (abgerufen am 22. Januar 2020).

39 Vgl. ausführlich http://www.zeitfenster-aachen.de/ueber-uns/wie-alles-anfing/ (abgerufen am 22. Januar 2020).

40 Vgl. C. Stäblein, Was ist Gemeinde? – Eins, zwei, drei Orte von Gemeinde – hoffentlich hilfreiche geistliche Lockerungsübungen zu Auftrag und Gestalt von Gemeinde heute. Vortrag vor dem Pfarrkonvent des Evangelischen Kirchenkreises Tempelhof-Schöneberg am 10. Januar 2018 (noch unveröffentlichtes Manuskript).

41 Ebd., 8.

42 So auf www.segensorte.de

43 Vgl. etwa https://www.manege-berlin.de

44 Erfahrungen zu erzählen, ist immer ausschnitthaft. Aber wer etwa erzählen kann von Weihnachtsgottesdiensten, Krippenspielen, Sternsingen, von Hochzeiten und Beerdigungen und von den vielen anderen Erfahrungen, der wird kaum auf die Idee kommen, dass die Kirche zu Ende geht. Sie geht ans Ende, damit die Welt den Segen Gottes erlebt.

45 Und hier finde ich mich – wenn auch in anderer Konstellation – mit der nächsten Generation wieder. Vgl. die wunderbaren Beiträge in M. Herrmann/S. Bils (Hg.), Vom Wandern und Wundern. Fremdsein und prophetische Ungeduld in der Kirche, Würzburg 2017. Aber genauso treffe ich mich hier mit meiner 88 jährigen Mutter, die ihrerseits in großer Freiheit und Selbstsorge ihre kirchlichen Gemeinschaftserfahrungen sucht und findet.

46 Sie sind transparent veröffentlicht auf der Website der anglikanischen Kirche: https://www.churchofengland.org/sites/default/files/2017-10/selection_criteria_for_ordained_ministry.pdf

47 Vgl auch die ausführliche Reflexion des Ausbildungsweges bei Michael Lotz, St. Mellitus College's mixed-mode ordination training and the model of ordained ministry underlying it as seen in the wider context, Basel 2016 (unveröffentlichte Masterarbeit).

48 Antonio Spadaro, Unterwegs zur Synode über Amazonien. Interview mit Kardinal Claudio Hummes, in StdZ, Heft 8 (2019) 591–603, 598.

49 Vgl. Dietmar Müßig: Die Jungfrau im Silberberg. Kolonialzeitliche Mariendarstellungen aus der Audiencia de Charcas als Ausdruck andiner Theologie. Promotionsarbeit an der Universität Linz (Im Erscheinen).

50 Es ist Papst Franziskus, der in seiner Enzyklika Laudato Si den spanischen Mystiker zitiert (LS 234).

51 Einer ihrer Förderer ist übrigens ein gewisser P. Bergoglio SJ.

52 Vgl. M. Moynagh, Church for every context, London 2012.

53 Ders., Church in Life, London 2017.

54 Vgl. C. Hennecke, Kirche steht Kopf, Münster 2016, 130–135.

55 Vgl. L. Moore/J. Leadbetter, Messy Church, London 2017.

56 Vgl. C. Watkins/B.Shepherd, 'The Challenge of "Fresh Expressions" to Ecclesiology. Reflections from the Practice of Messy Church', Ecclesial Practices 1 , Amsterdam 2014, 92–110.

57 Vgl. WCC, The church – towards a common vision, Genf, 2013.M. Moynagh, Church in Life, a.a.O., 262 (meine Übersetzung).

58 M. Moynagh, Church in Life, a.a.O., 262 (meine Übersetzung).

59 Ebd., 264.

60 Ebd., 265.

61 Vgl. im folgenden die Ansprache zur 50-Jahr-Feier der Errichtung der Bischofssynode am 17. Oktober 2015.

62 Und der Papst fährt fort: „Was der Herr von uns verlangt, ist in gewisser Weise schon im Wort ‚Synode' enthalten: Gemeinsam voranzugehen – Laien, Hirten und der Bischof von Rom – ist ein Konzept, das sich leicht in Worte fassen lässt, aber nicht so leicht umzusetzen ist."

63 Im Folgenden versucht dann der Papst, den „Dienst" neu zu beschreiben – im Kontext der Gleichwürdigkeit und der Sendung kann es nur eine Art Dienst geben, der Christus hervortreten lässt.

64 Papst Franziskus, An das pilgernde Volk Gottes in Deutschland, ZdK Veröffentlichungen, Bonn 2019.

65 Die Diskussion um den Brief spiegelt diese Ahnung des Papstes. Fast wird nur darüber gerätselt, warum der Papst diesen Brief schreibt. Wen möchte er zur Ordnung rufen? Wie möchte er sich einmischen? Was will er verhindern? Darum aber geht es dem Brief offensichtlich nicht. Ich befürchte, dass das so ist, weil die eigentliche Intention des Papstes nicht wahrgenommen wird – sein Denken viel schmerzbefreiter gegenüber dem Weiterbestand von Strukturen und Gestalten, gegenüber Ordinations- und Machtfragen ist, als ihm unterstellt wird. Aber worum es ihm eigentlich geht, das ist eine substanzielle Erneuerung.

66 H. Wilmer, Mehr Existenzielles wagen, in HerKorr 9/2019, 28–31, 28.

67 Ebd.

68 Wilmer beschäftigt sich intensiv mit dem Ansatz von M. Blondel, der leitend geworden ist für viele Entwicklungen in Frankreich – und auch Wilmer selbstgeprägt hat.

69 Ebd., 30.

70 Ebd.

71 Vgl. für das folgende M. Volf/M. Croasmun, Für das Leben der Welt. Ein Manifest zur Erneuerung der Theologie, Münster 2019.

72 Ebd., 6.

73 Ebd., 11.

74 Ebd., 36. Volf beschreibt im folgenden ausführlich die Krise der Theologie, sowohl anhand von äußeren Daten und Fakten und vor allem Zahlen, als auch von ihrer inneren Krise her. Übrig bleibt eine Theologie „zwischen Nostalgie und Kritikkult" (58ff.), wie sie unschwer auch im deutschen Sprachraum zu entdecken ist.

75 Ebd., 77.

76 Ebd., 86.

77 Ebd., 132.

78 Ebd., 137. Und er fährt fort: Theologie ist Pilgerschaft, unterwegs zur vollen Konformität mit Christus und mit der Welt, die Gottes Wohnung geworden ist. Theologie ist eine Praxis einer Pilgerschaft, die Einsicht suchen – und von jedem anderen, der bereit ist zu hören." Ebd., 147.

79 Ebd., 152

80 Siehe meinen Blog: https://christianhenneckehildesheim.wordpress.com/ 2019/01/20/18-monate/ und https://christianhenneckehildesheim.wordpress.com/2019/01/20/die-anfaenge-neu-praegen-einblicke-in-anglikanische-ausbildungswelten/

81 Vgl. M. Herrmann/S. Bils, Vom Wandern und Wundern, Würzburg 2017, besonders der Artikel von Jonny Baker.

82 Vgl. zum folgenden G. Tomlin, The telos of theological education. Unveröffentlichter Vortrag, Fribourg 2019 .

83 Ronald H. Cram/Stanley P. Saunders, "Feet Partly of Iron and Partly of Clay: Pedagogy and the Curriculum of Theological Education." Theological Education 28, no. 2 (1992), 21.

84 Tomlin, a.a.O., 3.

85 Ebd., 4.

86 Ebd.,5. "A fragmented process of education is deeply problematic. I would suggest therefore, that one of the primary goals of theological education is to enable students to live lives of wholeness, integration, where desperate and divided selves are brought into harmony and unity." (eigene Übersetzung).

87 Vgl. ebd.: Christian Wisdom implies a deep disposition of heart and mind that knows how to act and to speak in a distinctively Christian fashion, in a way that bears witness to Jesus Christ and his kingdom, in a range of different contexts and situations, so that the church is enabled to grow into maturity.

88 Vgl. ebd., 6.

89 Vgl. ebd., 10: "Theology can only take root within us if when is practiced; therefore, Christian practice is the essential and necessary counterpart to theological and spiritual formation. This also relates to the appropriate context in which to train people, increasingly we recognize today that context shapes content. So where you learn is as important as what you learn."

90 Mit den Worten von Tomlin, ebd., 13: "In other words good theology begins and ends in prayer and worship. Such theology becomes a conversation with God, not a study about God. Much of the best theology of the past has been done this way. It is no accident that works such as Anselm's Proslogion or Augustine's Confessions are expressed in the form of prayer to God."

91 Vgl. ebd., 14.

92 R. Feiter/H. Müller, Frei geben, Pastoraltheologische Impulse aus Frankreich, Ostfildern 2012.

93 Bacq. P./C. Theobald (Hg.), Une nouvelle chance pour l'Évangile. Vers une pastorale d'engendrement, Bruxelles/Montreal/Paris 2004.

94 Vgl. dazu H. Müller (Hg), Sprechende Hoffnung – Werdende Kirche. Den Glauben vorschlagen in der heutigen Kirche, Ostfildern 2001.

95 Vgl hierzu R. Feiter, Die Ernte ist groß. Zugänge zur Pastoral d'engendrement, in: Euangel 1/2019, 1–4.

96 Dieses Missverständnis lässt sich auch in manchen Kommentaren in Euangel 1/19 zwischen den Zeilen lesen. Zwischen kritischer Ratlosigkeit der Theolog*innen einerseits und praktischer Nichtrezeption andererseits bewegen sich hier die Pole .

97 C. Theobald, Le christianisme comme style : Une manière de faire de la théologie en postmodernité, Paris 2007 (2 Bde). Dieses Buch ist in viele Sprachen übersetzt, ins Deutsche aber nicht. Hier erst die eigene Veröffentlichung C. Theobald, Christentum als Stil, Freiburg 2018. Das sagt auch etwas.

98 Besonders eindrücklich ist die Genese seines Buches über Berufung: C. Theobald, Hören, wer ich sein kann. Einübungen, Ostfildern 2018. Hier ist es ein Brief, der die erstaunlich wundervolle Selbsorganisation einer Kirchengemeinde beschreibt. Das ist der Ausgangspunkt seines Nachdenkens über Berufung.

99 C. Theobald, Christentum als Stil, a.a.O., 34.

100 Ebd., 33.

101 Ebd., 36.

102 Ebd.

103 Ebd., 10

104 Ebd., 59

105 Ebd.

106 Ebd., 77

107 Vgl. C. Theobald, Présences d'Évangile, 2 Bde, Paris 2011.

108 Ebd., 79. Und weiter dort: „Man kann diesen singulären „Glaubensakt" dann anthropologisch folgendermaßen formulieren: ich vertraue mich (credo) – in meiner Verwundbarkeit – dem Rätsel meiner unserer Existenz in der Welt an, in der Hoffnung darauf, mit diesem Vertrauen nicht zum Verlierer zu werden"

109 Ebd., 103.

110 Ebd., 83.

111 Ebd., 93.

112 Ebd., 106.

113 Ebd. Theobald gelingt es, gerade in den Schreiben von Papst Franziskus Evangelii Gaudium (77–86) und auch in Laudato Si die Zentralität dieser mystischen Gründung des Christseins zu beschreiben. Ebd., 238: „Die integrale Relationalität des Menschen, seine vitalen Beziehungen zu sich selbst, zum anderen, zu den anderen Geschöpfen (LS 66), sowie seine Fähigkeit, aus sich ‚herauszugehen' (LS 208), sind angesprochen, um seinen Blick und sein Hören vom Herzen her kommen zu lassen. Erst wenn das Stück Erdboden, auf dem sich die Freundschaft eines jeden mit Gott abspielt, zu sprechen anfängt und die Geschöpfe ihre lautlose Stimme hören (LS 85), und den kontemplativen Menschen eine mögliche Harmonie zwischen allen Beziehung ahnen lassen, kann er die geheimnisvolle Verbindung zwischen einer Geschwisterlichkeit mit dem Ärmsten und den Verlassensten dieser Welt und eine herzlichen Beziehung mit der Erde und ihren vielfältigen Geschöpfen entdecken (LS 84–92; 221–232)."

114 Siehe oben Kapitel 1.

115 Die Nähe etwa zu einer Mystik Chiara Lubichs ist verblüffend und macht deutlich, wie sehr hier eine Konsonanz der Zeichen der Zeit gegeben ist.

116 Vgl. Ebd., 278: „Allein in einem gastfreundlichen Raum können Herzen gewonnen werden und frei Mitbürger davon überzeugt werden, dass ihnen der Glaube an das Evangelium Gottes im schillernden Alltag helfen kann, unsere großen europäischen Herausforderungen anzunehmen … und dass der Glaube selbst der Kirche gerade in und dank solcher Begegnungen eine für heutige Sinne und für heutiges Verstehen einladende Gestalt annehmen kann."

117 Vgl. Ebd., 124.

118 Ebd., 278.

119 Entsprechend interpretiert Theobald auch die Kirchenkonstitution Lumen Gentium aus der Perspektive des Missionsdokuments des II. Vatikanums. Für ihn ist diese Ausgangsposition des neuen Werdens der Kirche die Ist-Situation Europas. Das leuchtet ein, und diese Interpretation des Konzils ist ein genialer Ansatz. Aber auch hier merkt man, dass diese Überlegungen erfahrungsgesättigt sind!

120 Ebd., 290: „Die Kirche der paulinischen und lukanischen Gemeinden konstituiert sich in einer einzigen vom Pneuma initiierten Bewegung der Dezentrierung: Ob es sich im gläubige Christen oder um Jedermann handelt, Kirche ‚entsteht' jeweils in der leiblichen Existenz der Menschen, und zwar dann, wenn sich eine Gemeinde ‚umsonst' für den ‚Lebensglauben' der Anderen interessiert. Dies verlangt eine Konversion aller Akteure; Konversion, die man auch als eucharistisch bezeichnen kann. Der uns ausgelieferte Leib Christi lädt uns dazu ein, den Anderen, wer auch immer er ist, als eine diskrete Gestalt dieser Geistesgabe wahrzunehmen und uns von seinem elementaren Glauben in Dienst nehmen zu lassen."

121 Ebd., 304.

122 Vgl. 323: „In dem Maße, wie sich Kirche genetisch versteht, neuen Generationen Platz lässt, neue Mitglieder in ihre Gemeinden aufnimmt, Fremden Asyl schenkt, und so, in welcher Form auch immer, gastfreundliche Heiligkeit durchscheinen lässt, eröffnet sie sich selbst die Möglichkeit, Gastfreundschaft zu erfahren und als Partner ernstgenommen zu werden. Der geistliche Weg, den dann Einzelne und auch ganze Gruppen gehen – eventuell bis hin zum Christus- und Gottesglauben in der Kirche – bleibt dem Geist Gottes selbst vorbehalten."

123 Ebd.

124 Ebd., 322.

125 Vgl. M. F. Saarinen, The life cycle of a congregation, Hartfort 1998.

126 Man glaubt es kaum, mit welchen Visionen man eine revisionistische Kirchenentwicklung erfolgreich und resonant gestalten kann! Vgl. etwa E. Flügge, Kirche für viele, Freiburg 2018. Peinlicher kann es kaum werden.

127 H. Boersma, Heavenly participation. The weaving of a sacramental tapestry, Grand Rapids 2011.

128 Siehe https://www.churchofengland.org/sites/default/files/2017-10/selection_criteria_for_ordained_ministry.pdf

129 Vgl. meinen Blogbeitrag https://christianhenneckehildesheim.wordpress.com/2016/10/01/ruf-und-entfaltung-exposure-nach-bonn/

130 Eine Gegenprobe ist der Einsatz ausländischer Mitbrüder in deutschen Diözesen. Es geht hier nicht um Fremdenfeindlichkeit oder deutschen Übermut – es geht schlichtweg um die Frage, wie inkulturiert Berufung und Sendung sein müssen. Zum weiterlesen vgl. meinen Blogbeitrag.

131 F. Lobinger/P. Zulehner, Leutepriester für lebendige Gemeinden. Ein Plädoyer für gemeindliche Presbyterien, Ostfildern 2003.

132 P. Zulehner, Naht das Ende des Priestermangels?, Ostfildern 2019.

133 F. Lobinger, Teams of Elders, Manila-Quezon City 2007. Und schon vorher: F. Lobinger, Like his brothers and sisters: ordaining community leaders, New York 1999.

134 Vgl. hierzu zuletzt mein Buch: Kirche steht Kopf. Unterwegs zur nächsten Reformation, Münster 2016.

135 Vgl. hierzu P. Elhaus/C.Hennecke/D.Stoltmann/D. Stelter (Hg.), Kirche hoch zwei – ein ökumenischer Kongress, Würzburg 2014.

136 Vgl. P. Zulehner, Naht das Ende des Priestermangels, a. a. O, 95f.

137 Vgl. auch die Beobachtungen von H. Wilmer, Wer Leben will, muss aufbrechen. Spirituell lernen von Brasilien, München 2010, 112ff., wo er erstaunt die basisgemeindliche Grundstruktur beschreibt, die er in Brasilien vorfindet – und ihre Konsequenzen für den Dienst des Priesters Vgl. dazu meine Blogbeiträge

138 So P. Zulehner, a.a.O., 65.

139 Ebd., 66. Vgl. ausführlich dazu mein gleichnamiges Buch „Kirche steht Kopf. Unterwegs zur nächsten Reformation", Münster 2016.

140 Vgl. etwa Petra Sammer. Storytelling. Die Zukunft von PR und Marketing. O'Reilly, 2014. Vgl. dazu mein Buch „Kirche steht Kopf ", Münster 2016.

141 Vgl. Danielle Hervieu-Leger, Pilger und Konvertiten, Würzburg 2004.

142 Vgl. dazu P. Knittelfelder, Lifestyle Jüngerschaft. Lege das Fundament deines Lebens, Siegen 2019.

143 Siehe die Erwägungen im Teil I, besonders das Kapitel über Frederic Laloux und seine Ideen zur Leadership.

144 Siehe oben C. Theobald, Christentum als Stil, Freiburg 2018.